U0572657

本书成果获国家自然科学基金面上项目"股票市场国际板的效应与风险研究"（批准号 71871205）资助

跨境上市与新兴市场国际板

易荣华　著

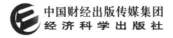

中国财经出版传媒集团
经济科学出版社

图书在版编目（CIP）数据

跨境上市与新兴市场国际板/易荣华著 . -- 北京：
经济科学出版社，2023.1
ISBN 978 - 7 - 5218 - 4424 - 5

Ⅰ . ①跨… Ⅱ . ①易… Ⅲ . ①境外上市 - 研究②新兴
市场 - 研究 Ⅳ . ①F831.5②F740.2

中国国家版本馆 CIP 数据核字（2023）第 010923 号

责任编辑：黎子民
责任校对：郑淑艳
责任印制：邱 天

跨境上市与新兴市场国际板

易荣华 著

经济科学出版社出版、发行 新华书店经销

社址：北京市海淀区阜成路甲 28 号 邮编：100142

总编部电话：010 - 88191217 发行部电话：010 - 88191522

网址：www. esp. com. cn

电子邮箱：esp@ esp. com. cn

天猫网店：经济科学出版社旗舰店

网址：http://jjkxcbs. tmall. com

北京时捷印刷有限公司印装

710×1000 16 开 21 印张 310000 字

2023 年 1 月第 1 版 2023 年 1 月第 1 次印刷

ISBN 978 - 7 - 5218 - 4424 - 5 定价：60.00 元

（图书出现印装问题，本社负责调换。电话：010 - 88191545）

（版权所有 侵权必究 打击盗版 举报热线：010 - 88191661

QQ：2242791300 营销中心电话：010 - 88191537

电子邮箱：dbts@ esp. com. cn）

前　　言

　　世界经济发展史证明，资本市场是大国经济崛起背后的重要力量，经济强国必然是金融强国、资本市场强国，一个开放高效的股票市场是保证经济持续健康发展的必要条件。在全球经济一体化和传统制造业转移的背景下，出于竞争与分享的需要，跨境上市得到了快速发展，欧美发达国家通过吸引境外优质公司尤其是来自新兴市场的境外公司到本土上市，分享世界经济发展成果，促进本国经济发展。与此同时，许多发展中国家的新兴市场也纷纷通过开设国际板等方式，吸引境外优质公司到本土市场上市，吸引国际资本流入，增强在国际直接融资领域的竞争力，促进经济发展。另外，伴随成熟市场与新兴市场围绕上市公司资源竞争和交易量竞争而来的是，越来越多的优质公司寻求在一个以上的证券交易所跨境上市（含逆向交叉上市），以便获取低融资成本、股权分散、估值溢价等多方面好处。然而，经典金融理论对处于竞争劣势的新兴市场国际板快速发展以及来自成熟市场的公司到新兴市场交叉上市这一新趋势尚无法给出合理的诠释。

　　伴随着改革开放的历史进程，中国资本市场实现了跨越式发展。截止到2021年，中国股票市场、债券市场和商品期货市场的规模均居世界前列，仅次于美国。但总体上发展还不成熟，尤其是作为直接融资主体的股票市场双向开放程度还比较低，市值排名世界前列的沪深交易所因为没有境外公司上市而严重影响其上市竞争和交易竞争优势的确立。

　　习近平总书记在2017年全国金融工作会议上指出：金融是国家重要的核心竞争力，要积极稳妥推动金融业对外开放，要推进"一带一路"建设金融创新，搞好相关制度设计；要把发展直接融资放在重要位置，形成融资功能完备、基础制度扎实、市场监管有效、投资者合法权益得到有效保护的多层次资本市场体系。

鉴于此，本书依托国家自然科学基金面上项目——股票市场国际板的效应与风险研究（71871205）的支持，围绕"打造一个规范、透明、开放、有活力、有韧性的资本市场"的历史使命，基于全球资本市场开放与竞争加剧的现实背景环境，通过跨境上市、互联互通和境外公司上市的大量案例研究和理论分析，深入探讨了主要新兴股票市场开放、尤其是代表开放最高层次的国际板开设的宏微观效应与风险等问题，为新兴市场国际板快速发展以及来自成熟市场的公司到新兴市场交叉上市这一新趋势提供了科学的实证依据和理论诠释，丰富了本领域理论创新成果，同时，为中国内地股票市场国际板的设立、与成熟市场互联互通以及高质量开放发展提出了若干政策建议。

本书内容是国家自然科学基金面上项目（71871205）研究成果的集成，项目组成员和本人指导的研究生对此均有贡献。此外，经济科学出版社也给予了大力支持帮助，在此一并感谢。

易荣华

2022 年 12 月于中国计量大学现代科技学院

目　　录

第一章　绪论 ……………………………………………………… 1

　　第一节　研究背景与研究意义 ………………………………… 1

　　第二节　主要概念界定 ………………………………………… 5

　　第三节　研究内容与方法 ……………………………………… 7

　　第四节　主要创新 ……………………………………………… 8

第一篇　全球股票市场的开放与竞争

第二章　全球股票市场竞争态势 ……………………………… 13

　　第一节　金融市场全球化与股票市场一体化的趋势特征 ……… 13

　　第二节　新兴市场面临的挑战与机遇 ………………………… 14

第三章　新兴市场国际板：发展历程与现状 …………………… 16

　　第一节　主要新兴市场国际板开放时间表 …………………… 16

　　第二节　新兴市场国际板的发展 ……………………………… 19

　　第三节　新兴市场国际板的研究综述 ………………………… 23

　　第四节　新兴市场国际板的典型案例分析——智利、南非和印度 …… 25

第二篇　跨境上市的传递溢出效应

第四章　基于境外上市的东道主市场与本地市场联动性与波动溢出效应 …………………………………… 37

第一节　引言 ……………………………………………………………… 37

第二节　文献综述 ………………………………………………………… 37

第三节　研究设计与计量模型 …………………………………………… 39

第四节　实证研究 ………………………………………………………… 42

第五节　主要结论 ………………………………………………………… 63

第五章　境外上市公司回归本地市场上市的估值溢价与传递溢出效应 …………………………………………………… 65

第一节　引言 ……………………………………………………………… 65

第二节　文献综述 ………………………………………………………… 66

第三节　研究假设 ………………………………………………………… 69

第四节　研究设计 ………………………………………………………… 70

第五节　实证结果分析 …………………………………………………… 74

第六节　主要结论 ………………………………………………………… 83

第六章　境外上市公司对东道主市场质量的影响 ……………… 84

第一节　引言 ……………………………………………………………… 84

第二节　文献综述 ………………………………………………………… 84

第三节　研究假设 ………………………………………………………… 86

第四节　研究设计 ………………………………………………………… 87

第五节　实证研究 ………………………………………………………… 92

第六节　主要结论 ………………………………………………………… 102

第七章　境外公司上市对东道主市场估值水平的短期和长期影响 ·········· 103

第一节　引言 ························· 103

第二节　文献综述 ····················· 104

第三节　研究假设 ····················· 107

第四节　研究设计 ····················· 108

第五节　实证结果分析 ··················· 111

第六节　主要结论 ····················· 122

第八章　本地特征和公司特征与境外上市估值的关系 ·············· 123

第一节　引言 ························· 123

第二节　文献综述 ····················· 123

第三节　研究设计 ····················· 126

第四节　实证结果分析 ··················· 129

第五节　主要结论 ····················· 138

第九章　境外公司来源地对东道主市场估值的影响 ············· 140

第一节　引言 ························· 140

第二节　文献综述 ····················· 140

第三节　研究假设 ····················· 142

第四节　方法与模型 ···················· 144

第五节　实证结果分析 ··················· 146

第六节　主要结论 ····················· 154

第十章　境外公司上市对东道主市场的波动冲击风险 ·········· 155

第一节　引言 ························· 155

第二节　文献综述 ····················· 155

第三节　研究设计 ····················· 157

第四节　数据、方法与模型 ················· 158

第五节 实证结果分析 ································· 165

第六节 主要结论 ································· 174

第十一章 市场互联互通的传递溢出效应 ················· 175

第一节 引言 ································· 175

第二节 文献综述 ································· 175

第三节 波动溢出效应成因与理论假说 ················· 176

第四节 数据、方法与模型 ························· 180

第五节 实证结果分析 ···························· 184

第六节 主要结论 ································· 193

第十二章 跨境交叉上市的风险传染机理与媒介角色 ········· 194

第一节 引言 ································· 194

第二节 文献综述 ································· 195

第三节 方法与模型 ···························· 197

第四节 实证结果分析 ···························· 200

第五节 主要结论 ································· 216

第三篇 新兴市场开设国际板的综合效应研究

第十三章 新兴市场国际板的宏观经济增长效应 ··········· 221

第一节 引言 ································· 221

第二节 文献综述 ································· 222

第三节 国际板对经济增长的影响机制 ················· 224

第四节 新兴市场国际板与经济增长——基于开放进程的实证 ····· 226

第五节 国际板与经济增长——基于发展程度的实证 ········· 235

第六节 国际板对经济增长的促进机制——基于中介效应的检验 ··· 243

第七节 综合结论与启示 ························· 249

第十四章 新兴市场国际板的经济增长效应与危机效应…………… 250

　　第一节 引言 ……………………………………………………… 250

　　第二节 文献综述 ………………………………………………… 250

　　第三节 理论假设与研究设计 …………………………………… 253

　　第四节 实证结果分析 …………………………………………… 257

　　第五节 新兴市场国际板开设效应的差异性分析 …………… 261

　　第六节 主要结论 ………………………………………………… 264

第十五章 新兴市场国际板的风险传染与媒介角色……………… 265

　　第一节 引言 ……………………………………………………… 265

　　第二节 文献综述 ………………………………………………… 265

　　第三节 方法与模型 ……………………………………………… 267

　　第四节 实证研究 ………………………………………………… 270

　　第五节 主要结论 ………………………………………………… 283

第十六章 关于中国内地证券市场开设国际板的讨论…………… 284

　　第一节 问题的提出 ……………………………………………… 284

　　第二节 理论研究与实践进程 …………………………………… 286

　　第三节 新兴市场国际板的启示及对 A 股市场国际板的建议 …… 289

参考文献 ………………………………………………………… 294

第一章

绪　　论

第一节　研究背景与研究意义

一、研究背景

世界经济发展史证明，资本市场是大国经济崛起背后的重要力量，经济强国必然是金融强国、资本市场强国，一个开放高效的股票市场是保证经济持续健康发展的必要条件。波斯纳（Posner，2009）认为，一国股票市场的规模决定该国在国际直接融资领域的地位，如果该国渴望在国际拥有话语权，那么该国必须拥有一个开放、高效的股票市场。

在全球经济一体化背景下，出于竞争与分享的需要，跨境上市得到了快速发展。世界证券交易所联合会（WFE）2017 年年鉴显示：在总市值排列前 21 位的证券交易所中，除中国上交所和深交所外，均开设有国际板，其中新加坡、中国香港等市场的境外公司上市数量均占全部上市公司数量的 36% 以上。洛（Lo，2013）对总市值排列前 45 位证券交易所的上市竞争力和交易竞争力研究结果表明，设有国际板的交易所具有上市竞争和交易竞争优势。

近 30 年来，在美国传统制造业"空心化"的背景下，美国经济依然能够保持稳定发展，除了其继续保持高端制造业优势地位的原因以外，很大程度上与美国致力于维护一个开放高效的股票市场有关，通过鼓励境外优质公司到美国上市，分享世界经济的发展成果，促进美国自身经济的发展。同一时期，中国香港地区经济的高速发展也与鼓励境外公司到香港证券交易所上市（尤其中国内地公司）、做大做强资本市场的政策有关。

20 世纪 90 年代以来，中国经济的快速发展同样与沪深两大股票市场的高速发展直接相关，资本市场累计实现股权融资超过 21 万亿元，有力推动了中国现代企业制度和公司治理机制的建立健全，大大促进了金融体制改革和金融结构优化，一大批具有全球竞争力的企业进入世界 500 强，实体上市公司利润总额相当于全国规模以上企业的五成以上，并已成为国民经济的"基本盘"、产业升级的"领跑者"，经济运行"晴雨表"的功能日益提升，来自资本市场的直接融资和优胜劣汰机制有力地促进了中国经济的高质量发展。另一个案例是日本，经过 1955 年开始的近 20 年高速发展，至 20 世纪 70 年代，日本的经济总量跃居世界第二，以东京证券交易所为首的日本三大证券交易所同期通过加大开放力度、开设国际板吸引境外优质公司上市等方式得以迅速做大做强，有力地支持了日本经济的飞速发展，其市值也仅次于美国的纽约交易所，然而，从 20 世纪 90 年代开始，从东京证券交易所退市的境外上市公司数量增加，其资本市场的竞争力和地位开始下降，日本经济也因此陷入了长期的低迷状态。

党的十八大以来，习近平总书记对资本市场作出了一系列重要指示批示，深刻回答了新时代需要什么样的资本市场、怎样建设好资本市场的重大课题，为新时代资本市场改革发展指明了方向。他在 2015 年中央财经领导小组第十一次会议上指出，"要防范化解金融风险，加快形成融资功能完备、基础制度扎实、市场监管有效、投资者权益得到充分保护的股票市场"。他在 2017 年全国金融工作会议上指出：金融是国家重要的核心竞争力……要积极稳妥推动金融业对外开放，要推进"一带一路"建设金融创新，搞好相关制度设计……要把发展直接融资放在重要位置，形成融资功能完备、基础制度扎实、市场监管有效、投资者合法权益得到有效保护的多层次资本市场体系。2018 年中央经济工作会议指出："资本市场在金融运行中具有牵一发而动全身的作用，要通过深化改革，打造一个规范、透明、开放、有活力、有韧性的资本市场。"证监会主席易会满于 2019 年 9 月在《人民日报》撰文指出："我们将进一步落实习近平总书记指示精神，加快推进资本市场高水平对外开放，广泛开展国际交流合作，不断提高我国资本市场的国际化水平和服务能力。

坚持放得开、看得清、管得住，切实增强开放条件下的风险防控和监管能力。"

30多年来，伴随着改革开放的历史进程，中国资本市场从无到有、从小到大，实现了跨越式发展。目前，股票市场、债券市场和商品期货市场规模均居世界前列，但总体上发展还不成熟，尤其是作为直接融资主体的股票市场的问题更为突出，对外开放层次还比较低，一些深层次的结构性体制机制问题还没有得到有效解决。

鉴于此，本书将依托国家自然科学基金面上项目——股票市场国际板的效应与风险研究（71871205）的支持，围绕"打造一个规范、透明、开放、有活力、有韧性的资本市场"的历史使命，基于全球资本市场开放与竞争加剧的现实背景环境，通过跨境互联互通的大量案例研究，探讨新兴股票市场开放、尤其是代表开放最高层次的国际板开设的效应与风险等问题，为中国内地股票市场的高质量开放发展提供理论依据和政策建议。

二、研究意义

（一）理论意义

近30年来，全球股票市场间上市竞争和交易竞争日趋激烈，一方面，以美国为首的成熟市场吸引了大量优质公司到本土市场上市；另一方面，一些新兴市场（发展中国家）的股票交易所通过设立国际板和加强互联互通的方式加入吸引境外公司上市和交易的竞争中。与此同时，越来越多的公司选择在一个以上的证券交易所交叉上市。

按照估值理论，优质公司寻求在一个以上的证券交易所上市，以便通过成熟市场的绑定效应和声誉寻租等方式获取交叉上市带来的融资成本低、股权分散、估值溢价等多方面好处，但新兴市场不能够为公司提供类似成熟市场的好处，这难以解释一些来自成熟市场的优质公司选择在新兴市场交叉上市的行为。

按照质量传染假说，来自新兴市场的上市公司由于公司治理和市场监管水平较低等多方面的原因，会对作为上市东道主的成熟市场产生质量污染，从而对其市场效率产生负面冲击，这同样难以解释成熟市场对来自新兴市场公司所持的欢迎态度和大量新兴市场公司在成熟市场上市的现象。

按照国际金融竞争理论，金融自由化（包括消除利率汇率管制、合业经营、业务范围自由化、金融机构准入自由、资本自由流动等）是参与国际金融竞争的前提，但是，事实上许多新兴市场都是在非金融自由化、本币汇兑管制的情况下实现市场互联互通和开设国际板的。

基于前述快速发展的全球证券市场一体化的事实，经典金融理论对这一新趋势尚无法给出合理的诠释，有必要从多个维度进行实证研究和理论诠释。包括：跨境交叉上市对于公司和关联市场的影响；境外公司上市对东道主市场和本地市场的双重影响；市场互联互通的相互影响；新兴市场设立国际板的条件、实践效果与监管要求；等等。预期本书有关实证和理论演绎的成果将对上述全球一体化的事实做出更深入的诠释，丰富关于全球市场一体化背景下股票市场上市竞争和交易竞争以及公司上市地选择等理论。

（二）现实意义

在全球股票市场互联互通和竞争日益加强的背景下，中国内地 A 股市场与全球股票市场之间缺少联动性被关注。易荣华和邵洁浩（2019）研究发现，中国上交所和深交所的竞争力均处于快速提升过程中，其中上交所的上市竞争力和深交所的交易竞争力已跻身前列，尽管在互联互通方面做出了巨大的努力，但两个市场的国际化程度不高，仍然是制约中国证券市场竞争力提升的关键要素。

自上海证券交易所《2007 年市场质量报告》提出开设国际板以来，国际板开设一度成为管理层和学术界的热议话题和争议焦点。对国际板的溢出效应和冲击风险的研究成果缺乏成为决策难点，A 股市场开设国际板的议题被长期搁置。然而，近期出现了重要转机，证监会副主席王建军 2022 年 5 月 10 日表示，证监会将推出更多扩大资本市场开放的务实举措：一是优化拓展境内外资本市场互联互通，拓宽沪港通和深港通的标的范围，拓展和优化沪伦通机制，推动上市公司互联互通存托凭证的发行上市。二是推动实施企业境外上市监管新规，支持各类符合条件的企业到中国香港和美国、欧洲等地境外上市，也欢迎符合条件的境外企业来 A 股上市。

毋庸置疑，优质境外公司到中国内地 A 股市场上市有助于改善上市公司结构，提升市场效率和竞争力，加强与国际市场间的联动性，提升中国在国际直接融资领域的话语权，助力"一带一路"倡议的实施。但是，另外，境外上市公司的质量将影响东道主市场效率和估值水平，在公司寻求多重上市利益与东道主市场监管的博弈中，如果境外公司股票的特质信息较少或质量不佳，则可能会对东道主市场产生质量传染。在人民币国际化尚未完全实现、A 股市场运行不够成熟的现实背景下，开设国际板的风险仍然是一个不容忽视的关键问题。

鉴于此，有必要从宏观与微观、各类市场主体的收益与风险等多视角全面考察新兴国家市场开设国际板及相关互联互通案例的经验与教训，预期成果将为中国内地股票市场开设国际板提供重要的决策依据。

第二节　主要概念界定

一、国际板（international board）

国际板指境外公司股票在境内证券交易所上市并以本币计价交易形成的市场板块。

二、境外公司与跨境上市

境外公司是指注册地在境外而在东道主市场上市的公司。

跨境上市（跨市场上市）是指公司在注册地境外市场上市，包括境外单一上市、境外和本地市场多重上市（交叉上市）以及互联互通机制下的跨境交易（如沪港通）。

三、东道主市场与本地市场

公司在注册地本土市场及境外市场交叉上市（多重上市），对应地，本土市场即为本地市场（home market），境外上市市场即为东道主市场（host market），亦称为目的地市场。在本书中，中国香港证券市场被视为境外市场，因此，中国内地公司在港上市，中国香港股票市场称为东道主市场，中国内地股票市场称为本地市场（home market）。

四、新兴市场与成熟市场

新兴市场（emerging markets）指发展中国家（或地区）的证券市场，按照国际市场的定义，如果一个国家（或地区）的人均国民生产总值（GNP）没有能够达到世界银行规定的收入水平线，那么这个国家（或地区）的股票市场就归属于新兴市场。1996 年，国际市场认定的新兴市场共 158 个，地域主要分布在亚洲、非洲、拉丁美洲以及东欧地区，中国内地股票市场和中国台湾股票市场均属于新兴市场。来自新兴市场境外公司为来自发达国家之外的所有发展中经济体的境外公司。

成熟市场（developed markets），又称为发达市场，是指发达国家（或地区）的证券市场。国际市场认定的成熟市场共 51 个，地域主要分布在西欧、北美、日本、澳大利亚、新西兰及中国香港。在本书中，境外上市公司的不同来源地分为两类，即来自成熟市场和来自新兴市场。

五、质量传染与声誉寻租

对于东道主市场来说，由于跨境相关信息和跨境交易结清头寸的存在，当低质量境外公司上市股票数量增加时，对股票市场的流动性，财富效应以及跨境投资组合交易等产生冲击，可能通过增加信息不对称、加剧市场波动性、对东道主市场同行业竞争对手的负面冲击等"污染"东道主市场质量，进而对东道主市场产生负面的估值溢出效应。同时，由于证券市场的国际化和一体化趋势，交叉上市成为不同证券市场之间的沟通渠道，因而导致本地市场与东道主市场之间的质量传染效应会更大、更快。

声誉寻租是指来自新兴市场的公司通过在成熟市场上市而产生声誉绑定效应，获得更高的估值和交易效率。

六、国际板的法规开放和事实开放

国际板的设立需要经过一个规制建设到真正开放的较长过程，为了便于研究相关信息对市场的影响，本书将国际板的开放分为法规开放和事实开放两个层面来讨论，法规开放是指一个国家允许境外公司在本地股票市场发行和销售证券，事实开放是指境外公司在本地市场注册上市。

第三节 研究内容与方法

基于全球股票市场不断开放与互联互通、新兴市场不断扩大参与优质上市公司资源和交易量竞争的发展态势，现有金融理论难以诠释不断涌现的"逆向"交叉上市行为和处于劣势地位的新兴市场国际板快速发展等问题，本书通过理论推演与大量实证深入研究跨境交叉上市、新兴市场国际板及相关议题的宏观经济效应与风险、市场质量、波动溢出效应、风险冲击、估值溢价等，研究目标是进一步厘清上述议题的理论认知，为这种新的发展态势提供合理的理论诠释，对新兴市场参与国际竞争的成效进行全面的考察评估，为中国内地股票市场国际板的开设提供参考依据。

一、研究内容与篇章安排

基于上述研究目标，本书的研究内容包括三篇十六章，具体安排如下：

绪论：主要包括研究背景、意义、概念界定、研究内容与方法、主要创新等。

第一篇 全球股票市场的开放与竞争。主要讨论：全球股票市场竞争态势；新兴市场国际板的发展历程与现状；新兴市场国际板的典型案例分析。

第二篇 跨境上市的传递溢出效应。主要讨论：基于境外上市的东道主市场与本地市场联动性与波动溢出效应；境外上市公司回归本地市场的估值溢价与传递溢出效应；境外上市公司对东道主市场质量的影响；境外公司上市对东道主市场估值水平的短期和长期影响；本地特征和公司特征与境外上市估值的关系；境外公司来源地对东道主市场估值的影响；境外公司上市对东道主市场的波动冲击风险；市场互联互通的传递溢出效应；跨境交叉上市的风险传染机理与媒介角色等议题。

第三篇　新兴市场开设国际板的综合效应研究。主要讨论：新兴市场国际板的宏观经济的促进机制与中介效应；净增长效应；危机效应以及新兴市场国际板的风险传染与媒介角色；中国内地证券市场开设国际板的相关问题讨论与政策建议。

二、研究方法

本书基于全球股票市场的开放与竞争态势，主要围绕跨境交叉上市、新兴市场国际板及相关议题的宏观经济效应与风险，市场质量、波动溢出效应、风险冲击、估值溢价等展开，采用理论推演与实证分析相结合，以实证分析为主的研究方法，具体包括：文献分析、理论推演及假设检验、典型案例分析、事件研究和计量模型实证研究等。有关计量研究方法包括：多元线性回归模型、Tobin's Q 模型、DCC – MVGARCH 模型、熵值法、溢出指数方法、广义矩估计（GMM）模型、TVP – VAR 模型、滚窗 VAR 模型、多期 DID 模型（Time – varying DID）、Bootstrap 结构方程（SEM）、Copula 模型和复杂网络理论等。

第四节　主要创新

本书的创新之处主要表现在以下方面：

一、研究视角创新

围绕境外公司上市，从公司的视角，分别探讨了来自新兴市场和成熟市场的公司跨境上市（或多重交叉上市）的收益与风险等问题。从市场的视角，探讨了境外公司上市对本地市场和东道主市场各自的影响及传递影响，尤其是来自新兴市场的境外公司上市对市场的影响问题。还包括互联互通情况下，陆港通对关联市场的相互影响问题。在此基础上再开展新兴市场国际板的相关研究，这些研究视角及有关研究结论填补了相关议题的空白。

二、研究内容创新

围绕新兴市场国际板的实践，对新兴市场开设国际板的必要性和可行性进行了深入的探讨，从宏观和微观、公司和市场多个层面系统分析了主要新兴市场国际板开设的历程、做法及其成效，对智利和南非等市场的成功经验进行了全面总结，研究结论填补了新兴市场国际板议题的空白，为中国 A 股市场开设国际板的实践提供了可借鉴的经验和政策建议。

三、研究方法集成应用创新

围绕跨境交叉上市、新兴市场国际板的宏观经济效应与风险、对本地市场和东道主市场的波动溢出效应、风险冲击、估值水平影响等议题，集成运用了多种计量研究方法，包括：多元线性回归模型、Tobin's Q 模型、BEKK/DCC – MVGARCH 模型、广义矩估计（GMM）模型、TVP – VAR 模型、滚窗 VAR 模型、多期 DID 模型（Time – varying DID）、熵值法、溢出指数方法、Bootstrap 结构方程（SEM）、Copula 模型和复杂网络理论等。其中，熵值法、溢出指数方法、Bootstrap 结构方程（SEM）、复杂网络理论等为创新性应用于本议题研究。

第一篇 >>>

全球股票市场的开放与竞争

第二章

全球股票市场竞争态势

第一节　金融市场全球化与股票市场一体化的趋势特征

20世纪90年代以来，金融全球化快速发展，并表现出以下特征：

（1）资本跨国界流动对经济发展的影响力大幅度上升，以资本为纽带的国与国之间相互依赖大大增强。

（2）各地区之间的金融市场相互连接，资本流动的规模迅速扩大，速度快速上升。

（3）新兴市场国家（地区）进入国际资本市场的条件显著改善，参与度提升，但比例仍然较低。

（4）国际资本市场的价格趋同，利率的波动具有明显的联动性。

（5）国际资本流动的不稳定性及信息传播不对称性使国际金融动荡的"蝴蝶效应"大大增强。

（6）各国金融市场的交易主体和交易工具日趋国际化，投资者和筹资者可以在国际范围内选择市场和投资对象；交易主体的国际化特别是筹资者身份的国际化带来了金融市场交易工具的日趋国际化。

（7）发达国家和发展中国家之间形成风险与利益的非均衡、非对称博弈，发展中国家处于劣势地位。

与此同时，伴随着金融全球化的趋势，全球股票市场趋于一体化，并表现出以下特征：

（1）全球股票市场间的互联互通日益加强，形成新型的合作与竞争关系。

（2）公司的上市地可选择性增加，基于估值和融资成本方面的考量，越来越多的公司选择双重或多重上市（交叉上市）。

（3）投资者的交易地可选择性增加，越来越多的投资者跨境交易和寻租套利。

（4）交易所之间围绕优质公司和国际资本的上市竞争和交易竞争日益激烈。

（5）境外公司上市和跨国投资者的增加以及全球股票市场动荡的"蝴蝶效应"给市场监管提出了更高的要求。

（6）成熟市场和新兴市场之间形成风险与利益的非均衡、非对称博弈，新兴市场处于劣势地位。

第二节　新兴市场面临的挑战与机遇

30多年来，在经济与金融市场全球化、股票市场一体化的发展趋势下，新兴经济体虽然经历了多次金融危机中的发达国家"利益收割"，但总体是受益的，发展中国家的经济及证券市场也得到了快速发展。但是，随着美国经济的逐步复苏，考虑缩减购债规模和提前全面加息的可能性，新兴市场国家在新冠疫情冲击之外面临美联储政策转向的风险。新兴市场国家在经历了长期资本流入、本币升值、资产价格上升与杠杆率攀升后，随着美联储重返货币政策正常化轨道，将面临货币贬值、资本外流、债务情况恶化的新挑战。就新兴股票市场而言，也将面临多重挑战：

（1）随着来自成熟市场的资本的不断流出，新兴股票市场面临外资做空和大幅下跌的风险增加。

（2）2020年美国国会众议院表决通过《外国公司问责法案》后，发展中国家在成熟市场上市的公司面临歧视性交易和大规模退市的风险，新兴市场面临巨大的回归上市压力。

（3）成熟市场与新兴市场之间互联互通、交叉上市等全球股票市场一体化进程面临倒退的风险。

（4）随着来自成熟市场的资本和投资者的减少，新兴市场的价格发现能力和交易效率存在下降风险。

当然，在这一成熟市场与新兴市场的非平等博弈进程中，具有经济增长后发优势的新兴市场也迎来了加快自身发展的历史机遇。主要表现在：

（1）围绕"一带一路"倡议下加强新兴市场之间互联互通与合作的机遇。

（2）迎接从成熟市场退市的优质公司，提升本土市场的公司质量。

（3）加快国际板建设，吸引境外优质公司在本土市场上市迎来历史性机遇。

（4）加快开放自身金融市场，减少对美国的融资依赖，大力吸引其他成熟市场境外资本流入。

（5）借机摆脱对"强势美元"的依赖，避免由滥发美元产生的新一轮金融危机的冲击风险。

（6）对于中国而言，是加快人民币国际化、建设上海国际金融中心的重要历史性机遇。

第三章

新兴市场国际板：发展历程与现状

第一节　主要新兴市场国际板开放时间表

近 30 多年来，在全球交易所间上市竞争和交易竞争日趋激烈的背景下，大多数市场均开设有供境外公司上市的国际板，其中包括 22 个新兴市场。世界交易所联合会（WFE）2018 年年鉴显示，在总市值排名前 50 的新兴市场交易所中，除中国上交所、深交所和泰国证券交易所外，均开设有面向境外公司上市的国际板。

22 个主要新兴市场中，国际板的法规开放和事实开放时间如表 3 - 1 所示。

表 3 - 1　　　　　　　　　　新兴市场国家国际板开放时间

国家	事实开放	法规开放	依据
沙特	未开放	未开放	发行人必须是沙特股份公司
泰国	未开放	未开放	泰国法律规定，只有公众有限公司才有资格申请登记加入证券交易市场
印度尼西亚	未开放	1997 年	1997 年 12 月 26 日，境外公司被允许发行印度尼西亚存托凭证（IDR）
中国	未开放	2018 年	2018 年 10 月 12 日，伦敦证券交易所（LSE）上市的合格发行人能发行 CDR

续表

国家	事实开放	法规开放	依据
秘鲁	1995 年	1992 年	1992 年 4 月 25 日，修订国内金融业的法律框架，规定银行、金融和保险领域的国内外投资同等对待
新加坡	1996 年	1996 年	1996 年 9 月 30 日，一定条件下非本地公司被允许在股票市场上市
埃及	1998 年	1992 年	1992 年重启股市，并对外国人开放
菲律宾	1999 年	1997 年	1997 年 2 月 6 日，允许获得政府机构颁发的营业执照后的非居民在该国发行证券
巴西	2000 年	1996 年	1996 年国家证券交易委员会决定在预先获得授权的情况下，境外公司可通过巴西存托凭证上市
匈牙利	2000 年	2000 年	2000 年 7 月 1 日，在一定条件下，非居民发行证券
墨西哥	2001 年	2000 年	2000 年 11 月，BMV 开放其主要市场，允许境外公司上市
智利	1999 年	2001 年	2001 年 4 月 19 日起，所有管制都被取消
捷克	2002 年	2001 年	2001 年 1 月 1 日，非居民在本地市场证券不再需要事先获得批准
波兰	2003 年	2002 年	2002 年 10 月 1 日，与欧盟、欧洲经济区和经合组织成员国居民的所有资本交易完全放开
南非	2004 年	2004 年	2004 年 9 月 17 日，允许外国发行的证券在南非债券交易所和南非 JSE 证券交易所上市。此前，非居民发行证券通常不被批准
韩国	2007 年	1999 年	1999 年 4 月 1 日，允许非居民发行外币有价证券
马来西亚	2008 年	2007 年	2007 年 4 月 1 日，允许非居民在马来西亚证交所主板进行首次公开募股
哥伦比亚	2009 年	1999 年	1999 年 1 月 1 日，一项新的政府法令生效，取消对资本交易大部分管制
印度	2000 年	2003 年	2003 年 1 月 27 日，斯里兰卡公司获准在印度发行证券。此前，非本地居民不允许在本地市场发行证券
摩洛哥	2010 年	2004 年	2004 年，非居民发行资本市场证券须经授权，在此之前禁止非居民发行

续表

国家	事实开放	法规开放	依据
俄罗斯	2010 年	2010 年	2010 年，对非居民出售或发行股票或其他单位类型证券无限制
土耳其	2010 年	2010 年	2010 年 10 月 23 日重新开放市场

注：境外公司数据来自世界交易所联合会（WFE）。对于关闭过国际板又在之后重新开放的新加坡、马来西亚、土耳其和阿拉伯埃及共和国，只讨论最近一次的开放。

截至 2019 年，已有 19 个新兴市场实现国际板的事实开放，沙特、泰国、印度尼西亚和中国四个市场仍未开放。

图 3－1 显示了自 1990 以来每一年已经实现法规开放和事实开放的新兴市场数。1995～2004 年法规开放和事实开放的市场数持续增加，增长速度为每年 1～2 家。2005～2019 年的法规开放出现间歇性停滞，这可能与此期间的全球金融动荡频发以及前期开放国际板的效果不好有关，促使有关新兴市场重新评估开放的利弊，更加谨慎地选择开放时机。事实开放的停滞却是在 2010 年之后才开始出现的，但 2005～2010 年事实开放的 7 个国家中有 4 个都是在法规开放之后至少间隔了 6 年才实现事实开放的新兴市场。

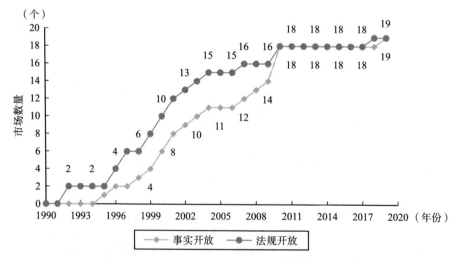

图 3－1　已开放国际板的股票市场数量及变化趋势

资料来源：世界交易所联合会（WFE）。

第二节　新兴市场国际板的发展

新兴市场国际板的发展现状如下。

一、主要新兴市场国际板的境外公司上市情况

根据世界交易所联合会（WFE）2018 年年鉴，主要新兴市场国际板上市的境外公司情况如表 3 - 2 所示。

表 3 - 2　　　　　　主要新兴市场国际板的境外公司上市情况

证券交易所名称	所属国家（地区）	上市公司总数（个）	境外公司（个）	境外公司占比（%）	WFE 市值排名
美洲市场					
B3 SA Brasil Bolsa Balcao	巴西	339	5	1.48	18
Bolsa de Comercio de Santiago	智利	285	80	28.07	30
Bolsa de Valores de Colombia	哥伦比亚	68	2	2.94	40
Bolsa Mexicana de Valores	墨西哥	145	5	3.45	27
Bolsa de Valores de Lima	秘鲁	223	14	6.28	41
亚太市场					
BSE Limited	印度	5 233	1	0.02	9
Nation Stock Exchange of India	印度	1 923	1	0.05	10
Indonesia Stock Exchange	印度尼西亚	619	0	0	25
Korea Exchange	韩国	2 207	21	0.95	14
Bursa Malaysia	马来西亚	912	10	1.10	26
Philippine Stock Exchange	菲律宾	267	3	1.12	29
Shanghai Stock Exchange	中国内地	1 450	NA	—	4
Shenzhen Stock Exchange	中国内地	2 134	NA	—	8
The Stock Exchange of Thailand	泰国	704	NA	—	23

证券交易所名称	所属国家（地区）	上市公司总数（个）	境外公司（个）	境外公司占比（%）	WFE 市值排名
欧非中东市场					
Borsa Istanbul	土耳其	378	1	0.27	34
Johannesburg Stock Exchange	南非	360	71	19.72	19
Moscow Exchange	俄罗斯	225	4	1.78	22
The Egyptian Exchange	埃及	250	1	0.40	48
Athens Stock Exchange	希腊	187	4	2.14	50
Warsaw Stock Exchange	波兰	852	29	3.40	38

注：印度国家证券交易所：包括"Emerge Market"数据；WFE 排名：根据市值排序，以美元计价。
资料来源：WFE, https://www.world-exchanges.org/。

表 3-2 显示，在市值排名前 50 的新兴市场交易所中，虽然大多数设有国际板，但发展极不平衡，从境外上市公司占比看，只有智利的圣地亚哥证券交易所和南非的约翰内斯堡证券交易所占比较大，分别为 28.07% 和 19.72%，市值规模较大的印度尼西亚证券交易所、泰国证券交易所、上海证券交易所和深证证券交易所均没有境外公司上市。

二、主要新兴市场国际板的发展进程

主要新兴股票市场国际板的境外公司数总量历史最多为 608 家，年交易总额近 1 589 亿美元，总市场份额在 2007 年前波动剧烈，波动趋于平稳后份额最高点为 4.44%。而美国股市 2019 年的境外公司数达 964 家，交易额达 4.77 万亿美元，市场份额为 8.04%。总体看来，新兴市场的开放深度、交易总额和市场份额都远不及成熟市场，说明目前新兴国家国际板市场的发展还处于较低水平。

图 3-2 为境外公司数量及其环比增速的变化，图 3-3 为国际板的交易规模及其占本国股票市场份额变化。境外公司数在 2008 年前快速增长，但波动较大，这可能与绝大多数国家在此期间完成了事实开放有关，交易规模也增长较快。市场份额虽没有持续上涨，但也基本保持在较高的位置，甚至

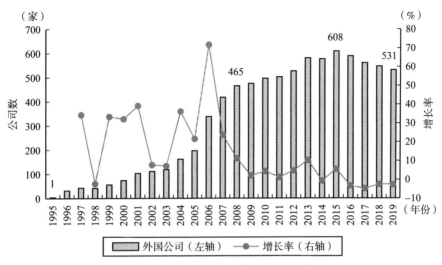

图 3 - 2　境外公司数及其环比增长率

资料来源：世界交易所联合会（WFE）。

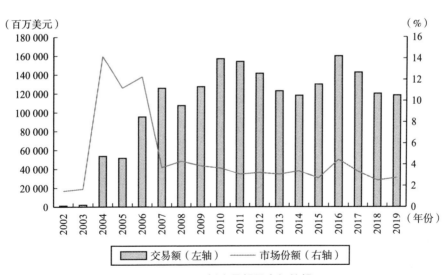

图 3 - 3　国际板交易额及市场份额

资料来源：世界交易所联合会（WFE）。

2004～2006年连续三年在10%以上，这可能是因为国际板的总规模在不断扩大，同时股票市场的整体交易规模又较小。2008～2015年境外公司数仍在继续增加，但速度明显放缓，增速的波动程度也有所降低；交易总额呈现先增后减的趋势，市场份额却呈现缓慢下降趋势。2016年以后境外公司数首次出现连续负增长，交易总额和市场份额也持续降低。这可能与全球经济增长疲软，全球货币政策收紧有关。

图3-4展示了各国自2002年以来的国际板的发展指数水平。整体来看，大多数国家的国际板市场发展指数呈现出波动上升的趋势，另外可以看到在几次全球金融危机时期，几乎所有国家的国际板市场均受到明显的打击。具体到各个国家的表现，截至2019年印度的国际板市场几乎没有进展，哥伦比亚在2011年发展水平骤然下降。而菲律宾、土耳其、匈牙利及摩洛哥的国际板一直处于较低的发展水平。南非、秘鲁、墨西哥的国际板市场一直处于较高水平的发展状态，但其中波兰和南非也存在波动较大的问题。其余的国家基本保持在中等水平并具有向更好的方面发展的状态。

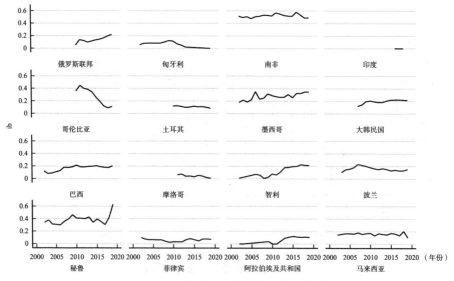

图3-4 主要新兴市场国际板发展水平对比

注：ib表示国际板的发展指数，其构造过程见第十一章；捷克、新加坡数据缺失。
资料来源：世界交易所联合会（WFE）。

综上，从主要新兴市场国际板的发展状况看，在总市值排名前50的新兴市场交易所中，市值规模较大的印度尼西亚证券交易所、泰国证券交易所、上海证券交易所和深证证券交易所均没有境外公司上市，其他设有国际板的新兴市场发展也极不平衡，值得注意的是，其中大多数是在本币尚不能完全自由兑换的情况下实现的。

第三节　新兴市场国际板的研究综述

近30年来，大多数新兴市场都经历了金融自由化、一体化进程及全球金融市场的开放与竞争的加剧，新兴市场无论大小，都在努力通过国际板或互联互通竞相吸引境外公司在本土市场上市或交易。

关于新兴市场金融开放效果的研究有大量文献，实证结论不尽一致。乌穆特卢等（Umutlu et al.，2010）认为新兴国家金融自由化很大程度上降低了新兴市场的波动性。刘易斯（Lewis，2000）认为新兴股票市场对全球市场开放会带来风险分享收益率的提升。亨利（Henry，2000）通过分析12个发展中国家（地区）市场数据后的结果表明，市场开放后的前8个月内，其股票价格指数每月平均有3.3%的超额收益率。弗曼和斯蒂格利茨（Furman & Stiglitz，1998）认为新兴市场开放会加剧市场的波动性，并更容易受到外部危机的影响，进而增加金融危机风险。贝等（Bae et al.，2004）和斯蒂格利茨（Stiglitz，2004）认为新兴市场波动性上升将扰乱储蓄和投资的有效配置，并可能导致公司推迟投资，因为较高的不确定性使观望期权更有价值，产生对一般经济福利不利的后果。而巴尤米和奥纳格（Bayoumi & Ohnsorge，2013）的研究表明，发展中国家资本账户开放会使国内股票和债券市场的资金净流出，但可为国内投资者提供多样化的投资机会。安保木等（Aoki et al.，2010）研究表明，在资本账户开放进程中，跨境资本流入或资本流出规模依赖于国内金融发展水平，当国内金融发展水平较低或较高时，将导致跨境资本流入，当国内金融发展处于中等水平时，将导致本国资本流出。杨子晖和陈创练（2015）关于全球69个国家的资本账户开放与跨境资本流动关系研究也得出了类似的结论，同时认为，鉴于中国目前的金融发展水平，资本账户开放将导致外商直接投资净流入增加和证券投资净流入降低，随着国内金融条件的不断深化，将导致国内市场流动性风险降低、投资效率提升和投资机会的增加。

关于新兴市场国际板开设情况的研究，俞莹和易荣华（2020）从上市条件、信息披露、监管重点等角度分析了智利、南非和印度三个新兴市场开设国际板的制度变迁。结果显示，国际板的成功与否，对上市公司的上市条件、信息披露与监管规则等制度设计至关重要；境外公司的选择以来自经济发展关联度高、地理相近的新兴市场公司和具有消费者市场绑定的成熟市场公司为主；国际板设立初期应以存托凭证方式为宜；国际板的开设对宏观经济、市场本身的影响是积极的，负面影响是可控的。俞莹和易荣华（2020）以 H 股在香港证券市场上市为研究对象，通过计量建模从"质量传染"效应和挤出效应的视角考察来自新兴市场的公司上市对目的地市场发展和目的地既有上市公司影响。结果表明：H 股在港上市扩大了香港市场的市场规模和交易活动，吸引了更多的国际资本流入；在港上市提升了 H 股与香港市场既有股票的收益相关性，以及香港市场与内地市场及全球市场的联动性；H 股在港上市对既有股票的估值影响是积极的。总体而言，来源于新兴市场的公司上市对目的地市场和既有上市公司的综合影响是积极的，溢出效应大于"质量传染"效应和分流效应，促进了目的地市场质量提升和市场发展。易荣华等（2019）从绑定效应和"声誉寻租"角度考察了地理相近的市场间 H－A 逆向交叉上市公司的估值溢价，从收益率波动性视角分析了 H－A 逆向交叉上市对内地市场的传递溢出效应。结果显示，H 股回归上市受益于绑定效应可以获得显著的估值溢价，但与由境外上市时间反映的绑定信号质量无关，同时，累积效应不断下降，说明 H 股回归上市存在非优质公司的"声誉寻租"行为。H 股回归上市对 A 股市场和同行业公司有显著的单向传递溢出效应，说明逆向交叉上市有助于改善新兴市场的结构和效率。罗晓芸和易荣华（2021）基于 22 个新兴市场1990～2019 年的平衡面板数据采用多期 DID 方法检验了法规开放与事实开放的经济增长净效应，发现事实开放比法规开放的经济增长净效应更大，不论是否考虑其他因素的影响，前者的净效应值均为正，而后在其他因素的作用下由正变负。进一步地，根据 16 个开设国际板的新兴市场

2002~2019 年的非平衡面板数据，利用动态非平衡面板方法探究国际板市场开放程度、交易规模和市场份额三个维度的发展水平对经济增长影响，结果表明国际板市场的发展能对东道国经济增长有着积极的促进作用，但资本项目的开放对这种作用具有强烈抑制效果。马蒙蒙等（2020）采用 1991~2018 年美国及中国香港市场的数据，从境外公司上市的市场表现和公司估值两个层面，运用事件研究法及 Tobin's Q 模型研究了境外公司上市对目的地市场估值的时变性和不同来源地的差异性特征。研究发现：从时间层面看，境外公司上市对目的地市场整体估值水平的影响随存续时间发生变化，具有显著的短期正面溢出效应，且目的地市场成熟度与短期正面溢出效应正相关，长期负面溢出效应与公司来源地有关；从不同来源地看，不同来源地境外公司上市对目的地市场整体估值水平的影响存在显著差异，来自成熟市场境外公司的正面溢出效应更显著，而来自新兴市场境外公司上市具有负面溢出效应，且当目的地市场与公司本地市场成熟度差异越大时负面溢出效应越大。张小婉等（2020）运用滚窗 VAR 方法研究了沪港通前后各 1 000 个交易日期间上海、香港和纽约股市的时变波动溢出指数，进而分析两两市场之间波动溢出效应的大小、传导方向变化。结果表明：沪港通的实施，增大了沪市与香港股市的波动溢出效应，与美国市场的波动溢出效应相对减小，沪港通在加强沪、港两市联动性的同时弱化了与纽约股市的联动性；改变了沪港两市之间波动溢出效应的传导方向，由单一的"港→沪"溢出变为以沪市为主的双向"沪↔港"溢出，同时也增大了对纽约股市的溢出效应，增强了沪市的竞争力。

第四节　新兴市场国际板的典型案例分析
——智利、南非和印度

一、市场指数表现

图 3-5 为 MSCI 新兴市场指数（MSCI）、IPSA 智利 40 指数（SSE）、南

非 FTSE/JSE ALL Share 指数（JSE）和印度孟买 SENSEX30 指数（BSE）趋势图，从图中可以看出，智利、南非和印度三个交易所指数总体趋势与 MSCI 新兴市场指数基本保持一致，均呈现上升趋势（2008 年的突然下降可能与全球金融危机有关），国际板开设对市场的综合影响是积极的。1999 年和 2004 年，智利和南非分别开设国际板后，其 GDP 均维持了较长时期的高增长，而同期两国的汇率和外汇储备波动不大，说明国际板对经济的影响是积极的，负面影响是可控的。

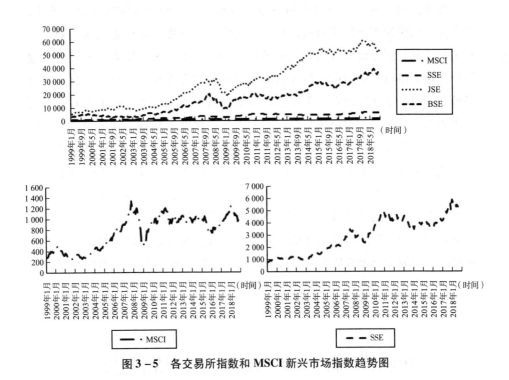

图 3-5　各交易所指数和 MSCI 新兴市场指数趋势图

二、国际板的制度变迁

智利、南非和印度国际板的设立时间分别为 1999 年、2004 年、2000 年，其后也分别进行了制度优化。

智利圣地亚哥证券交易所（SSE）于 2000 年允许境外公司在 SSE 公开发

行、上市和交易。2014年，SSE和多伦多证券交易所创业板（TSX Venture Exchange，TSXV）创建了一个名为风险资本市场（Venture Capital Market）的新市场，并允许TSXV上市的公司在新市场上双重上市。SSE在1999年12月10日发布《外国证券交易所股票交易手册》，该交易手册旨在详细说明外国发行人的外国证券交易的一般规则和指示或代表它们的任何证书，称为外国证券存托凭证（Certificates of Deposit of Foreign Securities），简称CDV（用西班牙语缩写），并遵守SSE证券交易法第18，045号法令第XXIV条（由2011年5月12日的第1.524号通函修订）。

南非约翰内斯堡证券交易所（JSE）至今运营了125年，是市值最大的全球二十大交易所之一。JSE股票市场由主板和AltX组成，JSE主板上几乎1/5的公司都是双重上市公司。2004年12月6日JSE发布第127号公告允许境外公司在JSE上市，但受外汇管理规定的限制，当地投资者被限制持有境外公司股票的数量，这限制了境外上市股票的交易量，从而限制了JSE将自己定位为投资目的地的能力。因此，在2011年10月24日公布的《中期预算政策声明》中，根据"机构投资者境外风险的审慎监管"讨论文件的公众意见，南非国家财政部提议将所有在JSE上市的境外上市股票归类为"国内"，以便在交易所进行交易，并将其纳入JSE指数。这使南非资产管理公司能够在境外公司中更自由地投资。

印度证券市场（ISE）包括印度国家证券交易所（NSE）和孟买证券交易所（BSE）。2000年开始，境外公司可以通过发行印度存托凭证（IDR）进入印度证券市场筹集资金。IDR是一种以印度卢比计价的票据，其形式为由国内存款人（在印度证券交易委员会注册的证券的托管人）对发行公司的基础股权开出的存托凭证。此外，促进IDRs的许多监管改革由各监管机构（即印度企业事务部（MCA）、印度证券交易委员会（SEBI）和印度储备银行（RBI））在2000~2009年之间进行。

三个市场的相关制度变迁、境外公司上市数量及市场总市值情况分别如表3-3、表3-4及图3-6所示。

表 3 - 3   SSE、JSE 和 BSE 国际板制度变迁

交易所	时间点	政策制度
智利圣地亚哥证券交易所（SSE）	1999 年 12 月 10 日	《外国证券交易所股票交易手册》发布
	2000 年 2 月 15 日	《外国证券交易所股票交易手册》生效
	2011 年 5 月 12 日	第 1.524 通函修订
	2011 年 8 月 22 日	《外国证券交易所股票交易手册》更新
南非约翰内斯堡证券交易所（JSE）	2004 年 12 月 6 日	发布第 127 号公告允许境外公司在 JSE 上市
	2011 年 10 月 24 日	《中期预算政策声明》发布
印度国家股票交易所（BSE）	2000 年 5 月 3 日	发布《SEBI 准则》
	2004 年 2 月 23 日	发布印度存托凭证规则（IDR 规则）
	2006 年 4 月 3 日	发布《印度存托凭证上市协议》
	2009 年 7 月 22 日	发布《发行资本和披露要求条例》
	2018 年 2 月 12 日	《发行资本和披露要求条例》修订

注：SEBI：Securities and Exchange Board of India，印度证券交易委员会；IDR：Indian Depository Receipts，印度存托凭证。

资料来源：智利圣地亚哥证券交易所网站：http：//www.bolsadesantiago.com/；南非约翰内斯堡证券交易所网站：https：//www.jse.co.za/；印度证券交易委员会网站：https：//www.sebi.gov.in。

表 3 - 4   SSE、JSE 和 BSE 国际板境外公司上市数量变化   单位：个

年份	圣地亚哥证券交易所（SSE）	约翰内斯堡证券交易所（JSE）	印度国家股票交易所（BSE）
2008	3	44	0
2009	4	45	0
2010	4	45	1
2011	—	—	—
2012	20	49	1
2013	79	53	1
2014	77	58	1
2015	87	66	1
2016	84	73	1
2017	81	72	1
2018	80	71	1

资料来源：世界交易所联合会（WFE），2011 年数据缺失。

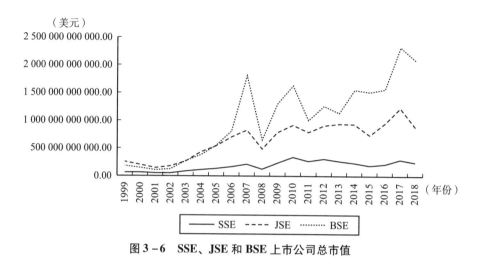

（美元）

图 3 - 6　SSE、JSE 和 BSE 上市公司总市值

　　表 3 - 3、表 3 - 4 和图 3 - 6 显示，1999 年圣地亚哥证券交易所发布《外国证券交易所股票交易手册》，2000 年生效，交易所市值没有明显的变化，但在 2002 年之后有明显的上升趋势；2011 年交易手册更新，交易所市值有缓慢上升趋势，但在 2012 年呈下降趋势，而 2012 年后，交易所境外公司上市数量有明显的大幅度增加，境外公司主要来自美国、加拿大等成熟市场。2004 年约翰内斯堡证券交易所发布公告允许境外公司在交易所上市，其市值迅速上升，境外公司主要来自地理临近非洲地区和欧洲国家（成熟市场）；2011 年发布《中期预算政策声明》，其市值也有小幅度上升趋势，但交易所境外公司上市数量只是略微增加。尽管印度证券交易所的总市值很高，但只有一家境外公司，其市值受境外公司的影响不大。

三、国际板的上市条件、信息披露、监管制度比较

（一）上市条件

SSE、JSE 和 BSE 上市条件对比如表 3 - 5 所示。

表 3 - 5   SSE、JSE 和 BSE 上市条件对比

交易所	注册/上市资格标准
智利圣地亚哥证券交易所（SSE）	规定外国发行人和 CDV 证券只有在智利证券和保险监管机构的外国证券登记处注册时才可以在 SSE 进行交易，并且注册应由发行人或向智利证券和保险监管机构申请注册的同一个人直接申请。在 2011 年 5 月 12 日第 1.524 号通知修订中，要求须支付上市费用。并且规定对于取消了本地市场的注册、缺乏公司信息、破产、分拆或合并公司的公司，SSE 应取消在外国证券或 CDV 上市的发行人的注册。在 SSE 认购融资协议的外国证券交易所交易的外国证券应自动在本机构注册
南非约翰内斯堡证券交易所（JSE）	申请人在申请 JSE 上市之前，必须按照该法第 23 条注册为外部公司。申请人必须就是否需要注册为外部公司获得法律意见。本法律意见的副本必须在申请上市时提供给 JSE。经认可的申请人可以通过发布上市前公告在主板或在 AltX 上申请二级上市。如果资金将与快速上市流程一起筹集，则必须咨询 JSE，并且经认可的申请人必须确认此类融资将符合认可交易所的要求
印度国家股票交易所（BSE）	（1）申请公司的净值在前三个财政年度每年应超过 75 000 万卢比。 （2）申请公司已在紧接上市申请年度之前的最后 3 个财政年度中至少 2 个年度派付股息，或前三个财政年度各自的 EBDITA 为正数，或在提出上市申请之前 6 个月内，公司的平均市值超过 1 000 000 万卢比。 （3）至少 3 年的跟踪记录：申请公司寻求上市，或在印度或在境外注册的公司发起人，或该公司未被提交至工业和金融重建委员会（Industrial and Financial Reconstruction，BIFR），或公司尚未收到法院承认的任何清盘申请。 （4）证券交易所或监管机构在过去 3 年内不会对申请公司采取任何重大监管或纪律处分。 其他条件包括： ①申请公司应至少在过去 3 年内在任何其他认可联交所上市，或在拥有全国贸易终端的交易所上市至少 1 年； ②过去 6 个月的最低平均每日营业额（价值）为 10 万卢比； ③过去 6 个月内每日平均交易次数为 50 次； ④在其他交易所上市交易起，冷却期是两个月； ⑤公司证券应在申请日期前 6 个月内高于面值

注：（1）净值指支付股权资本 + 自由储备，即储备金，其使用不受任何限制，可以考虑不包括重估储备金 - 未核销的杂项费用 - 在未抵销的情况下的损益账户余额；（2）市值阈值计算为申请日期前 6 个月的平均日市值；（3）发起人是指在同一业务范围内每人至少有 3 年经验的一人或多人，并且应单独或分别持有至少 20% 的发行后股本。

（二）信息披露

SSE、JSE 和 BSE 信息披露要求如表 3 - 6 所示。

表 3-6   SSE、JSE 和 BSE 信息披露要求对比

交易所	信息披露要求
智利圣地亚哥证券交易所（SSE）	申请在联交所注册的外国发行人或实体提供的信息，以及随后定期提供的信息，应与智利证券和保险理事会通过一般规则或通告要求的信息相同，须透过联交所，每日及每月期刊及联交所资讯中心的电脑网络终端披露。此外，联交所可以通过计算机网络和每日日报的终端公布有关在原市场上交易的此类证券的价格和单位的信息。在 2011 年 5 月 12 日第 1.524 号通知中，要求有关在圣地亚哥证券交易所认购融资协议的外国证券交易所交易的外国证券的信息，应根据与外国证券交易所融资协议的股票交易手册中规定的条款和条件进行披露，又要求联交所应通过其计算机终端，证券交易所信息中心及其网站向公众提供一般规则第 II 节智利证券和保险监督员的第 217 号中规定的任何信息
南非约翰内斯堡证券交易所（JSE）	上市前声明： （1）申请发行人必须按照相关的上市要求出示上市前声明，除非在上市要求中另有明确规定。 （2）申请发行人必须在上市前声明中披露每股总体收益和每股摊薄收益，以及总体收益与计算中使用的收益之间的逐项对账。 （3）就上市前声明而言，JSE 将接受根据以下会计框架编制的财务信息：国际财务报告准则、欧洲联盟通过的国际财务报告准则、联合王国公认会计准则、美国公认会计准则、澳大利亚公认会计原则、加拿大公认会计原则。 （4）就上市前声明而言，JSE 可接受根据第 18.13 段编制的财务信息摘要，条件是： ①该信息是在申请发行人在其主要上市的交易所获得上市并根据该交易所的上市要求后发布的； ②摘录符合国际会计准则第 34 号； ③上市前声明包含申请发行人的会计政策的全部细节。 （5）申请发行人必须通过其保荐人从 JSE 获得关于在上市前声明中确切列报财务信息的正式裁决。 （6）就上市前声明而言，JSE 将接受在 JSE 上市前 12 个月内准备的合格人员报告，前提是该报告是根据 SAMREC 准备的。 （7）申请发行人必须就是否需要注册为外部公司获得法律意见，该意见必须提交给 JSE
印度国家股票交易所（BSE）	印度证券交易委员会在 2009 年发布《发行资本和披露要求条例》中要求，外国发行者符合国内发行者连同以下关键要求的情况下，可使用 IDR 计划： （1）前 5 年记录的可分配利润至少有 3 年； （2）之前在国内交易所至少有 3 年连续交易历史； （3）前 3 年（必须是完整年）每年的净有形资产至少 3 000 万卢比； （4）前 3 年（必须是完整年）的净盈利至少 1 000 万卢比； （5）没有任何被证券监管机构禁止发行的条款； （6）在其本地的跟踪记录符合证券监管要求

（三）监管重点

SSE、JSE 和 BSE 主要监管事项如表 3 - 7 所示。

表 3 - 7　　　　　　　　　SSE、JSE 和 BSE 主要监管事项对比

交易所	监管事项
智利圣地亚哥证券交易所（SSE）	2011 年 5 月 12 日第 1.524 号通知修订中要求，股票经纪人可以通过提供外国证券托管服务的国内或国外实体向其客户提供证券托管服务。 在提供托管服务之前，证券经纪人应向联交所交付一份与国内或外国实体签订的托管协议副本。托管服务协议应包括确保托管服务安全和流动所需的所有规定。 联交所保留界定不需要此类托管协议的市场的权利，并且接受定义当地股票经纪人与外国实体关系的所有协议或合同的有效性。股票经纪人有责任分析所有已执行协议的合法性和内容，以确保存放证券的所有权，管理和转让
南非约翰内斯堡证券交易所（JSE）	2011 年初，JSE 宣布将开始主动审查上市公司的年度财务报表，以遵循国际财务报告准则（IFRS），并且打算在五年周期内至少审查一次账户，审查对象将随机覆盖各种规模的公司。JSE 监督过程的一个关键部分是与约翰内斯堡大学（University of Johannesburg, UJ）和南非特许会计师协会（SAICA）的高级学术成员的合作。UJ 为每套年度财务报表编制了详细的报告。然后，JSE 工作人员与发行人合作，讨论并答复相关问题。在复杂和技术问题上，或者在 JSE 和发行人之间就特定事项存在分歧时，问题将被提交给 SAICA 的财务报告调查小组以获取建议
印度国家股票交易所（BSE）	从事 IDR 发行时，至少 50% 的股份是规定合格机构投资者（QIBs）持有，30% 由个人投资者持有，其余股份由非机构投资者和员工持有。IDR 发行一年后，IDRs 可以转换成外国发行者的普通股，但受到其他印度法律的约束，如外汇法律——这可能会妨碍 IDRs 的可替代性。从普通股转换为 IDRs 也是可选择的。IDRs 不会自动兑换为基础股票

　　注：提供外国证券托管服务的国内外实体包括银行、主要从事证券存管和托管的公司、外国银行的外国股票经纪子公司和持有 3 亿美元股权的非银行子公司的股票经纪人，并且在提供托管服务方面至少拥有 5 年工作经验，以及从事第 18.876 号法律注册的证券存管和保管的公司。

　　在 SSE 上市的境外公司主要来自美国、加拿大等成熟市场，这些成熟市场的公司都有较好的公司结构，公司质量较高，信息披露完整。因此 SSE 也并没有制定过高的上市规则。《外国证券交易所股票交易手册》对境外公司发行 CDV 作出的具体要求主要包括注册、报价、信息披露、结算、监管、交

易费用等。其中对股票经纪人做了严格要求，这是由于股票经纪人在外国证券和本国交易所中充当桥梁的作用，对股票经纪人的要求和约束主要目的是打击洗钱和恐怖主义融资交易。同时，智利采取了不同的货币政策和资本管理措施来应对汇率波动。允许本国货币适时适度贬值，鼓励各国机构进入本国外汇市场，使汇率更加市场化，同时调整外汇储备结构，与资本项目开放协调推进，从而稳定金融市场。

JSE 在新兴市场环境中拥有世界一流的监管、交易和清算系统，结算保证和风险管理。2011 年公布《中期预算政策声明》后，JSE 与监管机构达成一致，将采取步骤简化程序并降低跨境汇款的成本，特别是对邻国和非洲其他地区，使 JSE 成为更具吸引力的上市目的地。2009 年 2 月，JSE 成立了非洲板块（African Board），鼓励这些公司在 JSE 及其本地交易所进行双重上市。2012 年，与各利益相关方协商后，JSE 将非洲板块上市的公司直接转移到 JSE 的主板，并鼓励中小型公司在 AltX 上市。现有 12 家非洲公司在 JSE 上市，其中 9 家在主板上市，3 家在 AltX 上市。南非目前实行自由浮动的汇率制度，且财政政策和货币政策的成功实施推动了南非资本项目的开放。同时解除外汇管制、稳健的审慎监管体系、完善的金融法律制度和财务会计准则，促使南非国际板开设较为成功。

BSE 的市值规模很大，但对于境外公司上市，印度规定了较为严格的 IDR 上市规则，门槛较高，国际化程度和监管水平不高。并且印度经济经常受通货膨胀的影响（苏畅，2017），外汇市场不稳定，央行货币政策压力较大（刘小雪，2017）。也正是这样，迄今为止，只有一家公司发行 IDR，虽然在这之后，也有其他境外公司考虑发行 IDR（如 Vodafone、HSBC、Citibank），但最后都没有进一步的推进。这也可能与税收的不确定性、要求分配 50% 的 IDR 给特定类型投资者有关。

通过上述比较分析可以发现，三个市场的国际板开设均是在金融完全自由化和货币自由兑换之前实现的；SSE 和 BSE 采取存托凭证的方式间接上市，JSE 建立了特定板块允许境外公司上市。三个市场的上市条件要求有所不同，SSE 和 JSE 都要求在交易前注册为外国证券（公司），以便区别于本地公司，且 SSE 特别注重境外公司在本地市场的交易及经营情况。BSE 则比较关注申请公司的财务状况、运营情况及在其他交易所的交易情况，对公司净值等提出了更高的要求。在信息披露要求方面，SSE 对拟上市公司申请时和交易中的信息披露作出严格的要求，JSE 和 BSE 对公司上市前的信息披露历史更加关注，JSE 要求披露的财务信息需符合国际会计准则，而 BSE 要求披露过去 3~5 年内公司的利润、资产、交易历史等。在监管重点事项方面，SSE 对股票经纪人有更严格的要求，目的是打击洗钱和恐怖主义融资交易。JSE 的做法是与大学和特许会计师协会合作，注重上市公司的信息披露及财务的完整性，JSE 表示这个过程不是惩罚性的，财务信息的完整性是市场运作良好的关键要素，目的是提高财务报告的质量，BSE 则侧重对 IDR 转换成股票更严格的法律约束。

从境外公司来源地看，SSE 和 JSE 均选择了来源于成熟市场（分别为美国和欧洲）、且与本国具有消费者市场绑定的交叉上市公司，JSE 还选择了地理相近、经济关联度较大的非洲公司，笔者认为这是他们成功的主要原因之一。而 BSE 显然在这方面缺乏仔细考虑。

从金融环境的协同推进方面看，智利和南非采取了合理的货币政策和资本管理措施，同时制定了稳健的审慎监管体系和完善的金融法律制度，从而稳定了金融市场，使国际板开设较为成功地进行。而印度证券市场市值排名前十，但外汇市场不稳定，通货膨胀严重，市场本身国际化程度和监管水平不高，又制定了较为严格的上市规则，使境外公司即便有计划在印度证券市场发行存托凭证，也难以进一步推进。

综上，从三个主要新兴市场国际板的制度变迁和特征来看，关于上市条件、信息披露、监管重点、境外公司来源地、金融环境的协同性等均存在较大差异。从实际效果看，智利和南非市场国际板的运行比较成功，而开设国际板近 20 年的印度国家股票交易所发展较为滞缓。三个市场制度变迁和特征为中国内地股票市场国际板开设提供了有益的启示：国际板的开设并不以金融完全自由化和货币自由兑换为前提条件；上市条件、信息披露、监管事项等制度设计对国际板的成功与否至关重要；境外公司的选择应优先选择存在经济关联度高、地理相近、消费者绑定的公司；国际板的成功开设要与金融环境改革开放协同推进。

第二篇 >>>

跨境上市的传递溢出效应

第四章

基于境外上市的东道主市场与本地市场联动性与波动溢出效应

第一节 引 言

随着全球金融市场的开放与竞争的加剧，跨境上市得到了快速发展，既有来自新兴市场的公司到成熟市场上市，也有来自成熟市场的公司到新兴市场上市；既有单一上市，也有多重上市（交叉上市），成熟市场和新兴市场围绕优质公司上市和交易量的竞争日益激烈。传统金融理论也难以诠释这种趋势，尤其是来自成熟市场的公司到新兴市场逆向上市的行为，同时，在市场间联动性越来越强的情况下，来自新兴市场的境外公司上市对东道主市场和本地市场分别将产生何种影响，更是一个业界普遍关心的议题。

本章将基于"质量传染"假说、"声誉寻租"假说和绑定假说等理论，从"质量传染"效应、传递溢出效应、挤出效应等视角，利用BEKK/DCC多元GARCH模型和溢出指数计量研究来自新兴市场的境外公司上市对东道主市场质量和东道主既有上市公司影响，预期成果有助于丰富跨境上市的理论。

第二节 文 献 综 述

市场之间联动性的研究早期主要集中于成熟市场和成熟市场之间的信息溢出。哈茂等（Hamao et al.，1990）对美国、日本和英国股票市场之间的股价及股价波动溢出关系进行了研究，发现美国市场对英国和日本市场、英国市场对日本市场存在股价波动溢出效应。林等（Lin et al.，1994）研究了东京和纽约之间的股票指数收益率和波动率关系，发现东京（纽约）白天与纽约（东京）隔夜收益率相关。卡罗伊（Karolyi，2006）研究了纽约和多伦多证券交易所之间股票收益率和波动率的短期动态，发现市场之间的波动溢出主要取决于跨市场的波动率。

随着新兴市场自由化和一体化的进程中，学者们对新兴市场之间以及新兴市场与成熟市场间的联动关系越发关注。贾纳基拉马南和兰巴（Janakiramana & Lamba，1998）研究了环太平洋国家（地区）股票市场之间的联动性，发现美国市场对除了印度尼西亚之外的其他国家（地区）市场存在显著的单向传导影响，而地理相近、经济关联大或具有大量跨境上市的市场之间有明显的双向影响。额（Ng，2000）通过构建波动溢出模型，把对新兴市场的冲击划分为世界因素、本地因素和区域因素，研究发现美国市场作为世界性冲击和日本市场作为区域冲击对新兴市场有波动溢出效应。张兵等（2010）研究发现中美股票市场不存在长期均衡关系，中国对美股的短期引导作用很弱，而美股对中国波动溢出呈现不断增强的趋势，在极端情况下，冲击更加显著。金等（Kim et al.，2015）研究发现在美国金融危机有蔓延的征兆时与5个新兴亚洲国家金融市场的资产收益出现短暂的高度相关性。萨马拉孔（Samarakoon，2011）构建重叠市场和非重叠市场的冲击模型，研究发现美国金融危机期间，新兴市场之间存在双向但不对称的相互依存和相互传染；除拉丁美洲之外，美国市场的危机没有向其他新兴市场蔓延，而新兴市场的危机却对美国市场有蔓延的趋势。季勇和廖慧（2015）考察全球金融市场间的溢出效应发现新兴市场经济体的收益率波动更容易受到外部因素的影响。

绝大多数的文献主要定性研究市场或国家之间的波动溢出方向，对于波动溢出的大小和规模研究较少。迪博尔德和伊尔马兹（Diebold & Yilmaz，2009，2012）首先利用向量自回归模型和方差分解的方法提出了溢出指数（Spillover Index）的概念，其可以用来衡量个人资产、资产组合、资产市场等，以及国家内部和国家之间的收益波动性外溢，揭示外溢的趋势、周期、爆发等。周等（Zhou et al.，2012）基于广义向量自回归框架中的预测－误差方差分解实证发现，在次贷危机期间，美国市场对其他市场产生了主要的波动性影响；其他市场在受到坏消息的推动时，其大规模的波动性会被传回美国市场。普拉萨德等（Prasad et al.，2018）基于溢出指数方法，研究了16个主要市场的溢出效应，西方经济体（尤其是美国）的较大股票市场主导着向其他市场的波动性转移，中国、印度和巴西等新兴市场仍处于相对孤立状态，尽管它们对全球波动溢出效应的贡献在2006年后大幅增加。梁琪等（2015）采用有向无环图和溢出指数方法，对全球17个国家或地区的股票市场的联动性以及中国的国际化及其风险传导进行了研究，发现间的总体溢出具有显著的上升趋势，中国的方向性溢出容易受到金融危机等极端事件的影响。

综上，现有文献多数集中在境外公司上市对公司本身及本地市场的影响，很少有关注对东道主市场的影响，本研究有助于填补这一空白。

第三节 研究设计与计量模型

交叉上市传递效应研究表明，一个市场中的大幅价格波动会通过交叉上市公司传导到其他市场，市场间价格变化的联系更紧密，信息不对称会被夸大，由此引发的价格波动将被放大。来自新兴市场的境外公司上市，尤其是双重或多重上市，上市公司作为互联互通的纽带，无疑将强化东道主市场与其公司本地市场联系，进而提升东道主市场与其他市场的联动性和竞争力。

为了考察在纽约证券交易所（NYSE）上市的境外上市公司所属的本地市场与 NYSE 作为东道主市场之间的动态相关性及波动外溢情况。根据佩里（Perry，2012）的研究结论，即波动性外溢最有力的证据来自 BEKK 模型的估计，而 DCC 模型是最优模型。鉴于此，本章同时选择 BEKK 和 DCC 两个多元 GARCH 模型来检验本地市场与东道主市场之间的动态溢出效应。另外，为考察东道主市场与本地市场之间波动溢出的大小和规模，参考迪博尔德和伊尔马兹（2009，2012）提出的用广义方差分解方法构建溢出指数，用交互溢出指数（Net Pairwise Spillover Index）给出的溢出方向来验证是否与 BEKK 和 DCC 模型估计结果相一致，并且测度波动溢出的强度和规模，通过滚动样本分析，捕捉信息溢出的时变特征。对于来自新兴经济体的公司对东道主市场的波动溢出程度，使用溢出指数中的定向溢出指数（Directional Spillover Index）和净溢出指数（Net Spillover Index）来度量。

一、VARMA – GARCH(1, 1) 模型

参照凌和麦卡利尔（Ling & McAleer, 2003）有如下均值方程和GARCH(1, 1)过程：

$$r_{it} = m_{i0} + \sum_{j=1}^{2} m_{ij}r_{jt-1} + \varepsilon_{it}, \ \varepsilon_{it} \mid I_{it-1} \sim N(0, h_{it}), \ i = 1, 2 \qquad (4.1)$$

$$\varepsilon_{it} = v_{it}h_{it}^{1/2}, \ v_{it} \sim N(0, 1) \qquad (4.2)$$

$$h_{it} = c_{ii} + \sum_{j=1}^{2} \alpha_{ij}\varepsilon_{jt-1}^2 + \sum_{j=1}^{2} \beta_{ij}h_{jt-1} \qquad (4.3)$$

其中，r_{it}是时间序列的收益率，ε_{it}是条件方差h_{it}的随机误差项，I_{it-1}指在$t-1$期获取的市场信息集。模型（4.3）为具有VARMA项的GARCH(1, 1)过程。

二、BEKK/DCC – GARCH(1, 1) 模型

参照恩格尔（Engle, 2002）提出的动态相关系数模型，即DCC模型，具体形式如下：

$$H_t = D_t R_t D_t \qquad (4.4)$$

其中，H_t为方差协方差矩阵，$D_t = diag(\sqrt{h_{11,t}}, \sqrt{h_{22,t}})$，$R_t$为时变相关系数矩阵，满足$R_t = (Q_t^*)^{-1}Q_t(Q_t^*)^{-1}$，其中$Q_t$为正定的动态异方差矩阵，定义为：

$$Q_t = (1 - \theta_1 - \theta_2)\bar{Q} + \theta_1\varepsilon_{t-1}\varepsilon'_{t-1} + \theta_2 Q_{t-1} \qquad (4.5)$$

其中，$\bar{Q}$为标准残差的无条件方差矩阵，θ_1和θ_2为DCC – MVGARCH(1, 1)模型的系数，且满足$0 \leq \theta_1 + \theta_2 < 1$。在实证研究中，可通过计算不同收益率之间的动态相关系数来说明变量之间的动态关联性。动态相关系数的计算公式如下：

$$\rho_{ij,t} = \frac{h_{ij,t}}{\sqrt{h_{ii,t}h_{jj,t}}} \qquad (4.6)$$

其中，$\rho_{ij,t}$ 为矩阵 R_t 第 i 行第 j 列的元素，$h_{ij,t}$ 为矩阵 H_t 非主对角线元素，$h_{ii,t}$ 和 $h_{jj,t}$ 为矩阵 H_t 的主对角线元素。

关于 BEKK – GARCH(1，1) 模型详见第五章第四节研究设计。

三、溢出指数的构建

对于滞后阶数为 p 的 N 维向量自回归模型（VAR）：

$$X_t = \sum_{i=1}^{p} \Phi_i X_{t-1} + \varepsilon_t \tag{4.7}$$

其中，X_t 为 N 维列向量，分别代表 N 个股票市场的收益率或波动率，Φ_i 为系数矩阵，$\varepsilon_t \sim (0，\Sigma)$，为独立同分布的扰动项向量。式（4.7）可以转换为移动平均的形式（VMA）：$X_t = \sum_{i=0}^{\infty} A_i \varepsilon_{t-i}$，系数矩阵 A_i 服从如下递归式：

$$A_i = \Phi_1 A_{i-1} + \Phi_2 A_{i-2} + \cdots + \Phi_p A_{i-p} \tag{4.8}$$

其中，A_0 为 N 阶单位阵，且 $i < 0$ 时 $A_i = 0$。

方差分解方法度量了 VAR 过程中不同信息冲击对任意一个内生向量的预测误差方差影响的比例，可以定量揭示一个变量的变化是由于自身或是系统中其他变量的冲击。对基于正交脉冲响应的预测误差方差分析，佩萨兰和申（Pesaran & Shin，1998）定义了 $\theta_{ij}^g(H)$ 为 H 步领先的正交化和广义预测误差分解：

$$\theta_{ij}^g(H) = \frac{\sigma_{ii}^{-1} \sum_{h=0}^{H-1} (e_i' A_h \Sigma e_j)^2}{\sum_{h=0}^{H-1} (e_i' A_h \Sigma A_h' e_i)}, \ H = 1，2，\cdots \tag{4.9}$$

其中，Σ 是误差向量 ε 的协方差矩阵；σ_{ii} 是第 j 个方程误差项的标准差；e_i 是选择向量，第 i 个元素为 1，其余元素为 0。在广义方差分解下，$\sum_{j=1}^{N} \tilde{\theta}_{ij}^g(H) \neq 1$，将方差分解矩阵的每一个元素标准化为行加总的形式，即：

$$\tilde{\theta}_{ij}^g(H) = \frac{\theta_{ij}^g(H)}{\sum_{j=1}^{N} \theta_{ij}^g(H)} \tag{4.10}$$

此时，$\sum_{j=1}^{N} \tilde{\theta}_{ij}^g(H) = 1$ 和 $\sum_{j=1}^{N} \tilde{\theta}_{ij}^g(H) = N$。

定向溢出指数（Directional Spillover Index）可通过广义方差分解矩阵的标准化元素计算得到，测度单个市场对其他市场的波动外溢和传导到其他市场的溢出水平。

其他所有市场 j 对市场 i 的定向溢出指数：

$$DS_{i \leftarrow j}(H) = \frac{\sum\limits_{\substack{j=1 \\ j \neq i}}^{N} \tilde{\theta}_{ij}^{g}(H)}{\sum\limits_{j=1}^{N} \tilde{\theta}_{ij}^{g}(H)} \times 100 = \frac{\sum\limits_{\substack{j=1 \\ j \neq i}}^{N} \tilde{\theta}_{ij}^{g}(H)}{N} \times 100 \qquad (4.11)$$

市场 i 传导到其他市场 j 的定向溢出指数：

$$DS_{i \rightarrow j}(H) = \frac{\sum\limits_{\substack{j=1 \\ j \neq i}}^{N} \tilde{\theta}_{ji}^{g}(H)}{\sum\limits_{j=1}^{N} \tilde{\theta}_{ji}^{g}(H)} \times 100 = \frac{\sum\limits_{\substack{j=1 \\ j \neq i}}^{N} \tilde{\theta}_{ji}^{g}(H)}{N} \times 100 \qquad (4.12)$$

净溢出指数（Net Spillover Index）是总波动性冲击传递到所有其他市场与接收其他所有市场的总波动性冲击之间的差值。

$$NS_{i}(H) = DS_{i \rightarrow j}(H) - DS_{i \leftarrow j}(H) \qquad (4.13)$$

交互溢出指数（Net Pairwise Spillover Index）测度总冲击从国家 i 传递到国家 j 以及总冲击从国家 j 传递到国家 i 的差值。

$$NPSI_{ij}^{g}(H) = \left(\frac{\tilde{\theta}_{ji}^{g}(H)}{\sum\limits_{i,k=1}^{N} \tilde{\theta}_{ik}^{g}(H)} - \frac{\tilde{\theta}_{ij}^{g}(H)}{\sum\limits_{j,k=1}^{N} \tilde{\theta}_{jk}^{g}(H)} \right) \times 100 = \left[\frac{\tilde{\theta}_{ji}^{g}(H) - \tilde{\theta}_{ij}^{g}(H)}{N} \right] \times 100$$

$$(4.14)$$

第四节　实证研究

一、数据分析

（一）描述性统计分析

20 世纪 90 年代开始，境外上市公司逐渐在美双重（交叉）上市，表 4-1

统计了从 1993 年开始在 NYSE 新上市的境外上市公司累积数量，数据来源于 Wind 数据库。

表 4-1   NYSE 的境外公司新增上市累积统计

年份	上市公司数量（家）	境外上市公司数量（家）	来自新兴经济体的公司数量（家）	境外上市公司数量/上市公司数量（%）	来自新兴经济体的公司数量/境外上市公司数量（%）
1993	49	13	5	26.53	38.46
1994	96	30	11	31.25	36.67
1995	133	40	13	30.08	32.50
1996	179	52	16	29.05	30.77
1997	247	71	27	28.74	38.03
1998	294	84	32	28.57	38.10
1999	339	96	37	28.32	38.54
2000	386	122	50	31.61	40.98
2001	433	144	58	33.26	40.28
2002	476	161	66	33.82	40.99
2003	510	173	71	33.92	41.04
2004	563	185	77	32.86	41.62
2005	611	198	77	32.41	38.89
2006	658	215	79	32.67	36.74
2007	719	236	82	32.82	34.75
2008	756	245	86	32.41	35.10
2009	789	256	88	32.45	34.38
2010	856	274	89	32.01	32.48
2011	921	292	90	31.70	30.82
2012	1 005	310	95	30.85	30.65
2013	1 124	346	100	30.78	28.90
2014	1 254	377	101	30.06	26.79
2015	1 340	389	101	29.03	25.96
2016	1 468	421	104	28.68	24.70
2017	1 642	464	105	28.26	22.63

由表 4 - 1 可知，截至 2017 年，在 NYSE 上市的境外上市公司数量达到 464 家，占 NYSE 上市公司总数的 28.26%，其市值占 NYSE 总市值的 52.61%。按照相对重要性，境外上市公司的比例相对于 NYSE 上市公司数量稳步增长，从 1993 年的 26.53%，最高增长到 2003 年的 33.92%，2003 年以后有所下降，这可能与 2002 年 7 月 25 日通过萨班斯 - 奥克斯利法案有关，一定程度影响了境外上市公司到美国上市的信心。2007 年以后也在下降，这可能与 2007 年 7 月 18 日美国发生次贷危机从而引发了金融危机有关，但总体上还是维持在 28% 以上。在 NYSE 上市的境外上市公司中有来自新兴经济体的公司，这些公司在境外上市公司的占比中从 1997 年的 38.03% 持续增加到 2004 年的 41.62%，之后有所下降。

将在 NYSE 上市境外上市公司本地所在市场地区划分为亚太市场（ASIA）、欧非中东市场（EAME）和美洲市场（AM）①，按照市场是否成熟划分为成熟市场和新兴市场。表 4 - 2 统计了来自各新兴市场的境外上市公司在 NYSE 上市的情况。

表 4 - 2　　　来自各市场的境外上市公司在 NYSE 上市情况

市场	成熟市场	新兴市场	总数	各市场/NYSE 市值
来自 ASIA（个）	9	36	45	11.72%
来自 EAME（个）	83	11	94	21.10%
来自 AM（个）	78	58	136	13.49%
总数（个）	170	105	275	46.31%
各市场/NYSE 市值（%）	30.89	15.42	46.31	

表 4 - 2 所示，来自 AM 的境外上市公司的数量最多，其次是 EAME。

---

① 根据 Wind 数据库各国所属市场的分类，本书中亚太市场包括澳大利亚、日本、新加坡、印度、印度尼西亚、韩国、菲律宾、中国内地、中国香港、中国台湾；欧非中东包括比利时、芬兰、法国、德国、爱尔兰、以色列、意大利、荷兰、挪威、瑞士、英国、俄罗斯、南非、土耳其；美洲市场包括加拿大、巴西、智利、哥伦比亚、墨西哥、秘鲁。对于中概股，研究样本仅统计注册地在中国内地的公司，不包括注册地在其他国家或地区的公司，主要是因为受不同的税收和监管制度，可能给研究带来噪音。

ASIA 中来自新兴经济体的公司较多，另外注册地在开曼群岛等地，而实际商业活动在中国内地的公司"借壳"在 NYSE 上市，其所占数量也较多（此处未计算其数量和市值）；EAME 和 AM 均有来自成熟市场和新兴市场的境外上市公司，其中来自 AM 成熟市场的境外上市公司主要来自加拿大。来自成熟市场比来自新兴经济体的公司的数量要多；在市值占比上，来自成熟市场的境外上市公司所占 NYSE 总市值的比例高达 30.89%，是来自新兴经济体的公司所占比例的两倍多。来自 EAME 的境外上市公司市值占比较 ASIA 和 AM 要高，并且接近于两倍。

（二）市场收益率分析

20 世纪 90 年代开始，境外上市公司在美双重（多重）上市数量不断增多，来自新兴经济体的公司在美双重（多重）上市始于 1993 年。因此，本章的样本时间为 1993 ~ 2017 年，分别选择来自新兴经济体公司的收盘价和道琼斯工业平均指数来分析新兴经济体各区域的公司与 NYSE 的累积收益率走势，结果如图 4 - 1 所示。

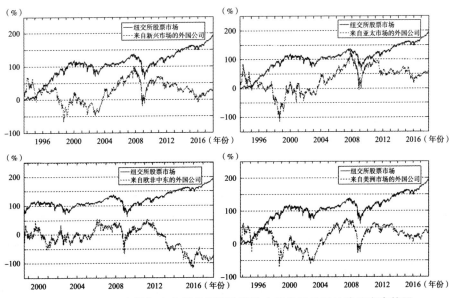

图 4 - 1 NYSE 市场与来自新兴经济体境外上市公司的累计收益率走势图

由图 4 - 1 可知，1997 年之前，NYSE 与来自新兴经济体的公司累积收益率及其趋势没有规律性，这可能与在 1997 年之前，在 NYSE 上市的境外上市公司并不多，对 NYSE 市场的影响不明显有关；1997～2012 年，两者的趋势基本一致，在 1997 年金融危机、2001 年 "9·11" 事件和 2008 年全球金融危机期间，两者均有明显的下降趋势，但总体保持上升趋势，说明来自新兴经济体的公司对 NYSE 有正面影响；2012 年之后，两者呈反向变化，这可能与 2008 年金融危机后，"美国利益优先" 的世界经济发展格局变化及其对境外上市公司的挤出效应有关，这一阶段，来自新兴经济体的公司对 NYSE 以负面影响为主。

此外，从在美双重（多重）上市新兴经济体公司各自地区市场与 NYSE 的累计收益率关系可以看出，在三个不同区域市场中，来自 ASIA 的境外上市公司与 NYSE 关系更加紧密，两者累积收益率趋势基本一致。但亚洲金融危机期间，来自 ASIA 和 AM 的境外上市公司累计收益率与 NYSE 呈相反趋势，说明来自该地区的境外上市公司对 NYSE 有负面影响。

二、美国市场与新兴市场的联动性分析

如前所述，本章选取新兴经济体在 NYSE 上市超过 5 家（包括 5 家）公司的国家。选择 7 个新兴经济体的市场指数的每日收盘价指数系列，即 ASIA，包括印度的孟买 SENSEX30 指数（SEN，代表印度市场）、韩国综合指数（HZ，代表韩国市场）、中国内地的上证指数（SZ，代表中国内地市场）；EAME，包括南非富时综指指数（NF，代表南非市场）；AM，包括巴西的圣保罗 IBOVESPA 指数（IBO，代表巴西市场）、IPSA 智利 40 指数（IPSA，代表智利市场）、墨西哥 MXX 指数（MXX，代表墨西哥市场）。选择道琼斯工业平均指数（DJIA）代表美国市场。

来自新兴经济体 7 个国家的境外上市公司一共 86 家，剔除已退市的 5 家，样本为 81 家，按照来自 ASIA、EAME、AM 分别计算各市场的波动率。波动率计算方式参照迪博尔德和伊尔马兹（2009，2012）和帕金森（Parkinson，1980）的公式：

$$\tilde{\sigma}_{it}^2 = 0.361 \left[\ln(P_{it}^{max}) - \ln(P_{it}^{min}) \right]^2 \tag{4.15}$$

$$\hat{\sigma}_{it} = 100 \sqrt{365 \times \tilde{\sigma}_{it}^2} \tag{4.16}$$

其中，P_{it}^{max}、P_{it}^{min} 分别指第 i 个指数第 t 日的最高价和最低价。

（一）收益率和波动率描述性统计

表 4－3 为 7 个新兴经济体市场和美国市场指数的收益率描述性统计。由表 4－3 可知，各个收益率均为正值，IBO 标准差最大，说明其收益率波动性最大。对于每个收益率时间序列，Student－t 统计量表明其均值显著不为 0。每个序列都显示出非零偏度和较大的峰度（均大于 3），并且都具有显著的 JB 统计量统计特征的高峰态，表明收益率均不是正态分布。ADF 和 KPSS 检验显示各个时间序列均平稳。

表 4－3　7 个新兴经济体市场和美国市场指数的收益率描述性统计

指标	DJIA	SZ	HZ	SEN	NF	IBO	IPSA	MXX
均值	0.031	0.025	0.014	0.044	0.048	0.038	0.040	0.055
标准差	1.056	2.024	1.755	1.527	1.500	2.081	1.138	1.488
偏度	-0.170	1.032	-0.330	-0.581	-0.212	0.272	0.171	0.007
峰度	8.446	22.540	6.615	11.686	235.728	13.218	17.306	7.126
Student－t	2.451	0.934	0.615	1.890	2.203	1.302	2.711	2.853
J－B 检验	21 023.2	122 932.7	10 235.6	24 429.1	10 944 563.4	36 269.2	73 692.1	12 613.3
Probability	0.000	0.000	0.000	0.000	0.000	0.000	0.000	0.000
ADF 检验	-63.230 ***	-52.190 ***	-53.172 ***	-46.249 ***	-51.958 ***	-50.786 ***	-50.625 ***	-53.965 ***
KPSS 检验	0.104	0.031	0.109	0.060	0.036	0.043	0.062	0.062

注：***、**、* 分别表示在 1%、5%、10% 的置信水平下显著。

表 4－4 为 7 个新兴经济体市场和美国市场指数的对数波动率描述性统计。由表 4－4 可知，各个对数波动率序列均为负值，IBO 标准差最大，说明其波动率最大。对于每个波动率时间序列，Student－t 统计量表明其均值显著不为 0。各序列均显示出非零偏度和较小的峰度（除 IPSA），并且都具有显著的 JB 统计量统计特征的高峰态，表明波动率序列均不是正态分布。ADF 和 KPSS 检验显示各个时间序列均平稳。

表 4 – 4   7 个新兴经济体市场和美国市场指数的对数波动率描述性统计

指标	DJIA	SZ	HZ	SEN	NF	IBO	IPSA	MXX
均值	– 10. 112	– 9. 245	– 9. 577	– 9. 554	– 8. 723	– 6. 116	– 9. 584	– 9. 795
标准差	1. 181	1. 225	1. 260	1. 133	1. 015	1. 635	1. 158	1. 007
偏度	0. 220	0. 381	0. 233	0. 358	0. 360	0. 501	– 2. 382	0. 347
峰度	0. 282	0. 277	– 0. 331	0. 117	0. 224	0. 880	5. 146	0. 198
Student – t	– 649. 776	– 572. 643	– 552. 222	– 533. 713	– 576. 615	– 585. 914	– 277. 316	– 618. 207
J – B 检验	65. 634	157. 574	71. 665	87. 962	83. 206	344. 116	11 268. 91	121. 102
Probability	0. 000	0. 000	0. 000	0. 000	0. 000	0. 000	0. 000	0. 000
ADF 检验	– 2. 224 **	– 2. 739 ***	– 2. 114 **	– 1. 952 *	– 1. 673 *	– 2. 162 **	– 2. 859 ***	– 2. 679 ***
KPSS 检验	3. 592	2. 748	11. 945	4. 698	1. 981	4. 624	6. 993	5. 925

注：***、**、*分别表示在 1%、5%、10% 的置信水平下显著。

（二）BEKK 和 DCC 模型估计

在表 4 – 5 和表 4 – 6 中，由均值方程可知，DJIA、NF 自身滞后一期对当期存在显著的负向影响，HZ 在 BEKK 模型中存在自身滞后一期对当期存在显著的负向影响；IPSA、MXX 自身滞后一期对当期存在显著的正向影响，SEN 在 DCC 模型中存在自身滞后一期对当期存在显著的正向影响；SZ 和 IBO 不存在自身滞后一期对当期存在显著影响。这表明 DJIA、NF、HZ、IPSA、MXX、SEN 自身的均值外溢效应存在正向或负向的统计显著性，波动率取决于他们自身过去的波动情况。各个模型显示，m_{21} 的估计系数（除了 BEKK 模型中的 IBO）均为正且显著，表明 DJIA 对 SZ、HZ、SEN、NF、IBO、IPSA、MXX 均存在显著为正的均值外溢效应。这一结果显示美国市场对这些新兴市场有溢出效应，美国市场的波动会对这些新兴市场产生影响。

表 4 – 5   BEKK 模型估计结果

变量	SZ	HZ	SEN	NF	IBO	IPSA	MXX
				均值方程			
m_{10}	0. 064 *** (5. 925)	0. 071 *** (7. 206)	0. 068 *** (4. 973)	0. 074 *** (7. 346)	0. 057 *** (4. 548)	0. 066 *** (6. 048)	0. 061 *** (6. 291)

变量	SZ	HZ	SEN	NF	IBO	IPSA	MXX
均值方程							
m_{11}	-0.026 (-1.485)	-0.029** (-2.397)	-0.072*** (-4.870)	-0.051*** (-3.590)	-0.044*** (-3.073)	-0.034** (-2.360)	-0.020 (-1.365)
m_{12}	-0.002 (-0.426)	0.012 (1.634)	0.013 (1.312)	0.029 (1.569)	0.011 (1.489)	0.008 (0.640)	0.012 (1.385)
m_{20}	0.219 (1.468)	0.022 (1.407)	0.066*** (3.649)	0.075*** (3.375)	0.088*** (3.676)	0.054*** (5.738)	0.073*** (5.911)
m_{21}	0.118*** (8.442)	0.418*** (26.732)	0.249*** (11.586)	0.325*** (16.874)	0.043 (1.382)	0.058*** (4.562)	0.038** (1.991)
m_{22}	0.002 (0.140)	-0.027** (-2.413)	0.019 (1.072)	-0.055*** (-3.880)	-0.0001 (-0.009)	0.186*** (10.947)	0.073*** (4.462)
方差方程							
c_{11}	0.119*** (6.943)	0.132*** (9.012)	-0.129*** (-7.404)	0.154*** (4.766)	0.125*** (8.199)	0.112*** (8.600)	0.116*** (6.899)
c_{21}	0.021 (1.144)	0.044*** (3.067)	-0.059* (-1.931)	0.032 (0.114)	0.185*** (5.778)	0.039 (1.224)	0.078*** (4.509)
c_{22}	-0.097** (-2.194)	0.061*** (2.793)	0.043 (1.032)	0.170*** (2.905)	0.180*** (6.065)	0.261*** (4.210)	0.080*** (5.978)
α_{11}	0.278*** (9.546)	0.306*** (12.032)	0.313*** (10.275)	0.358*** (12.351)	0.288*** (9.114)	0.272*** (12.229)	0.279*** (11.356)
α_{12}	-0.002 (-0.099)	0.067** (2.300)	0.093*** (2.614)	0.321*** (4.361)	-0.007 (-0.097)	-0.002 (-0.096)	0.023 (0.741)
α_{21}	0.002 (0.433)	0.005 (0.158)	0.008 (0.339)	0.002 (0.255)	0.017 (1.608)	0.023* (1.736)	0.006 (0.686)
α_{22}	0.252*** (5.817)	0.210*** (6.640)	0.163*** (3.138)	0.146*** (3.383)	0.272*** (9.774)	0.452*** (7.468)	0.250*** (9.997)
β_{11}	0.955*** (101.455)	0.946*** (118.519)	0.943*** (94.052)	0.877*** (115.613)	0.952*** (95.182)	0.957*** (116.827)	0.953*** (110.403)

续表

变量	SZ	HZ	SEN	NF	IBO	IPSA	MXX
方差方程							
β_{12}	-0.001 (-0.099)	-0.019** (-2.447)	-0.026*** (-2.962)	-0.243*** (-3.391)	0.0003 (0.017)	0.017 (1.622)	-0.010 (-1.130)
β_{21}	-0.001 (-0.617)	-0.002 (-0.328)	-0.003 (-0.415)	0.097*** (3.225)	-0.006 (-1.454)	-0.005 (-0.679)	-0.0002 (-0.085)
β_{22}	0.970*** (84.290)	0.977*** (140.481)	0.985*** (89.314)	0.989*** (134.636)	0.954*** (92.555)	0.862*** (20.943)	0.968*** (143.260)
Log L	-18 634.1	-16 778.8	-12 635.4	-13 832.7	-15 709.6	-15 396.6	-16 257.9
AIC	6.478	6.045	5.954	5.861	6.325	5.223	5.455
SIC	6.498	6.065	5.980	5.884	6.347	5.242	5.455
诊断检验							
$Q_1(20)r$	24.523 (0.220)	22.634 (0.306)	18.563 (0.550)	14.868 (0.784)	19.284 (0.503)	20.475 (0.429)	21.628 (0.361)
$Q_2(20)r$	35.293 (0.019)	25.026 (0.200)	21.656 (0.359)	37.316 (0.011)	29.164 (0.085)	29.032 (0.087)	35.225 (0.019)
$Q_1(20)r^2$	26.095 (0.163)	28.901 (0.090)	28.458 (0.099)	32.679 (0.037)	26.897 (0.138)	30.531 (0.062)	23.083 (0.285)
$Q_2(20)r^2$	9.497 (0.976)	18.328 (0.566)	8.483 (0.988)	6.745 (0.997)	35.251 (0.019)	2.742 (1.000)	48.275 (3.89e-004)

注：（1）括号内为 T 值，诊断检验中括号内为 P 值；（2）***、**、* 分别表示在 1%、5%、10% 的置信水平下显著；（3）在本章研究中，"1"代表 NYSE，"2"代表来自新兴经济体公司的本地市场。

在表 4-5 和表 4-6 中，由条件波动方差方程可知，对于自身条件波动效应的估计系数，各收益率序列的 α_{ii} 和 β_{ii} 在 1% 的显著性水平下统计显著，且估计 α_{ii} 值小于估计 β_{ii} 值，表明均存在短期和长期的波动持续性，但自身长期（GARCH）持续性大于短期（ARCH）持续性。

在 BEKK 模型中（表 4-5），存在几个显著的波动性外溢情况。HZ 和 SEN 对 DJIA 均存在正向显著的短期波动外溢和负向显著的长期波动外溢；NF 对 DJIA 存在正向显著的短期波动溢出，NF 和 DJIA 存在双向长期波动溢出；DJIA 对 IPSA 存在正向波动溢出。

表 4 - 6　　　　　　　　　　　DCC 模型估计结果

变量	SZ	HZ	SEN	NF	IBO	IPSA	MXX
均值方程							
m_{10}	0.068 *** (7.159)	0.076 *** (7.448)	0.083 *** (9.959)	0.063 *** (5.735)	0.066 *** (7.095)	0.069 *** (7.702)	0.066 *** (7.589)
m_{11}	- 0.024 * (- 1.654)	- 0.033 ** (- 2.397)	- 0.092 *** (- 5.500)	- 0.035 * (- 2.099)	- 0.043 *** (- 2.684)	- 0.025 * (- 1.791)	- 0.025 * (- 1.762)
m_{12}	- 0.006 (- 1.555)	0.004 (0.535)	0.007 (0.827)	0.038 (1.113)	0.008 (1.262)	0.007 (1.473)	0.007 (1.082)
m_{20}	0.025 * (1.781)	0.027 ** (1.950)	0.094 *** (5.721)	0.073 *** (4.294)	0.093 *** (4.973)	0.054 *** (3.559)	0.079 *** (6.695)
m_{21}	0.121 *** (8.702)	0.429 *** (26.148)	0.259 *** (12.981)	0.346 *** (10.596)	0.052 ** (2.061)	0.063 *** (5.696)	0.034 ** (1.985)
m_{22}	- 0.004 (- 0.316)	- 0.018 (- 1.452)	0.034 ** (2.490)	- 0.055 *** (- 2.884)	- 0.003 (- 0.241)	0.189 *** (6.682)	0.078 *** (5.118)
方差方程							
c_{11}	0.015 *** (4.253)	0.020 *** (5.264)	0.020 *** (5.586)	0.027 (0.844)	0.016 *** (5.017)	0.018 *** (5.570)	0.014 *** (5.187)
c_{22}	0.013 * (1.790)	0.018 *** (4.843)	0.036 *** (3.063)	0.061 (0.536)	0.085 *** (4.844)	0.057 ** (2.194)	0.014 *** (4.519)
α_{11}	0.103 *** (7.597)	0.105 *** (9.454)	0.123 *** (9.569)	0.065 *** (3.404)	0.120 *** (9.317)	0.105 *** (22.235)	0.091 *** (8.224)
α_{12}	- 0.0002 *** (- 2.592)	0.007 ** (2.511)	0.009 * (1.673)	0.015 (1.508)	- 0.0001 (- 0.115)	- 0.002 *** (- 103.516)	0.004 (0.498)
α_{21}	0.001 (0.189)	0.060 *** (4.526)	0.132 *** (3.206)	- 0.029 (- 1.107)	0.099 *** (4.146)	- 0.0002 (- 0.031)	0.006 (0.473)
α_{22}	0.088 *** (4.418)	0.056 *** (4.771)	0.089 *** (3.396)	0.029 (1.104)	0.079 *** (5.813)	0.214 *** (3.010)	0.079 *** (6.796)
β_{11}	0.885 *** (62.601)	0.868 *** (63.277)	0.856 *** (43.550)	1.049 *** (9.945)	0.870 *** (66.852)	0.883 *** (156.261)	0.889 *** (63.912)

续表

变量	SZ	HZ	SEN	NF	IBO	IPSA	MXX
方差方程							
β_{12}	0.0003 * (1.898)	−0.002 (−0.922)	−0.005 (−0.647)	−0.095 *** (−4.544)	0.001 (0.743)	0.001 *** (67.394)	0.007 (0.745)
β_{21}	−0.004 (−0.492)	−0.072 *** (−4.855)	−0.104 *** (−6.691)	0.535 * (1.769)	−0.059 ** (−2.216)	0.010 (0.696)	−0.020 (−1.427)
β_{22}	0.919 *** (46.203)	0.943 *** (74.519)	0.886 *** (21.192)	0.633 *** (15.734)	0.888 *** (45.199)	0.751 *** (10.567)	0.924 *** (76.847)
θ_1	0.002 *** (2.598)	−0.007 *** (−6.994)	0.013 (2.729)	0.020 (4.323)	0.032 *** (4.935)	0.034 *** (11.723)	0.036 *** (6.843)
θ_2	0.997 *** (850.028)	0.229 (0.604)	0.971 (60.187)	0.937 (33.219)	0.965 *** (127.061)	0.950 *** (194.076)	0.957 *** (145.437)
Log L	−18 529.9	−16 656.3	−12 498.7	−13 818.6	−15 639.4	−15 342.8	−16 206.4
AIC	6.442	6.001	5.890	5.856	6.297	5.205	5.437
SIC	6.463	6.023	5.917	5.880	6.321	5.226	5.437
诊断检验							
$Q_1(20)r$	24.033 (0.241)	23.153 (0.281)	21.480 (0.369)	16.058 (0.713)	19.282 (0.504)	18.921 (0.527)	21.878 (0.347)
$Q_2(20)r$	36.114 (0.015)	20.500 (0.427)	18.765 (0.537)	36.113 (0.015)	23.009 (0.288)	30.077 (0.069)	26.927 (0.137)
$Q_1(20)r^2$	18.251 (0.571)	29.082 (0.086)	30.209 (0.067)	34.919 (0.021)	27.397 (0.124)	2.777 (1.000)	22.122 (0.334)
$Q_2(20)r^2$	6.025 (0.999)	17.554 (0.617)	3.765 (0.999)	3.741 (0.999)	27.106 (0.132)	20.122 (0.450)	39.666 (0.006)

注：(1) 括号内为 T 值，诊断检验中括号内为 P 值；(2) ***、**、* 分别表示在 1%、5%、10% 的置信水平下显著；(3) 在本章研究中，"1" 代表 NYSE，"2" 代表来自新兴经济体公司的本地市场。

在 DCC 模型中（表 4 - 6），SZ 对 DJIA 存在显著的负向短期波动外溢和显著的正向长期波动外溢；HZ 和 SEN 与 DJIA 存在双向显著的短期波动外溢及 DJIA 对 HZ 和 SEN 存在负向长期波动外溢；NF 与 DJIA 存在双向长期波动溢出；DJIA 对 IBO 存在正向显著的短期波动溢出和负向显著的长期波动溢出；IPSA 对 DJIA 存在负向显著的短期波动溢出和正向显著的长期波动溢出。

以上分析表明，韩国市场、印度市场、南非市场、中国内地市场及智利市场对美国市场存在波动外溢持续性；美国市场对南非市场、智利市场、韩国市场、印度市场、巴西市场存在波动外溢持续性。综合来看，韩国、印度、南非、智利市场与美国市场存在双向波动外溢效应，中国内地市场、巴西市场与美国市场存在单向波动外溢效应，墨西哥市场与美国市场不存在波动溢出效应。

BEKK 和 DCC 模型的估计结果均验证了波动溢出效应的存在。对于 DCC 模型，DCC 估计参数（θ_1 和 θ_2）基本都为正且在 1% 的显著性水平下显著，两个估计参数之和小于 1，表明动态条件相关系数是均值回归并且显著。AIC 和 SIC 准则表明 DCC 是较优模型，标准化残差 $[Q(20)r]$ 和标准化残差平方 $[Q(20)r^2]$ 的诊断结果显示，DCC 模型在 1% 的显著性水平下不存在序列相关性。因此，有必要进一步使用 DCC 模型中的动态相关系数进行分析。

图 4-2 展示了 NYSE 与来自新兴经济体公司的本地市场之间的动态相关性。DJIA 与 SZ 的动态相关性在 -0.05~0.15 之间上下波动，其中在经历 2008 年金融危机期间两者的相关性降低，之后又迅速增加，且动态相关系数变为正。DJIA 与 HZ 的动态相关性围绕在 0.2 上下波动，较为平稳。在 2001 年有较大幅度的变化，动态相关系数变为负的，这可能与 2001 年美国的"9·11"事件有关，而 2008 年的变化主要是受金融危机的影响。DJIA 与 SEN 的动态相关性为正，2008 年之前在 0.15~0.3 之间上下波动，2008 年之后在 0.2~0.4 之间上下波动，总体有小幅度的上升趋势；在 2001 年和 2008 年年末有大幅度的变化，主要受"9·11"事件和金融危机的影响，且有些滞后。DJIA 与 NF 的动态相关性总体为正，在 0.2~0.5 之间波动，但在 2001 年、2008 年、2012 年期间分别受重大事件的影响，动态相关系数变化趋势较为明显，说明在受重大事件影响时，南非市场就会出现波动。DJIA 与 IBO、IPSA 和 MXX 动态相关系数均为正，但波动范围较大，其中在 2008 年金融危机时，动态相关性有明显的变化。

综上所述，NYSE 与各本地市场之间的动态相关性基本呈现正相关，其中与来自 AM 的三个本地市场相关性最高，这可能与地理和交易时间相近的市场特征有关。

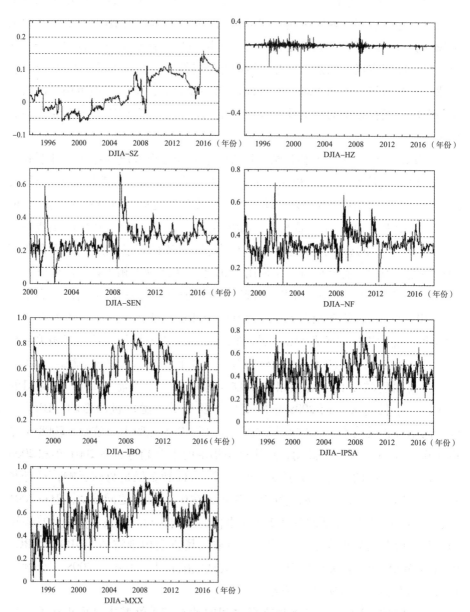

图 4-2　NYSE 与来自新兴经济体公司的本地市场之间的动态相关图

（三）交互溢出指数

图 4-3 显示了由年化标准差衡量的东道主市场和本地市场的波动率情况，由图可知，IPSA 波动相对较大，NF 波动相对较小，SZ 和 IBO 波动相对平稳。从整体看，东道主市场和本地市场（除 SZ 外）都经历了 2008 年金融危机的波动，且持续时间较长，到 2008 年底。DJIA 在 1997~2002 年期间有持续的波动；HZ 在 1998~2001 年期间波动率超过 50%，2001 年之后基本维持在 50% 以下；SZ 在 1994 年市场熊市低迷期有明显的波动，之后较为平稳；NF 波动率在 20% 上下波动；1999 年巴西发生金融危机，因此 IBO 在 1999 年有大幅度的波动；IPSA 在 1996 年初波动率大幅提升；1994~1995 年，MXX 出现较大波动，主要是受当时墨西哥金融危机的影响。总之，在发生一些重大事件时，各国市场会受到一些影响，波动较为明显。

图 4-4 是根据式（4.14）计算得到的两个市场间的净交互溢出图，DJIA 与 SZ 从整体看是双向溢出，但在 2001 年后，更多的是 SZ 对 DJIA 的单向溢出且持续时间较长，溢出指数幅度最高超过 20%；DJIA 与 HZ 为双向溢出，但在 2008~2012 年期间，DJIA 对 HZ 的溢出有明显的提升，是 2008 年以前的两倍多；DJIA 与 SEN 同样在 2008~2012 年期间，DJIA 对 SEN 的溢出较为明显，另外在 2016 年左右受美国市场的影响较大；DJIA 与 NF，NF 基本为波动外溢的接受者，DJIA 为波动外溢的传递者，南非市场受美国市场的影响很大，溢出指数超过 40%，且持续时间很长；IBO 的情况与 NF 类似，但 DJIA 对 IBO 的溢出幅度较 NF 比较小，在 10%~20% 波动；DJIA 与 IPSA 为双向溢出，不过 DJIA 对 IPSA 的溢出持续时间较长；DJIA 与 MXX 为双向溢出。

综上所述，除了南非市场和墨西哥市场，其他本地市场与东道主市场之间的溢出方向基本与前文结论一致，在溢出的大小和时间持续性上，东道主市场对本地市场的溢出幅度更大且持续时间较长。相对来说，本地市场对东道主市场的影响不明显。

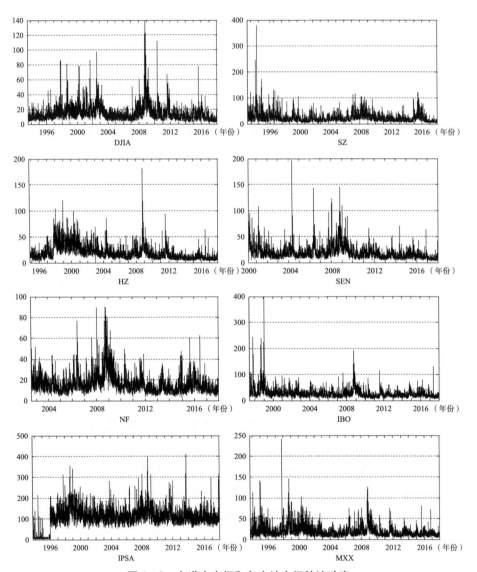

图 4-3　东道主市场和各本地市场的波动率

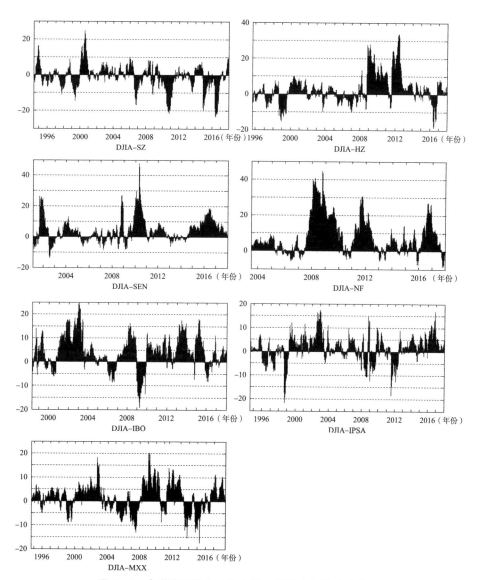

图 4 - 4　东道主市场与本地市场之间的交互波动溢出图

三、来自新兴市场境外公司上市对东道主市场的波动溢出效应

表 4 - 7 为各市场对数波动性描述性统计。由表 4 - 7 可知，各个对数波动率序列均为负值，DJIA 标准差最大，说明其波动率最大。对于每个波动率时间

序列，Student – t 统计量表明其均值显著不为 0。各序列均显示出非零偏度和较小的峰度（除了 AM），并且都具有显著的 J – B 统计量统计特征的高峰态，表明波动率序列均不是正态分布。ADF 和 KPSS 检验显示各个时间序列均平稳。

表 4 – 7 各市场对数波动性描述性统计

指标	DJIA	ASIA	EAME	AM
均值	– 10. 112	– 8. 847	– 8. 301	– 8. 326
标准差	1. 181	0. 943	0. 893	0. 683
偏度	0. 220	0. 645	0. 408	0. 221
峰度	0. 282	0. 598	0. 870	9. 362
Student – t	– 649. 776	– 712. 093	– 702. 944	– 821. 654
J – B 检验	65. 634	484. 364	339. 159	16 642. 571
Probability	0. 000	0. 000	0. 000	0. 000
ADF 检验	– 2. 224 **	– 1. 786 *	– 2. 287 **	– 1. 424
KPSS 检验	3. 592	5. 742	1. 609	1. 418

注：*** 、** 、* 分别表示在 1% 、5% 、10% 的置信水平下显著。

表 4 – 8 为波动性溢出统计，用来估计两市场之间的预测误差方差贡献。从表 4 – 8 中可知，在总方向波动率方面，DJIA 对来自新兴经济体的公司溢出为 46%，其中对 ASIA 的波动溢出最大，为 25.52%，其次是对 AM，为 12.61%，而对 EAME 最小，为 7.88%；另外，来自新兴经济体的公司对 DJIA 的波动溢出为 41.1%，其中 ASIA 对 DJIA 的波动溢出最大，为 17.11%，其次是 AM，为 12.6%，EAME 最小，为 11.35%。有意思的是，这个顺序与 DJIA 对各个市场的波动溢出大小顺序相一致，说明双向波动溢出的影响是互相的。

表 4 – 8 波动性溢出表

市场	DJIA	ASIA	EAME	AM	FROM others
DJIA	54. 01	25. 51	7. 88	12. 61	46. 0
ASIA	17. 11	60. 78	4. 49	17. 62	39. 2
EAME	11. 35	8. 75	66. 35	13. 55	33. 6
AM	12. 6	26. 26	8. 76	52. 38	47. 6
Contribution to others	41. 1	60. 5	21. 1	43. 8	166. 5
Contribution including own	95. 1	121. 3	87. 5	96. 2	41. 6

在净波动溢出方面，来自新兴经济体的公司对 NYSE 的波动溢出为 −4.9%（41.1% −46.0%），即境外上市公司是溢出的接受者，NYSE 对来自新兴经济体的公司波动溢出更大；ASIA 对 DJIA 的波动溢出为 −8.4%（7.11% −25.51%），即 ASIA 是溢出的接受者，NYSE 对 ASIA 的波动溢出更大；EAME 对 DJIA 的波动溢出为 3.47%（11.35% −7.88%），即 EAME 是溢出的传递者，EAME 对 NYSE 的波动溢出更大；而 AM 和 DJIA，两者双向溢出差不多，为 −0.01（12.6 −12.61）。

由于股票市场是动态变化的，波动性溢出表只是对平均波动性溢出作了总结，但可能会遗漏溢出过程中的动态变化和长期运动，因此，本章借鉴迪博尔德和伊尔马兹（2009，2012）的做法用 200 天滚动样本来估计波动性溢出，并通过相应的溢出指数时间序列来观测溢出随时间变化的程度和特征。结果如图 4 −5 ~ 图 4 −10 所示。

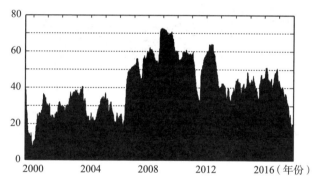

图 4 −5　NYSE 对来自新兴经济体的公司定向溢出图

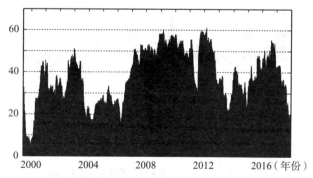

图 4 −6　来自新兴经济体的公司对 NYSE 的定向溢出图

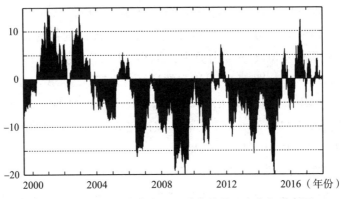

图 4 - 7 NYSE 对来自新兴经济体的公司净定向溢出图

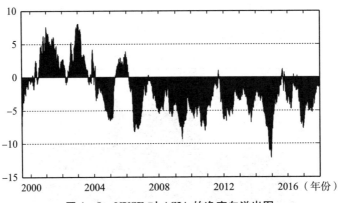

图 4 - 8 NYSE 对 ASIA 的净定向溢出图

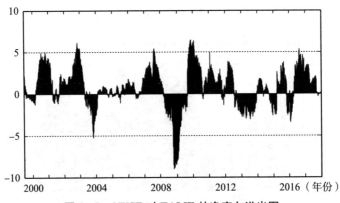

图 4 - 9 NYSE 对 EAME 的净定向溢出图

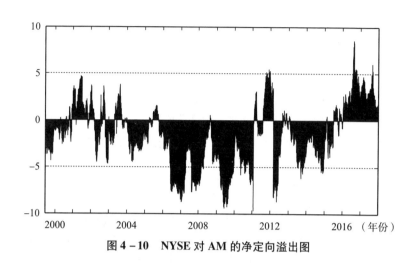

图 4 - 10　NYSE 对 AM 的净定向溢出图

　　由图 4 - 5 ~ 图 4 - 10 可知，2008 年金融危机以前，来自新兴经济体的公司与 NYSE 的净波动溢出在 15% 范围内，且两者都处于净波动的传递者和接受者，即两者双向溢出，且溢出幅度基本相等。而在 2008 年之后，情况发生了改变，由双向溢出转变成了境外上市公司对 NYSE 的单向溢出，境外上市公司是净波动溢出的传递者，NYSE 是净波动溢出的接受者，且外溢幅度有所增加。具体地，来自 ASIA 的境外上市公司和整体的波动溢出效应相一致，而来自欧、非、中东的境外上市公司在发生金融危机期间，对 NYSE 有较大幅度的波动外溢，而之后两者又逐渐变为双向溢出，但 NYSE 对来自欧、非、中东的境外上市公司的溢出时间更持续。来自 AM 的境外上市公司在 2008 年金融危机之前同样与 NYSE 之间是双向波动溢出，在 2008 ~ 2010 年期间，来自 AM 的境外上市公司对 NYSE 的单向波动溢出效应增强，超过之前的 5%，2010 年之后，两者再次转变为双向波动溢出。

四、稳健性检验

为了检验结果的稳健性，本章将滚动样本窗口由 200 天扩大到 250 天来估计东道主市场与本地市场之间的波动溢出及来自新兴经济体的公司对东道主市场的波动溢出程度，结果如图 4 - 11 和图 4 - 12 所示。由图 4 - 11 和图 4 - 12 可知，结果基本与前文一致，因此，证明结果稳健。

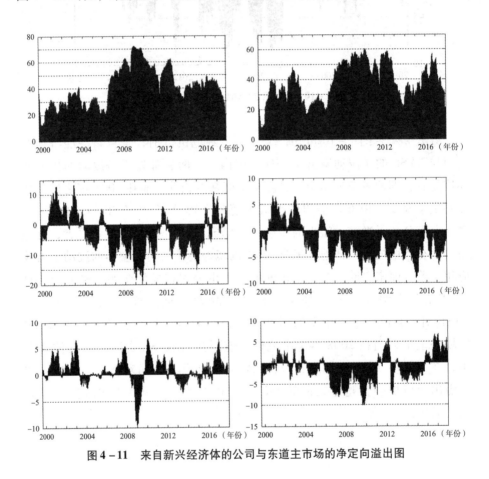

图 4 - 11　来自新兴经济体的公司与东道主市场的净定向溢出图

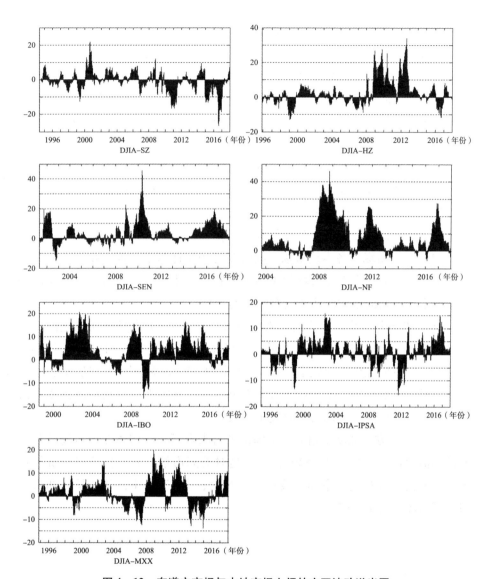

图 4 – 12 东道主市场与本地市场之间的交互波动溢出图

第五节 主 要 结 论

本章选取 1993~2017 年数据，选用 BEKK 和 DCC 多元 GARCH 模型来分析东道主市场与本地市场之间的联动性，并且使用交互溢出指数来验证市场之间的溢出方向，同时测度了市场之间溢出的强度和规模。进一步地使用定向溢出指数和净溢出指数度量来自新兴经济体的公司与东道主市场之间的波动溢出效应，从而分析东道主市场内部的波动溢出情况。通过25年来新兴经济体公司在美双重（交叉）上市这一案例的实证分析，得出以下结论：

（1）韩国、印度、智利市场与美国市场存在双向波动外溢效应，中国内地、巴西市场与美国市场存在单向波动外溢效应，在溢出的大小和时间持续性上，东道主市场对本地市场的溢出幅度更大且持续时间较长。除南非市场外，其他市场与美国市场之间的波动溢出程度基本维持在20%范围内，在发生重大事件时，波动溢出程度有所增加。

（2）美国市场与各本地市场之间的动态相关性基本呈现正相关，其中与来自美洲市场的三个本地市场相关性最好；在发生重大事件时，东道主市场与本地市场之间的联动性往往会有明显的变化。

（3）2008年金融危机之前，来自新兴经济体的公司与美国市场之间表现为双向溢出，且溢出幅度基本相等，净波动溢出在15%范围内；而在2008年之后，由双向溢出转变成了来自新兴经济体的公司对美国市场的单向溢出，且外溢幅度有所增加，增加幅度在5%范围内。其中来自新兴经济体亚太市场的公司与美国市场波动溢出效应相一致。

（4）从总方向波动率角度，美国市场对来自新兴经济体亚太市场的公司的波动溢出最大，高达25.52%，其次是对美洲市场；而来自新兴经济体亚太市场的公司也对美国市场的波动溢出最大，为17.11%，其次是美洲市场对美国市场，为12.6%。

第五章

境外上市公司回归本地市场上市的估值溢价
与传递溢出效应

第一节 引　言

经典金融理论认为，在完美市场的假说下，公司不存在上市地点的偏好。但现实提醒我们，公司不仅选择它们的产品市场，而且选择融资市场。自 20 世纪 80 年代以来，大量的公司通过在一个以上的证券交易所上市进行股权融资，即除了在本地上市，还寻求通过普通股形式或存托凭证计划在境外上市（交叉上市）。由于大多数公司都先在本地市场上市，再到境外市场上市。因此，现有研究动机和市场反应的文献只专注于这种典型交叉上市。21 世纪以来，在中国等新兴市场大量出现了另一种逆向交叉上市形式，即一些原本在境外市场上市的中国公司开始回到本地市场上市。这种情况是令人费解的，尤其是当初始上市市场（境外市场）是一个成熟市场，而东道主市场（本地市场）是一个新兴市场时。本章是研究这一公司上市战略及其对市场影响的开拓性文献，并致力于回答以下三个问题：什么样的公司往往采取逆向交叉上市？市场对这一事件的反应是怎样？对这种情形的解释是什么？

第二节 文 献 综 述

一、关于回归上市估值溢价

优质公司寻求在一个以上的证券交易所上市，以便通过成熟市场的绑定效应和声誉寻租等方式获取交叉上市带来的融资成本低、股权分散、估值溢价等多方面好处，其典型路径是先在新兴市场上市再到成熟市场上市。多伊奇等（Doidge et al.，2004）发现，在美国主要交易所上市的境外公司的 Tobin's Q 比值比未在美国主要交易所上市的同类公司要高 37%。塞托雷利和佩里斯蒂亚尼（Cetorelli & Peristiani，2010）发现，当公司在更高声誉的市场交叉上市后五年内可以获得显著的估值溢价，而在声誉较差的市场交叉上市后五年内的估值显著下降，上市东道主市场的声誉是公司估值水平的一个有用信号，这与在成熟市场交叉上市将提高公司知名度、加强公司治理、降低信息摩擦和资本成本的经典认知是一致的。然而，21 世纪以来，出现了先在成熟市场上市再到新兴市场上市的逆向交叉上市，其中包括来自成熟市场和来自新兴市场的两类公司，且以后者居多。中国、俄罗斯、韩国、以色列、泰国等国家均出现了大量已在海外成熟市场上市公司回归本地新兴市场交叉上市，这种情形俗称回归上市。以中国为例，在百余家境内外交叉上市公司中，回归上市公司超过半数，且越来越多的企业期待回归上市，即使是 A 股市场 P/E 比率处于历史较低水平时仍然如此。金与平努克（Kim & Pinnuck，2012）调查发现，来自新兴市场的境外上市企业有高达 60% 的企业倾向选择回归上市。显然，回归上市与交叉上市路径的"传统智慧"是相悖的，因为新兴市场不能够提供类似成熟市场的好处。部分学者开始从全球股票市场竞争和一体化趋势加剧的背景下，从不同视角去解释公司选择逆向交叉上市的动机以及对公司绩效和新兴市场的经济后果。

格雷厄姆和哈维（Graham & Harvey，2001）调查发现，超过 70% 的财务经理表示，股票价值被高估是其回归本地市场发行股票的主要动机。陈等

（Chen et al.，2010）从发行 P/E 溢价的角度认为估值寻租是逆向交叉上市的主要原因。奥布和穆泽尔（Amira & Muzere，2011）发现公司股东为了使公司能够交叉上市会放弃部分个人利益，稳定公司股价，从而使公司有更好的发展机会。豪森和坎纳（Howson & Khanna，2014）认为来自发达国家和成熟市场的公司选择逆向交叉上市的动机则主要是"消费者商业市场绑定"。一方面，公司在已经"法律绑定"成熟市场而不影响其估值支撑的前提下，改善其在新兴市场的消费者商业市场绑定；另一方面，优质公司的上市有助于改善新兴市场的结构和效率，提升声誉。但对于回归上市而言，"消费者商业市场绑定"显然不是其主要动机。科菲（Coffee，2002）认为来自新兴市场公司在成熟市场上市可以获得更加严格的投资者保护和法律制度约束，改善公司治理，通过与成熟市场的绑定效应可使回归上市获得长期估值溢价。而没有真正改善治理能力的公司也可以通过"声誉寻租"使回归上市获得短期的估值溢价。科特和塔姆（Kot & Tam，2011）发现，当 A 股市场的 P/E 比率高时，H 股公司倾向于回归上市，具有知名品牌的 H 股公司回归上市愿望更强烈，而这些公司往往信息披露真实。他们的发现支持市场时机选择假说和本土市场假说，不支持资金约束假说。另外，回归上市后，股价同步性增强，H 股股价的信息含量减少，对 H 股的流动性则没有显著影响。金（Kim，2013）认为回归上市对新兴市场和公司都有益处，俄罗斯和独联体龙头企业回归上市后短期市场表现不佳，但三年后分别战胜了东道主市场和其本地市场。董秀良等（2012）认为，大型优质境外上市公司回归上市可以改善内地市场的结构和提高交易所的国际竞争力。

以上研究为回归上市动机和经济后果提供了多视角的证据，但有些结论是混杂的，如回归上市是否存在长期估值溢价？绑定信号质量与估值的关系如何？这两个问题的认知有助于解读公司回归上市的动机。回归上市对新兴市场结构与效率的影响评价则有助于完善本地市场对于回归上市监管政策的取向。

二、关于股票市场间波动溢出效应

20 世纪 90 年代开始，广大新兴市场不断完善经济增长机制，推进资本市场开放和自由化，这极大地促进了资本在成熟市场和新兴市场之间的流动，尤其是股票市场的自由化以及金融市场一体化极大地加速了跨境资本流动，为新兴经济体融入全球资本市场提供了巨大的机会。

市场之间联动性的研究最早主要集中于成熟市场和成熟市场之间的信息溢出。滨尾等（Hamao et al.，1990）对美国、日本和英国股票市场之间的股价及股价波动溢出关系进行了研究，发现美国市场对英国和日本市场、英国市场对日本市场存在股价波动溢出效应。林等（1994）研究了东京和纽约之间的股票指数收益率和波动率关系，发现东京（纽约）白天与纽约（东京）隔夜收益率相关。卡罗伊（1995）研究了纽约和多伦多证券交易所之间股票收益率和波动率的短期动态，发现市场之间的波动溢出主要取决于跨市场的波动率。

随着新兴市场自由化和一体化的进程中，学者们对新兴市场之间以及新兴市场与成熟市场间的联动关系越发关注。贾纳基拉马纳和兰巴（1998）研究了环太平洋国家（地区）股票市场之间的联动性，发现美国市场对除了印度尼西亚之外的其他国家（地区）市场存在显著的单向传导影响，而地理相近、经济关联大或具有大量跨境上市的市场之间有明显的双向影响。额（Ng，2000）通过构建波动溢出模型，把对新兴市场的冲击划分为世界因素、本地因素和区域因素，研究发现美国市场作为世界性冲击和日本市场作为区域冲击对新兴市场有波动溢出效应。张兵等（2010）研究发现中美股票市场不存在长期均衡关系，中国对美股的短期引导作用很弱，而美股对中国波动溢出呈现不断增强的趋势，在极端情况下，冲击更加显著。金等（2015）研究发现在美国金融危机有蔓延的征兆时与5个新兴亚洲国家金融市场的资产收益出现短暂的高度相关性。萨马拉孔（2011）构建重叠市场和非重叠市场的冲击模型，研究发现美国金融危机期间，新兴市场之间存在双向但不对称的相互依存和相互传染；除拉丁美洲之外，美国市场没有向其他新兴市场蔓延，而新兴市场却对美国市场有蔓延的趋势。季勇和廖慧（2015）考察全球金融市场间的溢出效应发现新兴市场经济体的收益率波动更容易受到外部因素的影响。

绝大多数的文献主要定性研究市场或国家之间的波动溢出方向，对于波动溢出的大小和规模研究较少。迪博尔德和伊尔马兹（2009，2012）首先利用向量自回归模型和方差分解的方法提出了溢出指数（Spillover Index）的概念，其可以用来衡量个人资产、资产组合、资产市场等，以及国家内部和国家之间的收益波动性外溢，揭示外溢的趋势、周期、爆发等。周等（2012）基于广义向量自回归框架中的预测－误差方差分解实证发现，在次贷危机期间，美国市场对其他市场产生了主要的波动性影响；其他市场在受到坏消息的推动时，其大规模的波动性会被传回美国市场。普拉萨德等（2018）基于溢出指数方法，研究了 16 个主要市场的溢出效应，西方经济体（尤其是美国）的较大股票市场主导着向其他市场的波动性转移，中国、印度和巴西等新兴市场仍处于相对孤立状态，尽管它们对全球波动溢出效应的贡献在 2006年后大幅增加。梁琪等（2015）采用有向无环图和溢出指数方法，对全球 17个国家或地区的股票市场的联动性以及中国的国际化及其风险传导进行了研究，发现总体溢出具有显著的上升趋势，中国的方向性溢出容易受到金融危机等极端事件的影响。

第三节　研究假设

一、基于估值溢价的回归上市动机假设

依据绑定假说，当公司在更高声誉的成熟市场上市后可以获得显著的长期估值溢价，这种溢价来自公司知名度提升、公司治理改善以及信息摩擦和资本成本降低等方面的好处。当公司选择在声誉较差的新兴市场回归上市后，多重上市给公司带来了更多的发展机会，对于治理机制完善的真正优质公司而言，与成熟市场的绑定效应将使公司获得长期估值溢价，回归上市的动机源于公司的长远发展战略。而对于治理机制不完善的非优质公司而言，绑定效应带来的估值溢价将是暂时的，回归上市的动机可能是通过声誉寻租来解决公司发展的短期瓶颈问题，如资金约束等。由此可以通过回归上市公司的估值溢价及其持久性、估值溢价与绑定信号质量（用境外成熟市场上市存续时间来反映，时间越长，公司治理能力越好）的关系等来检验其动机，本章

提出以下三个假设：

H5.1a：由于绑定效应的存在，新兴（本地）市场将为回归上市公司支付估值溢价。

H5.1b：在境外成熟市场上市持续的时间越长，回归上市后获得的估值溢价越高。

H5.1c：如果存在"声誉寻租"，回归上市累积效应的增加会使IPO市场支付的溢价下降。

二、基于收益率波动性的传递溢出效应假设

交叉上市传递效应研究表明，一个市场中的大幅价格波动会通过交叉上市公司传导到其他市场，市场间价格变化的联系更紧密，信息不对称会被夸大，由此引发的价格波动将被放大。由此推论回归上市股票和市场的收益率波动性将增强。此外，由于绑定效应的存在，市场间的波动溢出主要表现为从成熟市场到新兴市场的单向溢出，市场间的信息传递速度更快，对新兴市场结构和效率产生积极的影响。由此提出以下两个假设：

H5.2a：回归上市将加大股票和市场的收益率波动性。

H5.2b：回归上市对市场间传递溢出影响主要表现为从成熟市场到新兴市场的单向溢出。

第四节　研究设计

一、模型构建与变量设置

（一）基于估值溢价的回归上市动机检验模型

根据前文理论推论，回归上市公司（即逆向交叉上市公司）的估值溢价及其持久性、估值溢价与绑定信号质量的关系可以来检验其动机。普纳南丹

和斯瓦米纳坦（Purnanandam & Swaminathan，2004）认为，公司股票 IPO 的市盈率（P/E）可以很好地衡量投资者为上市公司收益支付的溢价程度。本章参考陈等（2010）的思想，同时引入市净率（P/B）和抑价（Underpricing）来综合反映估值溢价。分别基于模型（5.1）检验绑定效应信号及绑定质量信号对回归上市公司估值的影响。

$$Y_i = \alpha + \beta_1 X_i + \beta_2 W_i + \varepsilon_i \qquad (5.1)$$

其中，Y_i 为测度溢价程度的因变量，分别为 P/E、P/B、Underpricing；X_i 为自变量，分别为绑定效应信号（Bs）、绑定质量信号（Bq）；W_i 为特征控制变量，分别为公司特征变量：所有权集中程度（Own）、财务杠杆（Leve）、IPO 规模（IFA）、公司所属行业（Ind），市场特征变量：资产回报率（ROA）、公司市值（MC）。将测度溢价程度变量分别与绑定效应信号及绑定质量信号进行回归分析，同时控制公司层面及市场层面的特征变量。

进一步地，利用模型（5.1）检验"声誉寻租"假设。引入回归上市累积效应自变量，分别为回归上市公司数量（Num）、融资总额（Fina）和资产总额（Assets）。因变量与特征控制变量与绑定效应检验相同，分别进行回归分析。

变量定义见表 5 – 1。

表 5 – 1   变量定义

变量	名称	符号	定义
因变量	市盈率	P/E	公司招股价除以每股盈利
	市净率	P/B	每股股价/每股净资产
	抑价	Underpricing	回归上市 IPO 首日收盘价/发行价 – 当日本地市场指数收益
绑定效应自变量	绑定效应信号	Bs	回归上市公司取 1，反之取 0
	绑定效应的信号质量	Bq	境外上市持续天数
累积效应自变量	回归上市公司数量	Num	回归上市公司累积数量
	回归上市公司融资总额	Fina	回归上市公司累积融资总额
	回归上市公司资产总额	Assets	回归上市公司累积资产总额

变量	名称	符号	定义
公司层面控制变量	所有权集中程度	Own	第一大股东拥有的股利比例
	财务杠杆	$Leve$	公司负债总额/资产总额
	IPO 规模	IFA	股票发行募集资金总额的对数
	所属行业	Ind	所属 GICS 行业，对应行业取 1，反之取 0
市场层面控制变量	资产回报率	ROA	税后净利润/总资产
	公司市值	MC	公司市值的对数

（二）基于收益率波动性的传递溢出效应检验模型

经前文的理论推论，为检验回归上市对本地市场的传递溢出效应，本章根据林（Lin，2017）的部分研究思路与方法，参照恩格尔和克罗纳（Engle & Kroner，1995）提出的 BEKK – MGARCH 模型来度量回归上市公司收益率、本地市场及东道主市场收益率的波动溢出效应。BEKK – MGARCH 模型设定形式如下：

$$\varepsilon_t \,|\, I_{t-1} \sim N(0，H_t)，\ H_t = CC' + A\varepsilon_{t-1}\varepsilon'_{t-1}A' + BH_{t-1}B' \tag{5.2}$$

其中，H_t 是残差向量 在信息集 $I_t - 1$ 下的条件方差——协方差矩阵，C 为 2×2 阶下三角矩阵，A 为二维 ARCH 项系数矩阵，B 为二维 GARCH 项系数矩阵，是由残差项组成的 2×1 矩阵，具体形式如下：

$$H_t = \begin{bmatrix} h_{11,t} & h_{12,t} \\ h_{21,t} & h_{22,t} \end{bmatrix}，\ C = \begin{bmatrix} c_{11} & 0 \\ c_{21} & c_{22} \end{bmatrix},$$

$$A = \begin{bmatrix} a_{11} & a_{12} \\ a_{21} & a_{22} \end{bmatrix},\ B = \begin{bmatrix} b_{11} & b_{12} \\ b_{21} & b_{22} \end{bmatrix},\ \varepsilon_{t-1} = [\varepsilon_{1,t-1}，\varepsilon_{2,t-1}]'$$

为便于观察，将式（5.2）展开如下：

$$h_{11,t} = c_{11}^2 + (b_{11}^2 h_{11,t-1} + 2b_{11}b_{12}h_{12,t-1} + b_{12}^2 h_{22,t-1})$$
$$+ (a_{11}^2 \varepsilon_{1,t-1}^2 + 2a_{11}a_{12}\varepsilon_{1,t-1}\varepsilon_{2,t-1} + a_{12}^2 \varepsilon_{2,t-1}^2) \tag{5.3}$$

$$h_{22,t} = c_{22}^2 + (b_{22}^2 h_{22,t-1} + 2b_{21}b_{22}h_{12,t-1} + b_{21}^2 h_{11,t-1})$$
$$+ (a_{21}^2 \varepsilon_{1,t-1}^2 + 2a_{21}a_{22}\varepsilon_{1,t-1}\varepsilon_{2,t-1} + a_{22}^2 \varepsilon_{2,t-1}^2) \tag{5.4}$$

$$h_{12,t} = c_{11}c_{21} + \left[b_{11}b_{12}h_{11,t-1} + (b_{12}b_{21} + b_{11}b_{22})h_{12,t-1} + b_{21}b_{22}h_{22,t-1} \right]$$

$$+ \left[a_{11}a_{12}\varepsilon_{1,t-1}^2 + (a_{12}a_{21} + a_{11}a_{22})\varepsilon_{1,t-1}\varepsilon_{2,t-1} + a_{21}a_{22}\varepsilon_{2,t-1}^2 \right] \quad (5.5)$$

由式（5.3）和式（5.4）可知，矩阵 A、B 中主对角线 a_{ii} 和 b_{ii}（$i=1$，2）分别反映了收益率自身波动的 ARCH 效应和 GARCH 效应，即波动的短期和长期效应；非主对角线元素 a_{ij} 和 b_{ij}（$i,j=1$, 2，$i \neq j$）分别反映了收益率 j 对收益率 i 的 ARCH 型和 GARCH 型波动溢出效应。

为检验香港市场与内地市场之间的波动溢出效应，本章用 1 代表上证 A 股指数，2 代表香港恒生指数。波动溢出效应的检验包括三个检验，本章用 Wald 检验来进行验证。

第一个检验的原假设为 H_0：$a_{21} = b_{21} = a_{12} = b_{12} = 0$，表示内地市场与香港市场之间不存在波动溢出效益。如果 Wald 统计量在一定的显著性水平下拒绝原假设，则表明内地市场与香港市场之间至少存在某一方向的波动溢出效应。

第二个检验的原假设为 H_0：$a_{21} = b_{21} = 0$，表示内地市场对香港市场不存在波动溢出效应。如果 Wald 统计量在一定的显著性水平下拒绝原假设，则表明内地市场对香港市场存在波动溢出效应。

第三个检验的原假设为 H_0：$a_{12} = b_{12} = 0$，表示香港市场对内地市场不存在波动溢出效应。如果 Wald 统计量在一定的显著性水平下拒绝原假设，则表明香港市场对内地市场存在波动溢出效应。

同理，H 股回归上市公司与内地市场之间的波动溢出效应、回归上市公司行业与 A 股市场同行业之间的波动溢出效应检验方式，与香港市场和内地市场之间波动溢出效应的检验方式类似。

二、样本选择与数据来源

自 1993 年青岛啤酒成为第一家 A–H 交叉上市公司后，截至 2015 年底已有 A–H 股交叉上市公司 87 家，其中，逆向交叉上市公司有 61 家，典型交叉上市公司（先 A 股上市后 H 股上市）有 24 家，同时发行 A–H 股 2 家。剔除金融行业、并收购类公司以及数据缺失或存在异常值的公司，最终确定 45 家 H 股回归上市公司为研究样本。由于 H 股回归上市公司具有"优质公司"的标签，为了更好地反映和考察 H 股回归上市的绑定效应与传递溢出效应，选取根据样本行业分布的配对 A 股上市公司（2 813 家）、香港恒生指数和上证 A 股指数作为市场层面比较研究对象。样本区间为 1994 年 1 月 7 日至 2015 年 12 月 31 日，剔除节假日和部分不匹配交易日，共得到 5 180 组数据。数据来源于 Wind 数据库、东方财富 Choice 数据库。数据处理利用 Stata 和 R 软件实现。

第五节　实证结果分析

一、数据预处理及描述性统计

对于香港恒生指数、上证 A 股指数、配对 A 股上市公司及 45 家回归上市公司日收盘价数据作如下处理：$R_t = 100 \times (\ln P_t - \ln P_{t-1})$，其中 R_t 为第 t 日的收益率，P_t 为第 t 日的收盘价，P_{t-1} 为第 $t-1$ 日的收盘价。对以上收益率序列进行描述性统计分析，结果如表 5-2 所示。

由表 5-2 可知，恒生指数、上证 A 股指数及各行业 A 股的收益率均为正值，45 家回归上市公司收益率为负值。对于收益率标准差，回归上市公司最大，恒生指数最小，说明回归上市公司的波动率较大。各个收益率分布均表现为正偏度，即右侧尾部较长；每个收益率序列均显示非零偏度和较大的峰（均大于 3），并且都具有显著的 J-B 统计量统计特征的高峰态，表明收益率均不服从正态分布。另外，Q(10) 和 Q^2(10) 统计量检验表明，各个收益率均有明显的自相关现象。ADF 和 KPSS 检验显示所有收益率序列均平稳，适合建立模型。

表 5 - 2

收益率序列描述性统计分析

指标	恒生指数	上证A股指数	逆向交叉上市公司	非日常生活消费品	工业	公用事业	能源	信息技术	医疗保健	原材料
均值	0.0126	0.0354	− 0.0162	0.0281	0.0229	0.0127	0.0252	0.0289	0.0391	0.0265
标准差	1.7155	2.0567	2.7511	2.1910	2.2312	2.3853	2.4734	2.4716	2.4925	2.3324
偏度	0.2680	1.3276	4.3302	0.7783	0.5837	0.9362	0.7419	1.0273	2.9589	1.0364
峰度	11.9478	25.4695	94.9073	17.2935	14.1457	23.3438	16.3674	19.5745	52.8293	20.9713
J - B 统计量	30 902 (0.0000)	141 650 (0.0000)	1 961 800 (0.0000)	30 902 (0.0000)	43 523 (0.0000)	118 470 (0.0000)	58 349 (0.0000)	83 684 (0.0000)	610 430 (0.0000)	95 934 (0.0000)
Q(10)	28.708 (0.0014)	55.805 (2.33e−08)	28.616 (0.0014)	37.369 (4.88e−05)	44.161 (3.08e−06)	59.202 (5.13e−09)	22.385 (0.0133)	40.256 (1.53e−05)	23.501 (0.0090)	53.552 (5.88e−08)
Q²(10)	1 736.4 (0.0000)	1 691.1 (0.0000)	55.919 (2.12e−08)	1 067.4 (0.0000)	1 234.3 (0.0000)	777.5 (0.0000)	1 170.4 (0.0000)	805.28 (0.0000)	279.91 (0.0000)	850.47 (0.0000)
ADF	−51.677 (0.0000)	−49.710 (0.0000)	−49.328 (0.0000)	−49.441 (0.0000)	−49.337 (0.0000)	−48.697 (0.0000)	−49.845 (0.0000)	−48.783 (0.0000)	−50.419 (0.0000)	−49.349 (0.0000)
KPSS	0.0327 (0.1)	0.0503 (0.1)	0.1342 (0.1)	0.0813 (0.1)	0.0545 (0.1)	0.0472 (0.1)	0.0566 (0.1)	0.0691 (0.1)	0.0554 (0.1)	0.0447 (0.1)

注：(1) 括号内为 P 值。(2) 根据 GICS（全球行业分类系统），45 家回归上市公司主要分布在非日常生活消费品、工业、公用事业、能源、信息技术、医疗保健和原材料这 7 个行业。

二、基于估值溢价的回归上市动机检验

（一）绑定效应信号检验

基于模型（5.1），运用 *P/E*、*P/B* 和 *Underpricing* 分别与绑定效应信号及公司层面特征和市场层面特征进行回归分析来检验 H1a。结果如表 5 - 3 所示。

表 5 - 3　　　　　　　　　　绑定效应信号的回归结果

变量	*P/E*	*P/B*	*Underpricing*
Bs	9. 135 * （0. 361）	2. 788 *** （3. 372）	- 0. 187 *** （ - 8. 454）
Own	- 0. 185 （ - 0. 963）	0. 025 *** （4. 051）	- 0. 001 *** （ - 3. 802）
Leve	0. 423 ** （2. 293）	- 0. 016 *** （ - 2. 662）	- 0. 001 *** （ - 4. 027）
IFA	- 29. 976 *** （ - 4. 495）	- 3. 336 *** （ - 15. 451）	0. 309 *** （53. 689）
ROA	41. 252 *** （5. 653）	1. 412 *** （5. 988）	- 0. 024 *** （3. 733）
MC	15. 160 ** （2. 158）	2. 344 *** （10. 290）	- 0. 253 *** （41. 696）
_Cons	9. 781 （0. 133）	9. 845 *** （3. 973）	- 0. 124 ** （ - 0. 1887）
样本数量	2 813	2 813	2 813
拟合度	0. 186	0. 285	0. 564

注：（1）***、**、* 分别表示在 1%、5%、10% 的置信水平下显著；（2）括号内为 t 值。

表 5-3 是分别为 *P/E*、*P/B* 和 *Underpricing* 作为因变量的回归结果，显示出 H 股回归上市公司估值溢价在三种情况下都具有显著的绑定效应，其中 *P/E* 和 *P/B* 的系数分别达到 9. 135 和 2. 788。但 *P/E* 的显著性低于 *P/B*、*Underpricing*，表明从成熟市场回归的上市公司，由于市场声誉绑定和优质公司标签，投资者愿意为其支付高溢价。但之后若投资者发现回归上市公司并非真正的优质公司，而只是"声誉寻租"，则其高溢价不能持续。*Underpricing* 变量也反映出 H 股回归上市公司所支付的抑价比非 H 股回归上市公司要低 18. 7%。表明公司回归上市后，通过绑定信号获得了显著的估值溢价，H1a 成立。此外，*P/E* 和 *P/B* 与 *IFA* 显著负相关，这与巴里（Barry，1989）的结论一致，即公司股东出售的股权与外界投资者的估值呈负相关。结果还显示，*P/B* 与 *Own* 之间显著正相关，与施莱费尔和维什尼（Shleifer & Vishny，1986）得出的股权集中度越高越有利于解决公司的代理问题结果类似。从市场层面看，*ROA* 和 *MC* 都与 *P/E* 和 *P/B* 显著正相关并与 *Underpricing* 显著负相关，说明大型优质公司可获得更多的估值溢价。

（二）绑定质量信号检验

基于模型（5.1），同样使用 *P/E*、*P/B* 和 *Underpricing* 作为因变量进行回归分析，并增加绑定质量信号变量，分析投资者是否关注绑定效应信号及绑定质量信号，而为回归上市的公司支付更高的溢价。结果如表 5-4 所示。

表 5-4　　　　　　　　　　　　绑定质量信号的回归结果

变量	*P/E*	*P/B*	*Underpricing*
Bs	0. 810 * (0. 023)	2. 314 * (1. 871)	− 0. 309 *** (− 9. 443)
Bq	− 0. 005 (− 0. 294)	− 0. 002 (− 0. 522)	− 0. 001 *** (− 5. 052)
Own	− 0. 186 (− 0. 962)	0. 025 *** (4. 051)	− 0. 001 *** (− 3. 872)
Leve	0. 423 ** (2. 291)	− 0. 016 *** (− 2. 652)	− 0. 001 *** (− 3. 987)

变量	P/E	P/B	Underpricing
IFA	− 29. 866 *** (− 4. 472)	− 3. 330 *** (− 15. 391)	0. 311 *** (54. 110)
ROA	41. 402 *** (5. 664)	1. 421 *** (6. 000)	− 0. 026 *** (4. 090)
MC	15. 000 ** (2. 122)	2. 335 *** (10. 220)	− 0. 256 *** (− 42. 143)
_Cons	9. 934 (0. 132)	9. 854 *** (3. 983)	− 0. 124 * (− 1. 866)
样本数量	2813	2813	2813
拟合度	0. 161	0. 101	0. 567

注：（1）***、**、*分别表示在1%、5%、10%的置信水平下显著；（2）括号内为t值。

结果显示，绑定质量信号 Bq 并未对 P/E 和 P/B 产生显著的正向影响，H1b 不成立，说明内地投资者对回归上市公司的公司治理质量（境外上市存续时间代理）并不关注。关于绑定效应信号 Bs 的 P/E、P/B 和 Underpricing 三个回归分析结果都是显著的，表明 H 股回归上市公司因绑定效应获得了估值溢价。

（三）声誉续租的假设检验

基于模型（5.1），运用代理变量 Num、Fina 和 Assets 的累积效应检验结果如表5-5所示。

表5-5 声誉寻租检验的回归结果

变量	P/E			P/B			Underpricing		
	[1]	[2]	[3]	[1]	[2]	[3]	[1]	[2]	[3]
Bs	7. 806 * (0. 166)	1. 486 * (0. 040)	2. 801 * (0. 073)	3. 065 * (1. 974)	2. 388 * (1. 910)	2. 503 ** (2. 000)	− 0. 357 *** (− 8. 652)	− 0. 309 *** (− 9. 315)	− 0. 317 *** (− 9. 523)

续表

变量	P/E			P/B			Underpricing		
	[1]	[2]	[3]	[1]	[2]	[3]	[1]	[2]	[3]
Bq	-0.009 (-0.386)	-0.006 (-0.316)	-0.008 (-0.412)	-0.001 (-0.912)	-0.001 (-0.633)	-0.001 (-0.911)	-0.001*** (-2.660)	-0.001*** (-4.372)	-0.001*** (-3.612)
Num	-0.482** (-0.825)				-0.052*** (-0.803)		-0.003* (-1.893)		
Fina		-1.601** (-0.117)			-1.751*** (-0.377)			-1.471** (-0.044)	
Assets			-1.051** (-0.300)			-0.997*** (-0.887)		—	-3.901* (-1.302)
Own	-0.186 (0.966)	-0.186 (-0.965)	-0.187 (-0.966)	0.025*** (4.043)	0.025*** (4.042)	0.025*** (4.044)	-0.001*** (-3.852)	-0.001*** (-3.872)	-0.001*** (-3.855)
Leve	0.422** (2.282)	0.423** (2.298)	0.423** (2.296)	-0.016*** (2.683)	-0.016*** (-2.655)	-0.016*** (-2.655)	-0.001*** (-3.910)	-0.001*** (-3.981)	-0.001*** (-3.980)
IFA	-29.873*** (-4.477)	-29.852*** (-4.466)	-29.851*** (-4.462)	-3.330*** (-15.397)	-3.328*** (-15.387)	-3.328*** (-15.385)	0.311*** (54.151)	0.311*** (54.090)	0.311*** (54.111)
ROA	41.283*** (5.633)	41.375*** (5.656)	41.302*** (5.644)	1.408*** (5.933)	1.418*** (5.981)	1.411*** (5.958)	0.027*** (4.210)	0.026*** (4.092)	0.026*** (4.152)
MC	14.916*** (2.113)	14.955** (2.110)	14.886** (2.101)	2.362*** (10.164)	2.330*** (10.187)	2.325*** (10.154)	-0.255*** (-42.013)	-0.256*** (-42.061)	-0.255*** (-42.010)
_Cons	12.893 (0.179)	10.855 (0.144)	12.910 (0.177)	10.172*** (4.055)	9.956*** (3.992)	10.136*** (4.066)	-0.142** (-2.133)	-0.122* (-1.847)	-0.133** (-2.013)
样本数量	2 813	2 813	2 813	2 813	2 813	2 813	2 813	2 813	2 813
拟合度	0.186	0.185	0.158	0.103	0.189	0.126	0.569	0.567	0.568

注：（1）***、**、* 分别表示在 1%、5%、10% 的置信水平下显著；（2）括号内为 t 值。

三个代理变量 Num、Fina、Assets 与因变量 P/E、P/B 之间均呈显著负相关关系。表明随着 H 股回归上市累积公司数量的增加，所获得估值溢价在下降。H 股回归上市公司累积融资总额和资产总额的增加也使得公司所获得的估值溢价减少。另外，H 股回归上市的累积效应对 *Underpricing* 产生了负向影响，H1c 成立。说明 H 股回归上市存在"声誉寻租"现象。与韦尔奇（Welch，1989）关于公司股票发行定价是大型 IPO 收益与信号传递收益之间的权衡的结论一致。此外，从公司价值的角度看，基于"声誉寻租"回归上市优于境外市场增发，但随着回归上市公司的增加，估值溢价递减。

三、基于收益率波动性的传递溢出效应检验

（一）香港市场和 H 股回归上市公司与内地市场的传递溢出效应

对恒生指数和 H 股回归上市公司收益率与上证 A 股指数收益率采用 BFGS（牛顿迭代法）估计两个 BEKK – MGARCH 模型的参数，估计结果如表 5 – 6 所示。

表 5 – 6　H 股回归上市公司与内地市场间 BEKK – MGARCH 模型估计结果

参数	模型（5.1）：香港市场与内地市场估计结果		模型（5.2）：H 股回归上市公司与内地市场估计结果	
	估计值	标准误差	估计值	标准误差
c_{11}	0.3431 ***	0.0286	0.4832 ***	0.0299
c_{21}	0.1728 ***	0.0225	0.1010 ***	0.0195
c_{22}	0.4010 ***	0.0289	0.1104 ***	0.0124
a_{11}	0.3390 ***	0.0155	0.6749 ***	0.0311
a_{12}	− 0.0048 **	0.0082	0.0773 ***	0.0175
a_{21}	− 0.0044	0.0133	− 0.5833 ***	0.0340
a_{22}	0.3814 ***	0.0113	0.1540 ***	0.0211
b_{11}	0.9183 ***	0.0083	0.8258 ***	0.0119
b_{12}	− 0.0011 **	0.0037	− 0.0226 ***	0.0058
b_{21}	− 0.0055	0.0058	0.1670 **	0.0117
b_{22}	− 0.9057 ***	0.0050	0.9939 ***	0.0061

续表

参数	模型（5.1）：香港市场与内地市场估计结果		模型（5.2）：H 股回归上市公司与内地市场估计结果	
	Wald 值	P 值	Wald 值	P 值
检验一	7.2	0.012	12.8	0.012
检验二	0.15	0.93	12.4	0.002
检验三	7.1	0.029	0.43	0.81

注：***、**、* 分别表示在 1%、5%、10% 的置信水平下显著。

表 5-6 模型（5.1）和模型（5.2）结果显示，参数 a_{11}、a_{22}、b_{11} 和 b_{22} 均不等于 0 且在 1% 水平下均显著，说明内地市场、香港市场和 H 股回归上市公司收益率的波动都明显受到各自前期波动的影响，即波动的聚集性和持续性。

由模型（5.1）可知，参数 a_{12}、a_{21}、b_{12} 和 b_{21} 均不等于 0 但 a_{21} 和 b_{21} 不显著，根据波动溢出效应的检验一，Wald 统计量在 5% 的显著性水平下拒绝原假设，表明内地市场与香港市场之间至少存在某一方向的波动溢出效应。根据检验二，Wald 统计量不能拒绝原假设，表明内地市场对香港市场不存在波动溢出效应。根据检验三，Wald 统计量在 5% 的显著性水平下拒绝原假设，表明香港市场对内地市场存在波动溢出效应。由此推断，两个市场间存在香港市场对内地市场的单向波动溢出效应。

由模型（5.2）可知，参数 a_{12}、a_{21}、b_{12} 和 b_{21} 均不等于 0 且显著，根据波动溢出效应的检验一，Wald 统计量在 5% 的显著性水平下拒绝原假设，表明 H 股回归上市公司与内地市场之间至少存在某一方向的波动溢出效应。根据检验二，Wald 统计量在 1% 的显著性水平下拒绝原假设，表明 H 股回归上市公司对内地市场存在波动溢出效应。根据检验三，Wald 统计量不能拒绝原假设，表明内地市场对 H 股回归上市公司不存在波动溢出效应。由此推断，回归上市仅存在 H 股回归上市公司对内地市场的单向波动溢出效应。

（二）H 股回归上市公司与同行业 A 股公司间的传递溢出效应

对 H 股回归上市公司与 A 股市场同行业公司收益率采用 BFGS 估计

BEKK – MGARCH 模型的参数，检验结果如表 5 – 7 所示。

表 5 – 7　H 股回归上市公司与同行业 A 股公司间 BEKK – MGARCH 模型检验结果

行业	检验一	检验二	检验三
非日常生活消费品	129.000 (0.000)	118.500 (0.000)	10.500 (0.005)
工业	122.000 (0.000)	73.700 (1.1e – 16)	48.200 (3.3e – 11)
公用事业	50.900 (2.3e – 10)	50.700 (9.7e – 12)	0.200 (0.900)
能源	1.300 (0.850)	1.300 (0.510)	1.300 (1.000)
信息技术	0.110 (1.000)	0.058 (0.970)	0.053 (0.970)
医疗保健	56.600 (1.5e – 11)	56.500 (5.3e – 13)	0.035 (0.980)
原材料	89.100 (0.000)	51.300 (7.3e – 12)	37.800 (6.1e – 09)

注：括号内为 P 值。

由表 5 – 7 可知，H 股回归上市公司与 A 股市场同行业公司收益率的波动都显著受到行业自身前期波动的影响。根据 Wald 检验，非日常消费生活品行业、工业行业和原材料行业存在双向波动溢出效应；公用事业行业和医疗保健行业存在单向波动溢出效应，且均是 H 股回归上市公司对 A 股同行业公司的单向波动溢出；能源行业和信息技术行业不存在波动溢出效应。

综上所述，内地市场、香港市场和 H 股回归上市公司的自身波动性都明显受到各自前期波动程度的影响，但没有证据表明回归上市导致了市场波动程度的增加，H2a 不成立。回归上市对市场间传递溢出影响主要表现为从成熟市场到新兴市场的单向溢出，H2b 成立。但从具体行业角度看，传递溢出效应特征是混杂的，既有从成熟市场到新兴市场的单向溢出，也有双向溢出及无波动溢出的情形，这可能与两个市场各自的上市公司优势行业有关，有待后续研究。

第六节 主 要 结 论

传统智慧难以解释境外上市公司回归上市的动机及其对新兴市场的影响。本章聚焦于快速增长的一类逆向交叉上市——回归上市，选取 1994～2015 年数据，以 H－A 股为研究对象，从绑定效应和"声誉寻租"角度考察了地理相近的香港与内地市场间 H－A 回归上市公司的估值溢价特征，从收益率波动性视角分析了回归上市对内地市场的传递溢出效应。从这一案例中得出了以下结论：

（1）回归上市可以获得显著的短期估值溢价，大型优质公司可以获得更多、更持久的估值溢价。利用声誉绑定提升公司价值可能是回归上市的主要动机。

（2）回归上市公司治理质量信号对估值影响不显著、累积效应和估值溢价不断降低，一方面说明市场对回归上市存在短期估值泡沫，公司有"声誉寻租"机会，另一方面说明回归上市对市场的冲击是短期的，且随着回归上市规模的扩大负面影响逐步降低。

（3）回归上市对市场间传递溢出影响主要表现为从香港市场到内地市场的单向传递溢出，但具体行业的传递溢出效应特征是混杂的，这可能与两个市场各自的上市公司优势行业有关。

（4）回归上市有助于提升内地市场的优质公司占比，并通过传递溢出效应提升内地市场效率。

第六章

境外上市公司对东道主市场质量的影响

第一节 引　　言

罗马诺（Romano，1998）认为，如果允许境外公司在东道主市场上市时选择证券监管规则，则会促进监管者之间的竞争，进而提升证券规制的整体质量和效率。阿穆尔和麦卡赫尔（Armour & McCaheryr，2006）认为，跨境上市可能会因为公司提供虚假信息而影响市场质量，低质量的公司上市则对市场有负面影响。然而，当今方兴未艾的跨境上市主要表现为来自新兴市场的低质量公司到成熟市场上市。那么，它们究竟对东道主市场质量造成了什么样的影响是有待探究的议题。中国内地是一个快速发展的新兴市场，一般认为，中国内地公司的成长性优于中国香港本地公司，但公司治理水平（质量）劣于中国香港本地公司。为此，本章选择以 H 股为境外公司主体的中国香港市场，着重从"质量传染"效应和挤出效应的视角，实证分析来自新兴市场的境外公司上市对东道主市场的影响，预期成果将有助于丰富交叉上市理论，并为中国内地股票市场主要面向"一带一路"新兴市场国家开设国际板提供参考依据。

第二节　文献综述

经典理论认为，对东道主市场而言，来自成熟市场的优质境外公司上市的影响是积极的，而来自新兴市场治理水平相对较低的低质量境外公司上市则可能会出现"质量传染"，导致东道主市场效率的降低。王和周（Wang & Zhou，2014）研究发现当东道主市场具有较低的交易成本，更好的投资者法律保护，更高的市场流动性，更先进的金融发展和拥有较长的上市历史，则更有竞争力吸引境外公司上市。对于上市公司而言，选择成熟市场上市可以获得估值溢价等多方面的好处，而选择新兴市场上市则对公司不利。但现实情况是，一方面，来自新兴市场的低质量公司境外上市快速发展，而成熟市场之间的境外上市日渐萎缩，以面向成熟市场境外公司上市的东京证券交易所国际板甚至成为一个失败的案例。另一方面，越来越多的公司从成熟市场主动退市，转而选择在新兴市场上市。理论界对此现象的解读是不足和混杂的。

丹格等（Dang et al.，2015）认为境外上市使国际投资者交易从本地市场转移到了东道主市场，并且吸引了其他新的国际投资者，降低了本地市场的流动性，而对东道主市场有更高的流动性。而卡罗伊（2006）认为，通过ADR面向全球投资者增强了本地市场流动性、可见性和信誉，但分流效应也会导致本地市场质量恶化，对东道主市场质量的影响则不显著。梅伊等（Mei et al.，2004）认为，如果因境外公司股票折价和投机更强而吸引投资者，则对原有东道主市场既有公司将产生挤出效应，但同时也会吸引更多的国际投资者投资于东道主市场，两者相抵不会对东道主市场质量造成显著负面影响。陈等（2007）研究了公司投资对股票价格敏感性后发现，信息效率高的股票价格会导致更高效的公司投资，如果境外公司股票的异质性信息较少，则可能会对东道主市场产生负面挤出效应。梅尔文与瓦莱罗（Melvin & Valero，2009）发现，在美国交叉上市对美国市场已有竞争对手公司的股价是不利的。阿穆尔与麦卡赫尔（2006）认为，境外上市可能会因为低质量公司提供虚假信息而影响市场质量，但更大的可能是市场竞争机制会促使公司提升治理水平，增强自身所提供信息的真实性，降低投资者的验证成本。桑托斯和沙因克曼（Santos & Scheinkman，2011）认为，尽管东道主市场具有相对较高的上市信息披露和治理标准，但这些治理标准并不能完全约束境外上市公司或者由于交易所之间竞争需要对上市标准产生妥协，导致低质量公司上市，进而通过增加信息不对称、波动性和交易传播"污染"东道主市场的质量，市场价格的信息效率降低。

20世纪90年代中期以来，大量内地公司到香港市场上市，形成了市值过半的国际板。对于H股上市，绝大多数研究集中在对上市公司本身及对本地市场的影响，如董秀良等（2016）和沈红波等（2009）研究发现H股跨境交叉上市有助于公司治理的改善。"沪港通"的启动加强了中国内地与中国香港市场的波动溢出，增加了股价的信息含量；通过促使企业提高信息披露质量，从而降低本地市场股价异质波动。关于H股对香港市场的影响，严基浩（Yan-ki Ho，1998）认为，1993年7月H股开始在香港上市和交易之前，仅有22家境外公司，年交易额不足总交易额的0.1%。通过鼓励内地公司到香港上市快速提升了香港联交所的竞争力。与1992年底相比，1996年底的市值扩大10.46倍、恒生指数上涨2.44倍、全年换手率增加2.02倍、海外机构交易额占比从22.68%上升到29.49%、H股的换手率是本地股票的5倍，短短四年使中国香港成为仅次于日本的亚洲第二大市场，并且吸引了越来越多的海外机构参与。董秀良等（2018）研究发现沪港通的开通对香港市场的定价效率、市场活跃度、股指上升有显著作用。孙等（Sun et al.，2013）通过研究H股对香港市场质量和发展的影响发现，在宏观层面，H股上市增加了香港市场的规模、交易量以及它与内地和世界市场的联系；如果境外公司与东道主市场既有公司的规模和业务性质完全不同，则可能有助于东道主市场波动性的降低。在公司层面，H股上市数量的增加导致市场换手率降低、Amihud非流动性比率提升、信息环境恶化等负面影响。

综上，关于交叉上市对相关两地市场质量影响的研究文献大多数聚焦于境外上市对本地市场的影响，而不是对东道主市场的影响，少数关注这个议题的文献并未得出明确和可信的结论。

第三节　研究假设

辩证来看，来自新兴市场的境外公司上市将扩大东道主市场的市值规模，对市场整体的公司质量和信息效率有负面影响，并产生分流和挤出效应，但新兴市场公司的高成长性、低估值也将吸引更多的国际资本流入，提升存量资本的交易活跃度，两者相抵不会对东道主市场的流动性造成显著负面影响。但是，通过加强监管可以倒逼上市公司提升治理水平可以使"质量传染"效应得到抑制，由此提出假设 H6.1：

H6.1：来自新兴市场的境外公司上市不会对东道主市场质量和发展产生显著负面影响。

来自新兴市场的境外公司上市，尤其是双重或多重上市，上市公司作为互联互通的纽带，无疑将强化东道主市场与其公司本地市场乃至全球市场的联系，进而提升东道主市场与其他市场的联动性和竞争力，由此提出假设 H6.2：

H6.2：来自新兴市场的境外公司上市将提升东道主市场与公司本地市场及全球市场间的联动性。

进一步地，从对东道主市场既有公司影响的角度看，由于"质量传染"、分流和挤出效应的存在，来自新兴市场的境外公司上市对东道主市场既有公司的个股换手率、个股非流动性比率、买卖价差等带来负面冲击，但来自新兴市场的境外公司上市带来的国际资本流入增量和存量资本交易活跃度提升也将对既有公司产生溢出效应。此外，对东道主市场既有公司的短期挤出效应将因竞争择优机制而减轻或消失，由此提出假设 H6.3：

H6.3：来自新兴市场的境外公司上市对东道主市场的溢出效应大于挤出效应，并且对东道主既有公司股价有正面影响。

第四节　研究设计

一、模型构建与变量设置

（一）境外公司上市对东道主市场质量与发展的影响

根据前文分析与假设，参照孙等（2013）的思想，构建分别由市场规模（*MG*）、换手率（*MT*）和非流动性比率（*MA*）组成的市场发展代理变量，以及境外上市公司与东道主市场的相对市值结构（MCF）和交易量结构（VF）组成的自变量，具体模型为：

$$MDP_t = \alpha_0 + \alpha_1 MCF_t \, or \, VF_t + \alpha_2 CV_t + \varepsilon_t \qquad (6.1)$$

其中，MDP_t 为市场发展代理变量：MG、MT、MA，分别按照 MCF、VF 进行回归。如果境外公司上市有助于提升东道主市场发展水平，则 MG 和 MT 有一个显著为正的 α_1，而 MA 则有一个显著为负的 α_1。

考虑到宏观经济因素会影响东道主市场的发展，而利率变动是影响经济和市场的关键经济变量，为此，本章加入一个控制变量 CV_t，并以实际利率变动（RIRC）为代理变量，预期该变量与 MG 和 MT 负相关，与 MA 正相关。

进一步地，为了避免上述回归模型存在的内在性和控制变量缺失的影响。前者即东道主市场的发展促使境外公司来上市，后者则是遗漏了有利于东道主市场发展的一些控制变量。为此，采用以下回归模型对指标变量进行修正：

$$MDP_t = \alpha_0 + \alpha_1 MPP_t + \alpha_2 CV_t + \varepsilon_t \qquad (6.2)$$

$$MPP_t = \beta_0 + \beta_1 IV_t + \beta_2 CV_t + \varepsilon_t \qquad (6.3)$$

其中，MPP_t 为境外公司上市代理变量 MCF 或 VF。使用三个相对度量指标变量，分别：（1）相对市盈率比（PER），即境外公司本地市场日平均市盈率与对应东道主市场指数市盈率的比率。（2）相对收益率比（RRR），即境外公司本地市场日平均收益率与对应东道主市场指数收益率的比率。考虑到东道主市场不太可能对上述两个指标产生重大而系统性的影响，若境外上市公司比东道主既有公司与其本地市场更相关，则 MCF 或 VF 应该与这些指标变量正相关。（3）以本币计算的汇率（Rate），由于当其上升时，相对于东道主市场既有公司股票，境外上市公司股票资产以本币计价市值和交易额都将上升。具体模型变量定义见表 6-1。

表 6-1　　　　　　　　　　　　变量定义

变量	名称	符号	定义
因变量	市场规模	MG	市值/GDP
	市场换手率	MT	交易量/流通股数
	市场非流动性比率	MA	$\sqrt{\dfrac{1}{T}\sum_{t=1}^{T} \lvert R_t \rvert / VOLD_t}$

续表

变量	名称	符号	定义
自变量	市值结构	MCF	境外公司股票市值/东道主市场总市值
	交易量结构	VF	境外公司股票成交量/东道主市场总成交量
控制变量	实际利率变动	$RIRC$	根据消费者物价指数变化（CPI）调整的 3 个月银行间同业拆借利率

注：按照阿米胡德（Amihud，2002）的计算方法计算市场非流动性比率，其中 T 为当季交易天数，R_t 为市场在 t 日的收益率，$VOLD_t$ 为市场在 t 日的成交量。并且参照哈斯布鲁克（Hasbrouck，2009）提出的将其平方根作为更好的测量指标。$R_t = \ln P_t - \ln P_{t-1}$，其中 P_t 为第 t 日的收盘价。

为了考察东道主市场与境外上市公司本地股票市场及全球股票市场之间的联动性，参照谢泼德和恩格尔（Sheppard & Engle，2001）提出的 DCC-MVGARCH 模型，分别通过两个二元 GARCH(1，1) 来度量东道主市场收益率和境外公司本地市场收益率、东道主市场收益率和全球市场收益率之间的动态相关性。

$$R_{hm,t} = \alpha_{hm,0} + \alpha_{hm,1} R_{hm,t-1} + \varepsilon_{hm,t} \tag{6.4}$$

$$R_{hs,t} = \alpha_{hs,0} + \alpha_{hs,1} R_{hs,t-1} + \varepsilon_{hs,t} \tag{6.5}$$

$\varepsilon_{hm,t}$，$\varepsilon_{hs,t} \mid t-1 \sim F(0，H_t)$。$H_t$ 为方差协方差矩阵，即：

$$H_t = D_t R_t D_t \tag{6.6}$$

其中，$D_t = diag(\sqrt{h_{11,t}}，\sqrt{h_{22,t}})$，$h_{ii,t} = \Phi_{ii} + \psi \varepsilon_{t,t-1}^2 + \varphi h_{ii,t-1}$（$i = 1，2$），$R_t$ 为时变相关系数矩阵，满足 $R_t = (Q_t^*)^{-1} Q_t (Q_t^*)^{-1}$，其中 Q_t 为正定的动态异方差矩阵，定义为：

$$Q_t = (1 - \psi - \varphi) \bar{Q} + \psi \varepsilon_{t-1} \varepsilon_{t-1}' + \varphi Q_{t-1} \tag{6.7}$$

其中，$\bar{Q}$ 为标准残差的无条件方差矩阵，ψ 和 φ 为 DCC-MVGARCH(1，1) 模型的系数。

$R_{hs,t}$、$R_{hm,t}$ 分别为东道主市场指数及境外公司本地（或全球）市场指数收益率。H 是由时变 Q 所产生的相关条件方差-协方差矩阵。因此，可以从 Q 获得 DCC。

然后，使用指标变量 DCC 作为因变量运行模型（6.1），考察 DCC 是否随着时间的推移与境外公司上市有关。若 H6.2 成立，则东道主市场与本地市场或全球市场的 DCC 与境外公司股票上市代理变量 MCF 和 VF 之间正相关。

（二）境外公司上市对东道主市场既有上市公司的影响

为了考察来自新兴市场的境外公司上市对东道主市场既有公司的影响，从既有公司的交易质量与境外公司市值和交易量结构相关性的角度构建如下回归模型：

$$MQ_{jt}^{HC} = \beta_0 + \beta_1 FCP_t + \beta_2 Size_{jt} + \beta_3 Lev_{jt} + \beta_4 MTB_{jt} + \beta_5 DIV_{jt} + \beta_6 Rate_t + \beta_7 Ret\_HS_t + \varepsilon_{jt}$$

$$(6.8)$$

其中，MQ_{jt}^{HC} 为东道主市场既有公司 j 在 t 月的市场质量变量，分别为个股换手率（$Turn$），个股非流动性比率（PA），买卖价差（$Spread$）。FCP_t 是境外上市公司变量，即在 t 月的 MCF 和 VF。由于公司规模、应付款、市场对账面水平和债务水平对公司股票的交易量、流动性和交易成本有影响。因此，引入对数总资产（$Size$）、杠杆比率（Lev）、市场对账面比率（MTB）和股息支付比率（Div）作为公司控制变量；汇率（$Rate$）、东道主市场收益率（Res_HS）作为市场控制变量。具体模型变量定义见表 6-2。

表 6-2　　　　　　　　　　　　　变量定义

变量	名称	符号	定义
因变量	个股换手率	$Turn$	交易量/流通股数
	个股非流动性比率	PA	$\sqrt{\dfrac{1}{T}\sum_{t=1}^{T} \mid R_t \mid /VOLD_t}$
	买卖差价	$Spread$	$2(e^\alpha - 1)/(1 + e^\alpha)$
公司控制变量	公司规模	$Size$	公司总资产对数
	杠杆比率	Lev	公司负债总额/资产总额
	市场对账面比率	MTB	每股市价/每股账面价值
	股息支付比率	Div	现金股利－优先股股息税后利润－优先股股息
市场控制变量	汇率	$Rate$	人民币兑港元
	东道主市场收益率	Res_HS	根据恒生指数计算

注：按照科尔温与舒尔茨（Corwin & Schultz, 2012）的计算方法计算买卖价差。

进一步地，由于境外公司上市对东道主市场既有公司的市场收益（股票价格）会带来冲击。为此，参照法马（Fama，1991）和袁显平与柯大钢（2006）事件研究法，检验东道主既有上市公司在国际板开通前后的市场表现。

（1）正常收益测度模型。

$$R_{it} = \alpha_i + \beta_i R_{im} + \varepsilon_{it}, \ E[\varepsilon_{it}] = 0, \ Var[\varepsilon_{it}] = \delta\varepsilon_i \tag{6.9}$$

其中，R_{it} 与 R_m 分别为股票 i 和市场投资组合在 t 时期的收益，ε_{it} 扰动项，α_i、β_i 为市场模型参数。选取估计窗的股价交易记录使用最小二乘估计法作回归，得到参数 α_i、β_i 的估计值。

（2）超额收益测度模型。

$$AR_{it} = R_{it} - E[R_{it}] = R_{it} - (\alpha_i + \beta_i R_{im}) \tag{6.10}$$

其中，AR_{it} 为事件发生时的超额收益，R_{it} 为事件发生时的实际收益，$E[R_{it}]$ 为事件发生前的预期收益率。

（3）累计超额收益测度模型。

$$CAR_{it} = AR_{it} + CAR_{t-1} = \sum_{t_2}^{t_1} AR_{it} \tag{6.11}$$

通过累计超额收益来判断国际板开通对东道主既有公司的市场表现是否存在显著差异。

二、样本选择与数据来源

中国香港市场的国际板始于 20 世纪 80 年代，但前期进展缓慢，至 1992 年仅有 22 家境外公司，且多为在避税港注册的共同基金或单位信托基金，其交易额不到 0.1% 的市场份额，真正的变化发生在 1993 年 H 股开始在香港的上市和交易。因此，本章选择的样本期间为 1993~2017 年，数据来源于 Wind 数据库、东方财富 Choice 数据、雅虎财经网、新浪财经网和同花顺数据库。数据处理运用 R3.4.2 和 EViews9 软件实现。

第五节　实证研究

一、境外公司上市对东道主市场规模、交易活动和流动性的影响

（一）数据描述

基于 1993 ~ 2017 年香港证券市场的市值、成交量等季度面板数据计算的 *MCF* 和 *VF* 的描述性统计如表 6 - 3 所示。可以看出，境外公司股票市值占东道主市场总市值最高达 55% 以上，而境外公司股票成交量最高达 70% 以上，贡献率很高。且对于 *MCF* 和 *VF* 的 T 值检验都为显著，两个解释变量对因变量具有解释上的显著性。

表 6 - 3　　　　　　　　　变量的描述性统计

变量	均值	最大值	最小值	中位数	标准差	T 值	P 值
MCF	42. 4172	55. 2600	4. 7800	43. 9400	9. 2313	53. 388 ***	0. 0000
VF	52. 2916	70. 9500	8. 2900	53. 8800	10. 7380	56. 582 ***	0. 0000

图 6 - 1 ~ 图 6 - 3 显示了市场规模 *MG*、市场换手率 *MT* 和市场非流动性比率 *MA* 的总体趋势。从整体看，*MG* 呈现一个向上的趋势，2006 年以前，季度市值仍低于其季度 GDP 的两倍；2006 年以后，上升趋势明显且稳步增长；2008 年突然大幅度下降，这与 2008 年全球金融危机有关；2015 年达到最高峰 5 倍多。*MT* 在 1997 年和 2008 年有大幅度显著变化，这主要与 1997 年亚洲金融危机和 2008 年全球金融危机有关，同时也说明了各国股票市场之间的联动效应越来越明显。*MA* 总体表现为下降趋势，但在 2008 年全球金融危机期间出现一个大型峰值，说明金融危机对香港市场的流动性产生了巨大的负面影响。

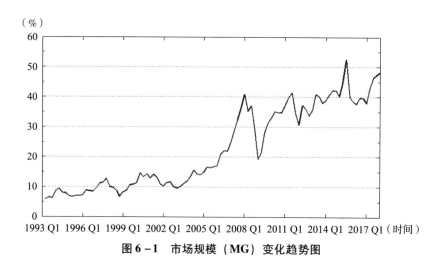

图 6-1 市场规模（MG）变化趋势图

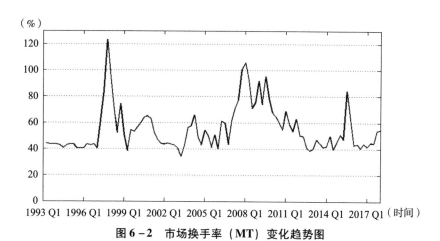

图 6-2 市场换手率（MT）变化趋势图

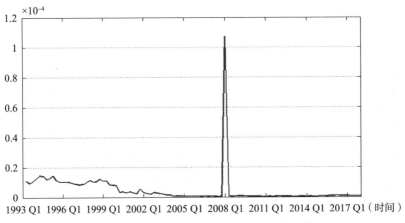

图6-3 市场非流动性比率（MA）变化趋势图

（二）模型检验结果

基于模型（6.2）、模型（6.3）的估计结果如表6-4、表6-5所示。表6-4显示，*PER* 和 *Rate* 对于 *MCF* 和 *VF* 存在显著正的影响。而 *RRR* 对于 *MCF* 和 *VF* 没有显著的影响。从表6-5可以看出，*MCF* 和 *VF* 对东道主市场的 *MG* 和 *MT* 有显著为正的影响，这与此前的预期一致。因此，来自新兴市场的境外公司在东道主市场上市，不仅扩大了市场规模，也提升了成交量。*RIRC* 与 *MG*、*MT* 的回归结果表明，实际利率变动与市场规模显著负相关，与市场换手率显著正相关。而 *MA* 与 *MCF* 和 *VF* 的回归结果表明，*MCF* 和 *VF* 两个系数都为负但不显著，说明来自新兴市场的境外公司在东道主市场份额的增加不会对东道主市场的流动性等市场质量指标产生显著负面影响。H6.1成立，这与孙等（2013）的结论不同。

表6-4　　　　市值结构和交易量结构与三个指标变量的回归分析

变量	*MCF*	*VF*
PER	2.0039 ** （0.8686）	2.5220 ** （0.8666）
RRR	0.0078 （0.0918）	-8.37e-05 （0.1167）

续表

变量	MCF	VF
Rate	39.2251 *** (16.5001)	3.54e + 01 ** (17.4671)
常数	−13.0804 (15.9999)	−3.60e − 01 (17.1146)
调整的 R^2	0.2851	0.2574

注：括号内为稳健标准误，***、**、*分别表示在1%、5%、10%的置信水平下显著。

表 6 − 5 　　　　市场规模、市场换手率、市场非流动性比率
与市值结构和交易量结构的回归分析

变量	MG	MG	MT	MT	MA	MA
MCF	0.5555 *** (0.0558)	—	0.8216 *** (0.1191)	—	−2.67e − 08 (1.82e − 07)	—
VF	—	0.4194 *** (0.0451)	—	0.8233 *** (0.0967)	—	−2.08e − 08 (1.48e − 07)
RIRC	−1.4864 *** (0.3690)	−1.9396 *** (0.3498)	4.4923 *** (0.8224)	4.6507 *** (0.7380)	1.42e − 06 (9.07e − 07)	1.44e − 06 (8.04e − 07)
调整的 R^2	0.6857	0.6343	0.3658	0.4858	0.1206	0.1205

注：括号内为稳健标准误，***、**、*分别表示在1%、5%、10%的置信水平下显著。

二、境外公司上市对东道主市场与全球市场间联动性的影响

（一）数据描述

以恒生指数代表香港市场（东道主市场），摩根士丹利资本国际（MS-CI）指数代表全球股票市场。以在中国香港上市的中国内地公司作为样本，其本地市场的代表指数分别选取上证指数（1993～2017年）和沪深300指数（2005～2017年）①。选取1993～2017年各指数月收盘价，共300组数据。首

---

① 由于沪深300指数是2005年开始发布，1993～2004年选择上证指数为代表。

先，对各指数月收盘价进行对数处理计算收益率，分别为 R_LHS（本地市场指数收益率）、R_LHSI（东道主市场指数收益率）和 L_LMSCI（全球市场指数收益率）。观察本地市场与东道主市场指数收益率波动趋势，结果如图 6 - 4 所示。

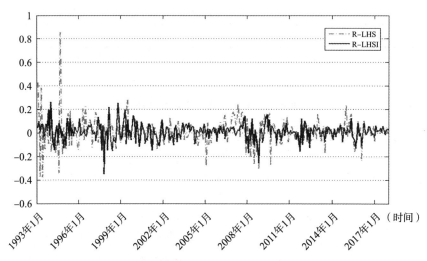

图 6 - 4　东道主市场与本地市场收益率变化趋势图

由图 6 - 4 可知，整体来看，中国内地公司在东道主市场和本地市场的收益率有相似的波动趋势，基本集中在 20% 的幅度范围内。早期两地的收益率相关性不是特别明显，且本地市场相对于东道主市场反应滞后，但随着越来越多的中国内地公司在香港联交所上市及"沪港通"实施，两市的关系越来越紧密，收益率走势趋于一致，两市场间的联动性加强。

各市场收益率的描述性统计结果如表 6 - 6 所示，R_LHS 呈现右偏分布，R_LHSI 和 R_LMSCI 呈现左偏分布，且 R_LHS 呈现出高峰厚尾状态，表明存在极端收益的可能性极大。每个指数收益率都具有显著的 J - B 统计量统计特征的高峰态，表明三个指数收益率序列均不服从正态分布。Ljung - Box 统计量 Q(10) 和 $Q^2(10)$ 表明，在显著性水平为 0.05 时，三个市场指数收益率均存在序列相关。ADF 检验显示三个时间序列都为平稳序列，适合 DCC - MVGARCH(1，1) 建模。

表6-6 东道主市场与本地市场及全球市场指数收益率序列描述性统计

指数	均值	标准差	偏度	峰度	J-B 统计量	Q(10)	Q^2(10)	ADF 统计量
R_LHS	0.0055	0.1122	1.2717	11.7894	1848.40 (0.0000)	18.123 (0.0529)	15.354 (0.1197)	-12.6769 (0.0000)
R_LHSI	0.0056	0.0723	-0.3038	2.7346	100.78 (0.0000)	7.574 (0.6704)	30.484 (0.0007)	-11.4887 (0.0000)
R_LMSCI	0.0047	0.0433	-1.0265	2.8428	157.03 (0.0000)	10.715 (0.3802)	56.744 (0.0000)	-11.6907 (0.0000)

注：括号内为统计量 P 值。

（二）DCC-MVGARCH（1，1）模型结果

运用模型（6.6）、模型（6.7），分别运行两个二元 GARCH（1，1）来测量东道主市场收益率和本地市场收益率、东道主市场收益率和全球市场收益率之间的动态相关性，在此基础上运行模型（6.1）分析其与境外上市公司存在变量之间的关系，结果如表6-7所示。东道主市场与本地市场/全球市场之间的动态相关系数与 MCF 和 VF 显著正相关，H6.2 成立，即境外公司上市提升了境外公司与东道主市场既有公司股票的收益相关性以及东道主市场与全球市场之间的联动性，与孙等（2013）的结论一致。这是由于境外公司上市（尤其是交叉上市）从交易品种和资金来源两个方面促进了东道主市场的国际化，但这种联动性的增加可能对东道主既有股票的信息效率产生一定的负面影响。

表6-7 东道主市场与本地市场/全球市场收益率相关性
与市值结构和交易量结构的关系

变量	DCC1	DCC1	DCC2	DCC2
MCF	0.0056 *** (0.0005)	—	0.0013 *** (0.0004)	—
VF	—	0.0036 *** (0.0004)	—	0.0013 *** (0.0003)

变量	DCC1	DCC1	DCC2	DCC2
$RIRC$	− 0. 0439 *** （0. 0032）	− 0. 0510 *** （0. 0031）	0. 0011 （0. 0023）	0. 0014 （0. 0022）
常数	0. 1978 *** （0. 0286）	0. 2482 *** （0. 0266）	0. 6563 *** （0. 0172）	0. 6424 *** （0. 0183）
调整的 R^2	0. 7261	0. 6820	0. 0779	0. 0994

注：***、**、* 分别表示在 1%、5%、10% 的置信水平下显著。DCC1 表示东道主市场与本地市场的收益率相关系数；DCC2 表示东道主市场与全球市场的收益率相关系数。

三、境外公司上市对东道主市场既有上市公司股票流动性和股价的影响

（一）样本数据及变量相关性分析

考虑到恒生指数成分股的动态变化性，选取 1993 ~ 2017 年期间始终作为恒生成分股的 14 只股票作为东道主市场既有公司样本，分析其换手率（$Turn$）、非流动性比率（PA）和买卖价差（$Spread$）等市场质量的变量与变量 MCF 和 VF 之间的关系。如表 6 - 8 所示，$Turn$、PA 和 $Spread$ 与 MCF 和 VF 均显著相关，且与大部分控制变量也显著相关。

表 6 - 8 　　　　　　　　　　各变量的 Spearman 相关系数

变量	Turn	PA	Spread	MCF	VF	Size	Lev	MTB	Div	Rate	Ret_HS
Turn	1. 000										
PA	− 0. 026	1. 000									
Spread	− 0. 108 **	− 0. 063 **	1. 000								
MCF	0. 202 **	− 0. 260 **	0. 303 **	1. 000							
VF	0. 204 **	− 0. 256 **	0. 290 **	0. 973 **	1. 000						
Size	− 0. 135 **	− 0. 074 **	− 0. 150 **	0. 230 **	0. 240 **	1. 000					
Lev	− 0. 312 **	− 1. 21 **	0. 057 **	0. 138 **	0. 133 **	0. 379 **	1. 000				

续表

变量	Turn	PA	Spread	MCF	VF	Size	Lev	MTB	Div	Rate	Ret_HS
MTB	− 0.006	− 1.52 **	0.100 **	0.189 **	0.198 **	0.000	0.308 **	1.000			
Div	0.056 **	0.018	− 0.086 **	− 0.112 **	− 0.118 **	0.224 **	0.106 **	− 0.094 **	1.000		
Rate	− 0.059 **	− 0.220 **	0.234 **	0.573 **	0.605 **	0.467 **	0.092 **	0.168 **	− 0.146 **	1.000	
Ret_HS	− 0.006	− 0.033 *	0.043 **	0.014	0.033 *	0.000	0.000	0.055 **	− 0.026	0.065 **	1.000

注：*** 、 ** 、 * 分别表示在 1% 、5% 、10% 的置信水平下显著。

（二）模型检验结果

运用模型（6.8）对 14 只最具代表性的恒生成分股的回归分析结果如表 6 − 9 所示，14 只股票中，12 只股票的换手率（Turn）与 MCF 和 VF 均显著为正，说明来自新兴市场的境外公司在东道主市场上市，提升了东道主市场既有公司股票的换手率，东道主市场既有公司股票的流动性得到加强。就个股非流动性比率（PA）而言，半数样本与 MCF 和 VF 显著为负，说明来自新兴市场的境外公司在东道主市场上市，降低了东道主市场既有公司股票的非流动性比率，有助于提升东道主市场既有公司股票的流动性。对于买卖价差（Spread）而言，与 MCF 和 VF 相关不显著，且多为负相关，说明来自新兴市场的境外公司在东道主市场上市，可能减小了买卖价差，降低了交易成本。

表 6 − 9　　　　　个股换手率、个股非流动性比率、买卖价差
与市值结构和交易量结构的结果

股票代码	变量	Turn	PA	Spread	变量	Turn	PA	Spread
00001. HK	MCF	0.0539 *** (0.1953)	− 3.95e − 07 *** (1.13e − 07)	0.0000 (0.0000)	VF	0.0410 ** (0.1873)	− 2.55e − 07 ** (9.47e − 08)	0.0000 (0.0000)
00002. HK	MCF	0.1106 *** (0.0160)	7.52e − 08 (1.69e − 07)	1.21e − 04 * (0.48e − 04)	VF	0.0889 *** (0.0115)	− 2.24e − 07 * (1.14e − 07)	4.59e − 05 (0.42e − 04)
00003. HK	MCF	0.1025 *** (0.0143)	0.7399 (0.7218)	1.57e − 04 * (0.75e − 04)	VF	0.0590 *** (0.0084)	0.2855 (0.2877)	1.09e − 04 * (0.50e − 04)
00004. HK	MCF	0.0368 * (0.0215)	− 1.64e − 07 (1.92e − 07)	0.0002 (0.0002)	VF	0.0329 ** (0.0142)	5.53e − 08 (1.19e − 07)	8.11e − 05 (0.0001)

股票代码	变量	Turn	PA	Spread	变量	Turn	PA	Spread
00005. HK	MCF	0.0415 (0.0261)	2.22e－07 * (8.54e－08)	－4.9916 (2.7477)	VF	0.0604 *** (0.0221)	2.53e－07 *** (5.92e－08)	－0.6752 (1.6786)
00006. HK	MCF	－0.0029 (0.0101)	1.03e－07 (1.37e－07)	1.3090 (0.9020)	VF	0.0133 (0.0095)	3.56e－11 (1.40e－07)	0.7116 (0.8328)
00011. HK	MCF	0.1010 *** (0.0170)	4.51e－08 (2.94e－07)	－7.56e－05 (0.79e－04)	VF	0.0680 *** (0.0118)	1.01e－07 (2.03e－07)	－6.31e－05 (0.68e－04)
00012. HK	MCF	0.0576 ** (0.0234)	－4.49e－07 ** (1.46e－07)	－6.20e－05 (0.73e－04)	VF	0.0415 ** (0.0159)	－3.43e－07 ** (1.17e－07)	－6.03e－05 (0.58e－04)
00016. HK	MCF	0.1715 *** (0.0178)	－1.02e－6 *** (1.31e－07)	－2.29e－04 *** (0.98e－04)	VF	0.1220 *** (0.0169)	－6.77e－07 *** (1.81e－07)	－1.69e－04 *** (0.66e－04)
00019. HK	MCF	0.1495 *** (0.0253)	－9.17e－07 *** (2.51e－07)	－2.29e－04 ** (0.976e－04)	VF	0.1220 *** (0.0169)	－6.76e－07 *** (1.81e－07)	－1.69e－04 *** (0.66e－04)
00023. HK	MCF	0.1939 *** (0.0425)	－7.48e－07 *** (1.75e－07)	－1.18e－04 (0.99e－04)	VF	0.1800 *** (0.0319)	－4.92e－07 *** (1.25e－07)	－1.26e－04 * (0.78e－04)
00083. HK	MCF	0.0385 (0.0424)	7.91e－07 *** (1.63e－07)	－3.93e－04 *** (1.31e－04)	VF	0.1047 *** (0.1819)	1.59e－07 *** (1.23e－07)	－2.26e－04 ** (0.81e－04)
00267. HK	MCF	0.0798 * (0.0421)	－1.06e－08 (1.15e－07)	－0.0721 (1.0414)	VF	0.0452 (0.0351)	1.23e－07 (8.65e－08)	－0.1755 (0.8012)
00293. HK	MCF	0.0545 ** (0.1317)	－4.61e－07 *** (1.18e－07)	2.43e－05 (0.68e－04)	VF	0.0535 *** (0.0107)	－4.39e－07 *** (1.02e－07)	－3.09e－05 (0.53e－04)

注：*** 、 ** 、 * 分别表示在1%、5%、10%的置信水平下显著。

综上可见，来自新兴市场的境外公司上市对东道主市场的溢出效应比分流效应更突出，来自新兴市场的境外公司上市对东道主市场既有股票的综合影响是正面的，H6.3成立，这与孙等（2013）的结论不同。

四、境外公司上市对东道主市场既有上市公司收益的影响

（一）样本数据

以1993年7月15日"青岛啤酒"作为第一家内地公司在香港联交所上

市作为事件日（当年即有 6 只 H 股在香港上市），代表香港市场国际板的新起点。选取 1992 年 2 月 7 日至 1993 年 3 月 3 日共 270 天交易日作为估计窗，1993 年 3 月 4 日至 1993 年 11 月 19 日共 180 天作为事件窗，1993 年 11 月 22 日至 1997 年 11 月 19 日共 990 天作为事后窗研究长期市场变现情况，共 1 440 个交易日。选取 1993 年至 1997 年历次调整的 44 只恒生成分股为样本，其中 9 只股票因已退市而剔除，剩下 35 只股票作为样本。

（二）事件日开通前后东道主市场既有上市公司收益变化

按照上述估计窗、事件窗、事后窗设计检验东道主既有公司在事件前后的市场表现结果见表 6 – 10 和图 6 – 5，其中，市场投资组合收益用恒生指数收益代替。AAR 为平均超额收益率，ACAR 为平均累计超额收益率。

表 6 – 10　事件日前后平均累计超额收益率（ACAR）变化的显著性检验

变量	均值	标准差	下限	上限	T 值	P 值
事件前 ACAR	0.0039	0.1184	– 0.0253	0.0243		
事件后 ACAR	– 0.0260	0.0091	– 0.0403	0.0050	13.9760 ***	0.0000
事件前后 ACAR 变化	0.2994	0.1660	0.0257	0.0342		

注：***、**、* 分别表示在 1%、5%、10% 的置信水平下显著。

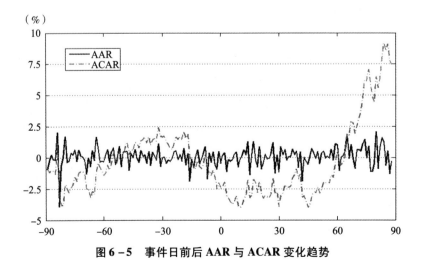

图 6 – 5　事件日前后 AAR 与 ACAR 变化趋势

由图 6-5 及表 6-10 显示，AAR 一直围绕 0 值上下波动，ACAR 在事件前后发生了显著变化，事件前 90 天至 30 天，ACAR 是缓慢增长的趋势，但在前 30 天 ACAR 出现下降趋势，并且一直持续到事件后 10 天左右，之后逐渐上升，并且 ACAR 斜率变大，增幅变大。总体来看，ACAR 在事件后有明显的上升趋势，表明事件对东道主市场既有公司的股价及 ACAR 短期内产生了积极影响，这与前文来自新兴市场的境外公司上市推升了东道主市场股票的流动性，降低了交易成本的结论一致。

第六节　主要结论

本章选择了中国香港市场国际板这一成功案例进行实证分析，以中国内地公司在香港证券市场上市为研究对象，选取 1993~2017 年间的数据，运用多元线性回归模型、DCC - MVGARCH 和事件研究法等多种组合方法，重点考察了来自新兴市场的境外公司上市对东道主市场质量与发展及既有公司的影响。结果表明：

（1）来自新兴市场的境外公司上市增加了东道主市场规模和交易活动，对东道主市场股票流动性影响总体是积极的。

（2）来自新兴市场的境外公司上市提升了境外公司与东道主市场既有公司股票的收益相关性以及东道主市场与公司本地市场及全球市场之间的联动性。

（3）来自新兴市场的境外公司上市增加了东道主市场既有公司股票的流动性，降低了交易成本，对其股价的影响也是积极的。

总体来看，来自新兴市场的境外公司上市对东道主市场和既有上市公司的综合影响是积极的，溢出效应大于"质量传染"效应和挤出效应，促进了东道主市场质量提升和市场发展，对既有公司的影响也是积极的。本章的结论在宏观层面与孙等（2013）的结论相同，但在公司层面的结论与其相反，即 H 股上市数量的增加并未对市场换手率、流动性、信息环境产生显著负面影响。

第七章

境外公司上市对东道主市场估值水平的短期和长期影响

第一节 引 言

在全球金融逐渐开放的背景下，世界各地证券交易所都在吸引优质境外公司上市。成熟市场之间竞争激烈，而且新兴市场也参与其中，既鼓励公司到境外双重甚至多重上市，同时加大开放政策吸引境外公司到本土市场上市，但经典理论对这一新趋势尚无法给出合理的诠释。估值溢价理论认为，公司通过境外上市能够促进开放封闭的本土市场，引入大量成熟市场的投资者，从而优化市场的投资者结构，增强股票价格对实体经济的引导作用，提高本土市场的资本效率，最终获得估值溢价。而质量传染假说认为低质量上市公司可能会通过"污染"东道主市场质量，从而降低东道主市场的整体估值水平。多数文献集中在公司境外上市对公司本身的好处，对本地市场的声誉绑定，以及对本地市场和东道主市场交互效应的研究，缺乏对东道主市场综合估值影响方面的研究。由公司上市时机理论可知，对于东道主市场来说，吸引境外公司上市至少在短期是有利的，但长期影响则观点不一。美国市场和中国香港市场均吸引着大量的境外公司上市，前者来自世界各地的成熟市场和新兴市场，后者主要来自中国内地这一新兴市场，二者具有不同的特点。本章选择美国和中国香港两个各具特色的开放市场，从境外公司上市对东道主市场估值影响的视角进行实证分析，预期成果将有助于丰富境外公司上市理论，为境外公司选择和市场监管提供依据。

第二节 文献综述

经典理论认为公司在成熟市场交叉上市将获得估值溢价，如果公司通过交叉上市真正改善了公司治理、投资者保护和公司业绩，这一估值溢价具有持续性，对东道主市场估值水平具有正面溢出效应，反之则具有负面溢出效应。巴拉等（Balla et al.，2012）通过对 2002～2004 年雅典交易所上市公司的数据分析发现，境外公司上市后，投资者保护增强，公司的信息透明度和知名度提升，进而会产生估值溢价。多伊奇等（2007）指出，截至 1997 年底，在美国交叉上市的境外公司的 Tobins'Q 比来自同一国家（或地区）的非交叉上市公司高 16.5%，在美国主要交易所上市的境外公司 Tobins'Q 比那些没有在境外上市的同类公司高 37%，即使在控制了一些公司和国家特征之后，估值差异依旧显著。即与没有境外上市相比，公司在美国等成熟证券交易所上市产生了明显的估值溢价。丹格等（Dang et al.，2015）认为境外公司上市增加了东道主市场的国际投资者交易，从而增强了东道主市场的流动性。梅伊等（2004）认为，如果境外公司因股票折价和投机性吸引投资者，对东道主市场将产生挤出效应，但同时为东道主市场吸引更多的国际投资者，相对而言不会降低东道主市场估值。阿默与麦卡赫尔（2006）认为，低质量公司境外公司上市存在提供错误信息降低市场估值水平的可能，但更大的可能是东道主市场已有的市场竞争机制将提升公司治理水平，反而提升公司估值。

整体来看，境外公司上市对东道主市场存在估值溢价现象。陈等（2007）通过分析公司投资对股票价格的敏感性得出，若境外公司股票的异质性信息少，则可能降低东道主市场的总体估值水平。梅尔文与瓦莱罗（2009）发现，境外公司上市对美国市场的本土公司股价存在不利因素，可能降低本土公司估值水平。从上市时间来看普遍存在 IPO 效应，通常公司估值会在公司上市准备期内获得显著增加，而上市后却呈现增速变缓甚至降低的现象。别利等（Biell et al.，2020）通过研究交叉上市对公司的影响后发现，79% 的公司的交叉上市反应开始于上市日期之前，64% 的公司的交叉上市反应在上市日期前结束。通过量化分析发现，对于大型公司和多元化潜力较低的公司，平均反应时间为 62 天，恢复到稳定状态的时间跨度超过 213 天，但对于交易频繁的公司和在美国证券交易所进行交叉上市的时间跨度有所减少，这与"短期溢价，长期折价"理论认知一致，有些公司为了上市而过度包装，进行不当盈余管理，因此，公司经营绩效在境外上市前显著上升，而境外上市后由于东道主市场严厉的监管环境和投资者保护制度导致其不敢进行不当盈余管理，使公司上市后的经营绩效出现下降趋势。萨基辛和席尔（Sarkissian & Schill，2016）研究发现，在全球范围内的交易所中，公司境外上市的估值增长是暂时的，并且会逐渐消散。董秀良等（2016）通过研究中国交叉上市的股票信息发现，交叉上市公司的信息披露质量优于非交叉上市的纯 A 股公司，但是公司通过交叉上市后的信息披露质量并没有获得显著提升，反而出现了下降趋势。易荣华等（2019）通过研究回归上市的 H 股发现，H 股回归上市能够获得短期的估值溢价，但其累积效应下降，证明 H 股回归上市的确存在部分非优质公司的"声誉寻租"行为。

交叉上市的长期后果也存在争议：一方面，资产定价理论表明，由于投资者认为风险降低，因此，交叉上市引起的市场价值增加应是永久性的；另一方面，市场时机假定理论认为管理者与投资者之间的信息不对称，公司通过利用其优越的信息来选择交叉上市的时机以获取诱人的市场价格，更多的公司在高估值期间选择交叉上市，公司估值的增长并不是永久性的。奥马尔（Omar，2017）认为随着境外公司在表现出色之后选择交叉上市，公司价值的增长并不是永久性的。尼古拉与斯塔夫罗斯（Nicola & Stavros，2015）发现，当公司在一个更高声誉的市场交叉上市后，五年内可以获得显著的估值溢价，而在声誉较差的市场交叉上市后，五年内的估值却显著下降。与此相反，科菲（2002）认为来自新兴市场的公司在成熟市场上市可以获得更加严格的投资者保护和法律制度约束，通过与成熟市场的绑定效应改善公司治理，从而使得回归上市时能够获得长期估值溢价。

从境外公司来源地来看，对东道主市场估值的影响存在较大差异。多伊奇等（2004）提出的绑定假说认为，在美国交叉上市降低了控股股东侵占公司利益的程度，从而提高了公司利用增长机会的能力，交叉上市公司将获得更高的估值和更低的资本成本，对于来自股东法律保护较弱的国家（或地区）的公司，交叉上市的估值收益更高。

鉴于发达和新兴市场中宏观环境的不同特征，在发达和新兴经济体中，股票市场估值对外国投资的影响也有所不同。费尔南德斯和詹尼蒂（Fernandes & Giannetti，2008）发现，在成熟市场交叉上市能够促进股票的价格信息量提升，但在新兴市场交叉上市却会恶化股票的价格信息量。豪森和坎纳（Howson & Khanna，2014）认为，不断增长的逆向交叉上市潮对发行者和新兴市场都是有益的，一方面，发行者在已经"法律绑定"成熟市场而不影响其估值支撑的前提下，改善其在新兴市场的消费者商业市场绑定；另一方面，优质境外公司上市有助于改善新兴市场的结构和效率，提升市场声誉。俞莹和易荣华（2020）研究发现新兴市场的公司上市对东道主市场的综合影响是积极的，促进了东道主市场质量提升和市场发展。

制度和经济发展影响不同来源地股票市场估值和外国投资流出之间的关系。一方面，鉴于在新兴市场中定价错误的可能性更高，因此在新兴市场存在的不同来源地差异可能更为突出；另一方面，鉴于新兴市场外国投资流出水平低，投资者和管理人员不够成熟，因此，市场估值对新兴经济体的外国投资流出的影响不大。同时，质量传染假说和声誉寻租假说指出新兴市场的公司境外上市可能影响东道主市场公司质量，降低市场估值。刘（Liu，2019）提出在新兴市场中，存在更多的错误估值、潜在套利空间，以及更大的贬值空间。孙等（2013）研究发现中国内地股票所包含的公司特质信息少，当它们在中国香港上市时，对中国香港市场产生了负面溢出效应。

阿波斯托洛斯和费萨尔（Apostolos & Faisal，2020）认为新兴市场经济体的增长前景与全球经济增长的相关性越来越强。近年来中国内地经济快速发展，中国内地股票市场也逐渐开放，越来越多公司选择到中国香港市场上市。曹和周（Cao & Zhou，2019）发现 A 股和 H 股之间存在双向风险传导效应，当 A + H 股市场呈现下降趋势，不管内地市场还是香港市场上市公司呈现下降趋势的可能性较大，同时 A 股市场对 H 股市场的传导效应显著增强。乔扬等（2017）通过对 A 股和 H 股的溢价研究发现，A + H 股有显著的相关性，H 股的变化达到15%后会对相应的 A 股产生明显的联动效应，且随着时间的推移相关性更加密切。董秀良等（2016）通过研究 A + H 股的交叉上市路径发现，不同路径对公司治理带来不同的影响，先 H 股后 A 股的公司交叉上市后其信息披露质量下降，而"先内地后境外"的交叉上市路径则有助于公司治理。

第三节 研究假设

市场时机假说认为，更多的公司选择在高估值期间交叉上市，其估值将呈现显著增长趋势。张和金（Zhang & King，2010）认为境外 IPOs 存在短期和长期负收益。在发行后的 3 天至 3 年以内的事件窗口中，这些股票的表现显著低于市场估值水平。或者公司为了上市而过度包装，进行盈余管理，因此，公司经营绩效在境外上市前显著上升，而境外上市后由于东道主市场严厉的监管环境和投资者保护制度导致其不敢进行盈余管理，使公司上市后长期的经营绩效呈现下降趋势。桑托斯和沙因克曼（2011）认为，一旦东道主市场严格的上市信息披露失效，将存在低质量公司上市"污染"东道主市场质量，对东道主市场估值产生负面冲击。

现有文献结论表明，不论是成熟市场或是新兴市场，吸引境外公司上市至少在短期是有利的，如陈培如等（2013）通过研究交叉上市与公司价值的关系，得出交叉上市能够增加公司估值的结论，但长期影响则观点不一，萨基辛和席尔（2009）研究发现，在全球范围内的交易所中，外国上市的估值增长是暂时的，并且会逐渐消散。如果公司通过交叉上市真正改善了公司治理、投资者保护和公司业绩，这一估值溢价具有持续性，对东道主市场估值具有正面溢出效应，反之则具有负面溢出效应。从公司层面而言，境外公司上市可能获得短期估值溢价和长期折价。这对于东道主市场估值影响而言，则意味着短期提升了东道主市场估值水平，长期则可能降低了东道主市场估值水平，因此，境外公司上市对东道主市场估值的影响随存续时间发生变化。基于以上相关研究结论，借鉴宬明婷等（2018）对股票市场短期和长期两个时间阶段分析的思想，本章提出如下假设：

H7.1：境外公司上市对东道主市场估值具有短期的正面溢出效应；

H7.2：境外公司上市对东道主市场估值具有长期的负面溢出效应。

第四节　研究设计

一、模型构建与变量设置

（一）境外公司上市对东道主市场短期估值的影响

根据前文的分析与假设，参照法马（1991）的思想，采用事件研究法分析事件日（允许境外公司上市）前后东道主市场指数成分股的估值表现。由于证券市场开放是一个渐进的过程，所以围绕事件日测度的变化很可能会低估市场开放带来的真实效果。鉴于此，参照格林和鲍伊（Green & Bai,2008）的思路，使用事件虚拟方法计算估计窗口（180 天）的超额收益（ARs），该方法不仅提供了更严格的检验，还能够对估计的虚拟变量进行 F 检验。因此，以标准方式（市场模型）估计 ARs，但使用事件虚拟方法模型（7.4）来计算 F 统计量。即：

（1）市场模型。

$$R_{i,t} = \alpha_i + \beta_i R_{m,t} + \varepsilon_{i,t}, \ E[\varepsilon_{i,t}] = 0, \ Var[\varepsilon_{i,t}] = \delta\varepsilon_i \tag{7.1}$$

其中，$R_{i,t}$ 与 $R_{m,t}$ 分别表示股票 i 和市场投资组合在 t 时期的收益，$\varepsilon_{i,t}$ 为扰动项，α_i、β_i 为市场模型的参数。实证研究选取估计窗口 180 天的股票收盘价，并采用最小二乘法回归，得到参数 α_i、β_i 的估计值。

（2）超额收益率。

$$AR_{i,t} = R_{it} - E[R_{i,t}] = R_{i,t} - (\alpha_i + \beta_i R_{m,t}) \tag{7.2}$$

其中，$AR_{i,t}$ 为事件日窗口的超额收益率，$R_{i,t}$ 为事件日窗口的实际收益率，$E[R_{i,t}]$ 为事件发生前预期所得收益率。

（3）累计超额收益率。

$$CAR_{i,t} = AR_{i,t} + CAR_{t-1} = \sum_{t-u}^{t+v} AR_{i,t} \tag{7.3}$$

其中，$t = t - u\cdots$, t, $\cdots t + v$ 为事件窗口，$t = t$ 为事件日。通过累计超额收益

来判断境外公司上市对东道主市场整体估值是否存在显著差异。

（4）超额收益率的 F 检验模型。

$$R_{i,t} = \alpha_i + \beta_i R_{m,t} + \sum_{t=t-u}^{t=t+v} r_{h,t} D_{h,t} + \varepsilon_{i,t} \tag{7.4}$$

其中，$D_{h,t}$ 是事件窗口中的日虚拟变量（当 $h=t$，$D_{h,t}=1$，否则，$D_{h,t}=0$）。

（二）境外公司上市对东道主市场估值水平的长期影响——基于市场层面的分析

参照卡罗伊（2004）和孙等（2013）等的思想和方法构造市场估值模型，因变量采用市场估值代理因变量（HMP），具体变量包括：市场资本化率（MC）、市场收益率（MR）和市盈率（PE）。自变量为境外公司与东道主市场相对总市值（McapF）和境外公司与东道主市场相对总成交量（VolF）；由于金融发展和实际利率是影响经济和市场的重要因素，因此将证券发展指数（TRE）和市场实际利率（RAT）作为控制变量引入模型，同时预期与 TRE 正相关，与 RAT 负相关。具体模型为：

$$HMP_t = \alpha_0 + \alpha_1 McapF_t \, or \, VolF_t + \alpha_2 TRE_t + \alpha_3 RAT_t + \varepsilon_t \tag{7.5}$$

其中，HMP_t 为市场估值代理变量：MC、MR、PE，以上变量对 McapF 和 VolF 分别进行回归。进一步地，由于东道主市场的发展程度会影响境外上市公司的声誉和上市后的收益表现，即模型可能存在内生性问题。为此，我们采用工具变量法——两阶段回归（2SLS）模型进行修正，其中第一阶段回归验证工具变量显著性，第二阶段采用期望值进行回归。下文采用两阶段回归的思想相同，不再赘述。即：

$$HMP_t = \alpha_0 + \alpha_1 FCP_t + \alpha_2 TRE_t + \alpha_3 RAT_t + \varepsilon_t \tag{7.6}$$

$$FCP_t = \alpha_0 + \alpha_1 IV_t + \alpha_2 TRE_t + \alpha_3 RAT_t + \varepsilon_t \tag{7.7}$$

其中，FCP_t 为境外公司股票上市变量，即境外公司相对市场代理变量 McapF 和 VolF，使用以下三个相对估值工具变量测定，即：

（1）相对市盈率比（R_PE），即境外公司与东道主市场月平均市盈率比。

（2）相对收益率比（R_RR），即境外公司与东道主市场月平均市场收益率比。与本土上市公司相比，McapF 和 VolF 与这些工具变量正相关，然而，东道主市场发展不可能对 *R_PE*、*R_RR* 产生重大而系统的影响。

（3）汇率（*R_ER*），即境外公司本地相对东道主市场汇率。当汇率上升，在东道主市场的股票价值相对于本地股票会上升，但是，汇率本身对东道主市场大小和交易活动影响不大。因此，工具变量的选取是合适的。主要变量具体定义见表 7-1。

表 7-1　　　　　　　　　　　　　　　　变量定义

变量	符号	名称	度量方法
因变量	*MC*	市场资本化率	总市值/GDP
	MR	市场收益率	$\ln P_t - \ln P_{t-1}$，p 为当日收盘价
	PE	市盈率	每股股价/每股收益
自变量	*McapF*	相对市值结构	境外公司股票市值/东道主市场总市值
	VolF	相对成交量结构	境外公司股票成交量/东道主市场总成交量
控制变量	*TRE*	证券市场发展指数	以全球指数 MSCI 表示
	RAT	实际利率	由世界银行获取的实际利率

（三）境外公司上市对东道主市场估值水平的长期影响——基于公司层面的分析

从公司 Tobin's Q 的视角，参照尼古拉与斯塔夫罗斯（2015）的思想构造 Tobin's Q 模型分析境外公司上市后股票的市场表现，考虑到境外公司上市后长期收益变化与公司特质密切相关，又因为公司特质受国家特征和公司特征共同影响，因此构建如下模型：

$$Tobin'q_{i,t} = \beta_0 + \beta_1 FCP_t + \beta_2 I_c + \beta_3 I_e + \beta_4 CV_{i,t} + \varepsilon_t \qquad (7.8)$$

其中，$Tobin'q_{i,t}$ 表示公司 i 在 t 季度的市场估值表现，I_c 为国家特征控制变量，I_e 为公司特征控制变量，$CV_{i,t}$ 为其他控制变量，式中解释变量均采用平均季度数据。

与模型（7.1）相同，国家控制变量考虑以下三个变量：（1）国内生产总值增长率（*R_GDP*）；（2）自由化指数（*Freedom*）；（3）贸易开放度（*Openness*）：进口和出口贸易总额与国内生产总值的比值。同样参考孙等

(2013) 的做法，公司特征变量由对数总资产（*Size*）、公司上市年龄（*Age*）、主营业务收入增长率（*Growth*）、净资产收益率（*Roe*）以及杠杆比率（*Lev*）五个变量组成。此外，考虑到东道主市场与公司本地之间的汇率与利率变化会影响资本流动和公司估值，将汇率（*Rate_F*）和利率（*Rate_H*）作为其他控制变量，同时预期与 *Rate_F* 正相关，与 *Rate_H* 负相关。

二、样本选择与数据来源

考虑到数据的可获得性，在事件研究法中，分别采用美国标准普尔 500 指数和香港恒生指数作为估值指标，二者具有共同特点即组成指数的公司中主要为本土代表性公司，能够准确衡量东道主市场的估值。由于 1991 年后中国香港市场才开始初具规模，直至 1992 年达到 22 家上市公司，因此选择 1991～2018 年度作为研究对象。选取 1991～2018 年间美国和中国香港市场的所有境外上市公司作为研究样本，剔除金融行业、注册地与经营所在地不一致以及严重数据缺失的公司后，截至 2018 年底，美国市场共 413 家公司，中国香港市场共 271 家公司。数据来自 Wind 客户端、Datastream 数据库、Choice 金融终端等，数据处理通过 Excel、R 语言及 Matlab 实现。

第五节　实证结果分析

一、境外公司上市对东道主市场估值的短期影响

（一）数据描述

分别以市场第一只境外股票上市日（以有连续的境外股票上市算起）作为事件日，其中，美国市场为 1991 年 8 月 28 日（以色列 MSGIC SOFTWARE

ENTERPRISES 上市日）、中国香港市场为 1993 年 7 月 15 日（中国青岛啤酒上市日），基于事件日，选择（−360，−90）作为估计窗，（−90，+90）作为事件窗，（+90，+360）作为事后窗，共 720 个交易日作为研究区间。样本为标准普尔 500 指数及恒生指数成分股，剔除指数调整及退市成分股，最终选择 301 家指数成分股公司作为有效样本，其中美国市场 267 家，中国香港市场 34 家。

（二）事件日前后对事件窗口的估值影响

通过事件研究法计算市场收益率的变化，从而得到美国和中国香港市场的平均超额收益率（AAR）和平均累计超额收益率（ACAR）在事件窗口期间的变化趋势，如图 7−1 和图 7−2 所示。

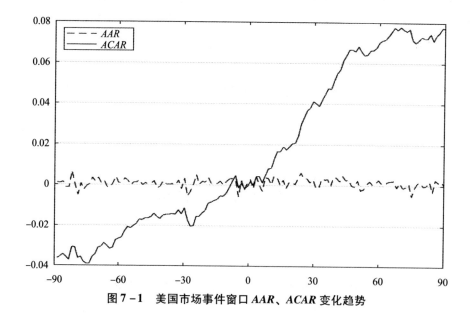

图 7−1　美国市场事件窗口 AAR、ACAR 变化趋势

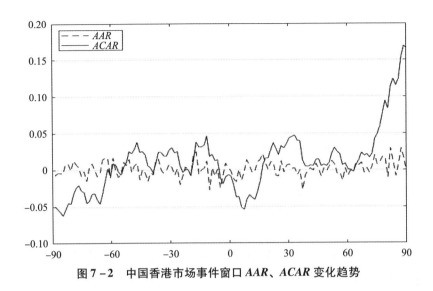

图7-2 中国香港市场事件窗口 *AAR*、*ACAR* 变化趋势

由图7-1、图7-2可知，两个市场 AAR 在事件窗口期间围绕0上下波动，中国香港市场波动幅度超过美国市场，但均没有明显波动变化。ACAR 在事件后发生显著变化，对美国市场来说，ACAR 始终呈现显著上升趋势；对中国香港市场来说，事件前90至30天，ACAR 缓慢增长，但是在事件前30天出现下降趋势，并且持续至事件发生日后10天左右，然后开始呈现逐渐上升趋势，且增幅变大。由表7-2可知，美国市场和中国香港市场 ACAR 在事件日前后均发生显著变化，均值上升，P 值显著。

表7-2 平均累计超额收益率的描述性统计

	变量	均值	最大值	最小值	标准差	P 值
美国	事件日前 *ACAR*	-0.019	0.005	-0.039	0.012	0.004 ***
	事件日后 *ACAR*	0.097	0.150	0.001	0.033	0.004 ***
	前后差异 Δ*ACAR*	0.116	0.145	0.040	0.021	—
中国香港	事件日前 *ACAR*	-0.093	0.046	-0.264	0.078	0.009 ***
	事件日后 *ACAR*	0.174	0.533	-0.053	0.144	0.015 **
	前后差异 Δ*ACAR*	0.267	0.487	0.211	0.068	—

注：***、**、* 分别表示在1%、5%、10%的置信水平下显著。

（三）对事件窗口的 F 统计量检验

由模型（7.4）计算的 F 统计量见表7-3。

表 7 – 3 事件窗口平均超额收益率的 F 检验

时间界限	（ – 90，30）	（ – 90，60）	（ – 90，90）	（0，30）	（0，60）	（0，90）
美国	2.049 ***	2.451 ***	2.841 ***	9.984 ***	11.538 ***	11.463 *
中国香港	1.508 **	1.675 ***	1.616 ***	2.142 **	2.506 ***	1.968 ***

注：*** 、** 、* 分别表示在 1%、5%、10% 的置信水平下显著。

表 7 – 3 中事件窗口的 F 检验统计量表明美国市场和中国香港市场在事件窗口表现出显著的 AAR，这一结果支持 H7.1，并且验证了结论，即境外公司上市对东道主市场整体估值具有短期正面溢出效应，这与尼古拉与斯塔夫罗斯（2015）研究结论相同。

二、境外公司上市对东道主市场估值水平的长期影响——基于市场层面的分析

（一）市场整体情况的描述性统计

图 7 – 3 ~ 图 7 – 5 分别呈现了 1991 ~ 2018 年美国市场和中国香港市场的 MC、MR 以及 PE 的总体趋势。

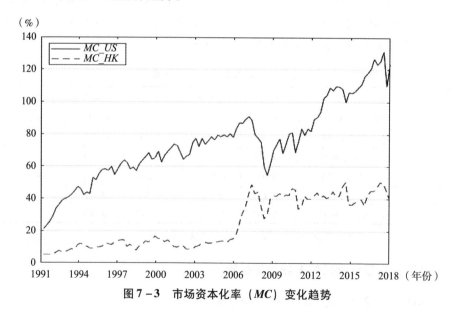

图 7 – 3 市场资本化率（MC）变化趋势

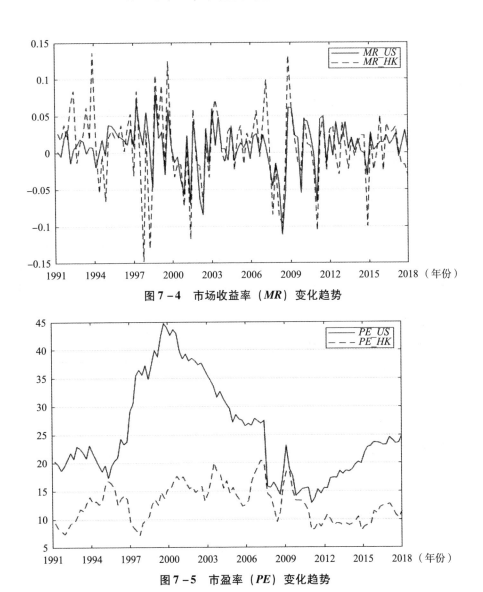

图 7-4　市场收益率（MR）变化趋势

图 7-5　市盈率（PE）变化趋势

　　图 7-3 显示，两个市场的 MC 总体均呈现上升趋势，但由于受到 2008 年美国次债危机的影响，两个市场的 MC 有明显下降趋势，而全球金融危机后美国逐渐恢复经济，MC 持续上升，中国香港则比较缓慢，总体上美国的 MC 远远高于中国香港，说明美国市场较中国香港更加成熟。图 7-4 显示，两个市场 MR 的波动趋势基本一致，市场联动性明显，但美国市场的变化幅

度显著小于中国香港市场，表明中国香港市场的投机性更强。图 7 - 5 显示，中国香港市场 *PE* 始终小于美国市场，变化幅度更小，美国市场的 *PE* 最高点出现在 2000 年前后，这可能与此期间大规模境外公司和高科技公司上市有关，受 "9·11" 事件和 Sarbanes - Oxley（SOX）法案的影响，此后 *PE* 大幅度下降，至美国次债危机期间降至最低点。

（二）数据描述

由表 7 - 4 可知，美国市场 *McapF*、*VolF* 小于中国香港市场，这与美国具有最大证券市场规模有关。美国市场中，境外公司占美国市场平均总市值达 37.8%，成交量达 44.6%，说明境外公司对美国市场的贡献度很大，而在中国香港市场中，总市值和成交量占比分别达到 55.2%、56.3%，这也说明境外公司上市对东道主市场的影响越来越明显。同时，ADF 检验均显著，说明时间序列数据平稳。

表 7 - 4　　　　　　　相对市值和交易量的描述性统计（全样本）

市场	指数	平均值	最大值	最小值	标准差	ADF 检验
美国	*McapF*	0.378	0.748	0.024	0.230	- 4.192 ***
	VolF	0.446	0.771	0.056	0.219	- 2.777 **
中国香港	*McapF*	0.552	0.829	0.029	0.232	- 2.947 **
	VolF	0.563	0.853	0.028	0.246	- 2.947 **

注：* 、** 、*** 分别表示在 10%、5% 和 1% 水平下显著，ADF 检验列为 t 值。

（三）内生性检验

由模型（7.7）所得的两阶段最小二乘法（2SLS）的第一阶段回归结果如表 7 - 5 所示。

表 7 - 5　　　　　相对市值和交易量与度量指标的回归分析（全样本）

变量	美国		中国香港	
	McapF	*VolF*	*McapF*	*VolF*
R_PE	0.014 * (2.393)	0.126 *** (4.152)	0.002 ** (3.169)	0.001 * (2.025)

续表

变量	美国		中国香港	
	McapF	*VolF*	*McapF*	*VolF*
R_RR	0.004 * (2.482)	0.005 (1.726)	0.020 * (2.078)	0.003 ** (3.158)
R_ER	0.197 *** (4.547)	0.153 *** (4.088)	− 0.067 ** (− 1.447)	− 0.163 *** (− 3.334)
TRE	0.321 (1.872)	0.032 (0.218)	0.210 (0.924)	0.284 (1.242)
RAT	− 0.349 ** (− 3.086)	− 0.790 *** (− 8.062)	− 0.049 (− 8.036)	− 0.057 *** (− 8.958)
常数	1.034 ** (3.023)	2.251 *** (7.592)	0.943 *** (8.328)	1.103 *** (9.275)
调整的 R^2	0.353	0.646	0.512	0.597

注：* 、** 、*** 分别表示在10% 、5%和1%水平下显著，括号内为 t 值，下表同。

由表 7 − 5 可知，*R_PE* 、*R_RR* 对 *McapF* 和 *VolF* 有显著为正的影响，当 *R_PE* 上升时，境外公司上市的股票市盈率相对于东道主市场股票市盈率上升，由股票价格上涨驱动的 *R_PE* 增加程度致使交叉上市股票在东道主市场的市值和成交量有相应的增加，同理适应于 *R_ER* 和 *R_RR*。

（四）基于市场指数模型对东道主市场长期估值影响的检验

基于表 7 − 5 工具变量法的估计，采用生成的 *McapF* 和 *VolF* 的期望值运行第二阶段的回归，如表 7 − 6 所示。

表 7 − 6   市场估值指标与相对市值和交易量的回归分析（全样本）

变量	*MC*	*MC*	*MR*	*MR*	*PE*	*PE*
	美国市场					
McapF	0.543 *** (4.037)		− 0.004 (− 0.454)		− 4.317 (− 1.598)	

续表

变量	*MC*	*MC*	*MR*	*MR*	*PE*	*PE*
美国市场						
VolF		0.757 *** (6.262)		−0.020 * (−2.346)		−7.452 ** (−2.831)
TRE	0.311 (1.472)	0.397 * (2.156)	0.382 *** (8.451)	0.381 *** (9.958)	−4.112 (−0.971)	−4.650 (−1.158)
RAT	0.410 ** (2.736)	−0.750 *** (−4.901)	−0.015 (−1.625)	−0.002 (−0.212)	8.045 ** (2.678)	4.240 (1.271)
常数	−0.546 (−1.231)	−1.576 (−3.432)	0.042 (1.505)	−0.001 (−0.039)	0.702 (0.079)	4.240 (1.271)
调整的 R^2	0.217	0.384	0.923	0.929	0.174	0.233
中国香港市场						
McapF	0.259 *** (4.992)		−0.006 (−0.318)		−1.171 * (−2.537)	
VolF		0.140 ** (2.795)		−0.009 (−0.516)		−8.258 *** (−5.153)
TRE	0.204 * (2.247)	0.223 * (2.202)	0.419 *** (12.075)	0.423 *** (12.181)	6.910 (1.809)	8.604 ** (2.666)
RAT	−0.026 *** (−7.373)	−0.032 *** (−7.776)	−0.001 (−0.895)	0.000 (0.298)	−0.602 *** (−3.951)	0.184 (1.419)
常数	0.314 *** (7.150)	0.418 (10.328)	−0.008 (−0.483)	0.003 (0.250)	10.567 (5.737)	15.702 (12.194)
调整的 R^2	0.795	0.747	0.695	0.696	0.389	0.564

注：（1）因变量 *MC*、*MR*、*PR* 对自变量 *McapF* 和 *VolF* 分别进行回归，本章市场模型均采用此方式回归，不再赘述。（2）***、**、*分别表示在1%、5%、10%的置信水平下显著。

由表7-6可知，两个市场中 *McapF* 和 *VolF* 对 *PE* 均有显著为负的影响，对 *MR* 有不显著为负的影响，说明境外公司上市对东道主市场的市场收益率及市盈率有负面溢出效应，并且总体上，境外公司上市对美国市场的负面影响比对中国香港市场的影响大，两个市场中 *McapF* 和 *VolF* 对 *MC* 均有显著为正的影响，说明境外公司上市对东道主市场资本化率有显著正面溢出效应，回归结果总体与 *TRE* 正相关，与 *RAT* 负相关，这与预期结果一致，与尼古拉和斯塔夫罗斯（2015）观点也相同，即总体上，境外公司上市未呈现长期估值降低趋势，拒绝假设 H7.2。

三、境外公司上市对东道主市场估值水平的长期影响——基于公司层面的分析

本章采用 EG 检验法检验 Tobin's Q 和被解释变量及控制变量的协整关系。采用因变量 Tobin's Q 对其他变量进行最小二乘回归，得到回归模型的估计结果，并生成一个新的估计残差序列 e，最后对序列 e 进行 ADF 检验，以此检验模型的长期稳定情况。

由模型（7.8）所得的公司长期估值的实证回归结果如表 7-7 所示。

表 7-7　　　　　　　　境外公司的长期估值回归分析

解释变量	（1）美国	（2）美国	（1）中国香港	（2）中国香港
常数	-4.136 *** (-4.010)	-3.995 *** (-3.338)	5.188 *** (3.513)	5.511 ** (3.272)
McapF	-0.287 (-1.653)		-0.273 * (-1.964)	
VolF		-0.125 (-1.580)		-0.005 ** (-3.025)
R_GDP	0.014 (1.907)	0.029 * (1.987)	0.011 * (2.516)	0.001 * (2.057)
Freedom	0.169 *** (4.537)	0.163 *** (3.746)	0.832 * (1.994)	0.967 (1.736)
Openness	0.071 (1.955)	0.069 (1.860)	0.064 *** (3.690)	0.043 ** (2.471)

解释变量	(1) 美国	(2) 美国	(1) 中国香港	(2) 中国香港
Size	0.053 *** (3.468)	0.056 *** (3.644)	0.304 *** (3.442)	0.310 *** (3.491)
Age	−0.595 ** (−2.973)	−0.453 (−1.674)	−0.017 (−0.337)	0.017 (0.482)
Growth	0.001 * (2.217)	0.003 (0.008)	0.007 (1.317)	0.005 (0.933)
ROE	0.010 * (2.436)	0.011 (1.726)	0.004 * (2.517)	0.006 ** (3.072)
Lev	−0.033 (−1.107)	−0.032 * (−2.051)	−0.042 * (−1.978)	−0.030 (−0.079)
Rate_F	0.338 ** (2.775)	0.331 * (2.440)	0.010 (1.010)	0.014 (1.339)
Rate_H	0.037 (0.544)	0.028 (0.403)	−0.242 (−0.810)	−0.244 (−0.582)
ADF 检验	−5.024 ***	−4.790 ***	−10.889 ***	−11.086 ***
调整的 R^2	0.406	0.384	0.335	0.321

注：*、**、*** 分别表示在 10%、5% 和 1% 水平下显著；其中 ADF 检验行为 t 值，其他变量括号内为 t 值，下表同。

表 7 - 7 显示，对残差序列的 ADF 检验在 1% 水平下均显著，说明模型具有长期稳定关系。两市场 *McapF*、*VolF* 对 *Tobin's Q* 有不显著的负面影响，说明境外公司上市对东道主市场长期估值不具有负面溢出效应，因此拒绝假设 H7.2。

由于以上市场层面和公司层面结论相同，说明境外公司上市对东道主市场估值具有短期正面溢出，但是不具有长期的负面溢出影响。

四、稳健性检验

基于以上市场指数层面的模型中采用代理因变量，三个因变量的选取有相互验证效果，因此对于市场指数模型（7.5）无须再做稳健性检验。为了验证基于公司层面 Tobin's Q 模型的可靠性与适配性，在回归模型（7.8）中，选用总销售收入代替总资产作为公司规模的代理变量，其他变量不变，回归结果见表 7-8。

表 7-8   公司估值的稳健性回归分析

解释变量	(1) 美国	(2) 美国	(1) 中国香港	(2) 中国香港
常数	-4.536 (-4.235)	-4.551 (-3.666)	1.317 (1.018)	2.488 (1.612)
McapF	-0.312 (-1.713)	—	-0.433 * (-2.395)	—
VolF	—	-0.081 (-1.358)	—	-0.203 (-1.758)
R_GDP	0.007 * (2.440)	0.022 (1.449)	0.013 (1.567)	0.008 (1.324)
Freedom	0.190 *** (4.954)	0.189 *** (4.242)	0.397 (1.832)	0.107 * (2.219)
Openness	0.064 (1.687)	0.062 (1.587)	0.124 (1.246)	-0.089 (-0.890)
Size	0.052 * (2.224)	0.056 * (2.376)	0.076 (1.879)	0.083 (1.835)
Age	-0.658 ** (-3.061)	-0.551 (-1.921)	0.027 (0.513)	0.085 (2.269)
调整的 R^2	0.345	0.316	0.216	0.192

注：***、**、*分别表示在 1%、5%、10% 的置信水平下显著。

表 7-8 显示，两个市场的 McapF、VolF 对 Tobin's Q 影响不显著，这与前文以总资产为公司规模代理变量的实证结果一致，且控制变量与预期回归结果一致，验证模型适配性与准确性。

第六节 主要结论

本章采用1991～2018年间美国市场和中国香港市场的数据，从境外公司上市的市场表现和公司估值两个层面，运用事件研究法，多元线性回归模型及 *Tobin's Q* 模型从短期和长期两个时间层面，研究了境外公司上市的时变性对东道主市场估值的差异性影响。研究发现：

（1）境外公司上市对东道主市场整体估值水平的影响随存续时间发生变化。

（2）短期来看，境外公司上市对东道主市场具有显著的短期正面溢出效应，且东道主市场成熟度与短期正面溢出效应正相关。

（3）长期来看，随着境外上市公司存续时间的增加，正面溢出效应逐渐消退，虽然开始呈负面溢出效应趋势，但是不显著。

因此，实证结果并不能证明境外公司上市对东道主市场具有负面溢出效应。这与卡罗伊（2004）和孙等（2013）的结论相同。

第八章

本地特征和公司特征与境外上市估值的关系

第一节 引 言

根据公司估值理论，境外上市公司的估值与东道主市场存在绑定效应，且不同特质的境外公司在东道主市场上市的估值具有绑定差异。在各大交易所竞相吸引境外公司上市这一背景下，如何选择境外上市公司标的，以便减少上市后对东道主市场的冲击风险是业界关注的重点。本章从东道主市场的视角，在估值影响因素分析的基础上，研究公司境外上市估值与本地市场的绑定效应。

本章选择境外公司来源广泛的美国市场和相对单一来源（主要为中国内地）的中国香港市场作为实证研究对象，从本地特征和公司特征两个层面实证分析境外上市公司的估值溢价及影响因素，并进一步细分检验来源地差异，公司存续时间差异以及行业差异的估值影响，实证结果将有助于丰富公司境外上市估值理论，对于东道主市场国际板的制度设计和公司境外上市地选择均具有重要意义。

第二节 文 献 综 述

在经济一体化推动证券全球化的背景下，公司境外上市成为扩大市场声誉，提升公司估值的普遍做法。声誉绑定理论认为公司在声誉更好的证券市场上市将获得估值溢价。投资者认知假说理论认为公司跨境上市是为了增加公司的知名度，从而扩大其投资者基础和增加公司收入。制度约束假说认为低质量公司在成熟市场上市可以获得更加严格的投资者保护和法律制度约束，通过改善公司治理而提升公司估值。

对上市公司而言，其估值影响因素对于提升上市竞争力尤为重要。经典文献指出，不同特征的估值效应存在显著差异，例如本地特征（Miller & Errunza，2000），托管交易东道主（Roosenboom & Van Dijk，2009），公司规模（Sarkissian & Schill，2009，2016）以及财务信息（Baginski & Wahlen，2003）；管悦和冯忠磊（2020）等。本章将以上影响因素归纳为本地特征和公司特征两个层面，有关文献综述如下。

一、关于本地特征层面的估值影响因素

境外上市成为公司扩大市场规模的普遍做法，公司通过境外上市提升声誉的过程，与本地市场具有明显的绑定效应。首先，公司如果在本地市场接受各种法律法规的约束，改善了公司的治理水平，在境外上市时由于其规范的管理体制受到市场青睐，从而产生与本地市场的绑定效应。施和基姆（Shi & Kim，2012）表明，当境外公司在美国市场上交叉上市时，上市公司的报告质量会受到本地法律环境的影响。辛吉和西德尼（Singgih & Sidney，2018）证明了市场对交叉上市公司盈利公告的反应与公司本地声誉呈显著负相关。其次，本地市场的财务透明度与公司的投资者保护程度及公司绩效有关，良好的信息环境能够提升市场估值，从而产生与本地市场的绑定效应。谢获宝等（2019）分析沪深 A 股上市公司的境外数据时得出，法治发展水平越高的国家或地区，其境外背景董事能够削弱公司债务融资成本的作用就越小。利特瓦克（Litvak，2007）通过分析 Sarbanes - Oxley（SOX）法案是否影响投资者愿意支付的境外公司在美国交易上市的股票的溢价发现，受 SOX 约束的境外公司的 Tobin's Q 和市净率显著下降。与此不同的是，多伊奇等（Doidge et al.，2009）发现，境外公司在美国上市的估值溢价不受 Sarbanes - Oxley 法案的影响。

此外，市场宏观环境同样能够提升公司估值，当公司境外上市时产生与本地市场的正面绑定效应。陈蕾（2016）认为，公司境外上市后，宏观经济环境的改善能够扩大公司规模，提升市场声誉，上市公司估值在市场环境层面产生绑定效应。哈里（Harri，2002）研究新兴市场市盈率的影响因素时发现，国家经济增长速度对市盈率有显著影响。李和荟（2015）研究认为，国家的宏观经济因素对金融业上市公司的股价指数具有一定的解释能力，市场的宏观经济因素与上市公司各种估值比率以及系统性风险都存在显著的线性相关关系。

二、关于公司特征层面的估值影响因素

公司层面因素对公司估值也有显著影响。多伊奇等（2007）发现本地特征是公司治理最重要的决定因素，但东道主市场的经济发展、金融发展以及公司本国的开放程度对上市公司估值同样有显著影响。巴拉等（2012）通过分析 2002～2004 年雅典交易所上市公司的数据发现，当投资者预期公司投资能够带来光明前景时，公司股票估值会得到提高。因为境外公司上市后，加强投资者保护，提高信息透明度，进而提高公司知名度，产生估值溢价。

从上市特征来看，别利等（2020）表明初次境外上市的公司反应幅度较小，但随后需要更多时间才能稳定下来，表明交叉上市反应不是同质的，与公司和东道主股票市场的特征有关。从公司自身特征来看，洛夫与克拉兹（Love & Kraatz，2017）研究发现公司声誉是公司价值增长的战略指标。阿赖西等（Arayssi et al.，2016）建议增加董事会中的性别多样性，因为董事会中女性的存在会提高 ESG 信息披露的质量，从而提高公司价值。除此之外，介等（Chia et al.，2020）发现流动性与公司价值呈非线性关系，只有流动性超过阈值水平时才会产生有益影响，因此扩大股东基础是增加市场流动性，提高公司估值的有效方法。在公司规模和财务指标方面，布莱等（Buallay et al.，2017）得出杠杆变量和公司规模对公司盈利水平有重要影响。奥斯曼（Othman，2012）研究表明，可持续发展公司的平均销售增长、资产回报率、税前利润和运营现金流均较高，因此公司估值较高。泽梅尔（Zemel，2015）通过调查贷款与股票收益的关系，发现高收益的股票市场对贷款增长有积极

反应，但低收益银行的股票市场会对贷款增长有消极反应。在公司的治理方面，奥克帕拉（Okpara，2011）认为高效的管理制度对发展中国家的公司影响显著，因为它会提升管理水平和公司质量，并有助于筹集资金。柯伊拉腊等（Koirala et al.，2020）发现在不断变化的监管环境中，严格的公司治理改革（CGR）可以对公司承担风险和公司投资决策产生积极影响。

随着内地公司到香港市场上市，以及上交所"回归上市"公司的增加，内地和香港股票市场联系密切，联动性增加，如易等（Yi et al.，2019）通过分析 A + H 交叉上市的股票，发现中国内地和中国香港两个股票市场之间存在联系，它们的估值效率受到相同环境因素的影响，进而导致两个市场之间的强烈联动。中国内地市场处于快速发展阶段，稳定性和成熟性较弱，覃家琦和邵新建（2016）通过分析 H + A 交叉上市公司发现，由于 H + A 公司受到法制干预，因而具有相反的估值表现。尹力博等（2019）认为中国的异象受多种因素影响，其中规模和市盈率等"基本面类"指标主要受宏观经济的影响，而换手率和市场风险等"市场类"指标主要受证券市场的影响。针对 A 股在公司的治理方面的研究较多，如高芳和傅仁辉（2012）通过研究 A 股上市公司的会计准则发现，公司会计准则改革的实施能够增强股票市场流动性，提高公司质量达到提升估值的效果。张旭（2013）通过对 A 股市场市盈率的估值影响因素进行实证检验，得出不同行业市盈率的联动性不显著，有显著的分化现象。

第三节　研究设计

一、模型选择与构建

参考伊奥纳乌和瑟拉费姆（Ioannou & Serafeim，2017）的主要思想和方法，选择 *Tobin's Q* 作为衡量公司市场估值水平的指标。为检验境外上市公司的估值影响因素，借鉴尼古拉与斯塔夫罗斯（2015）的思想引入估值因素分析境外公司上市后股票的市场表现。考虑到经济发展具有循环累积效应，当期公司估值可能受到前期公司估值的滞后影响，在具体计量模型中加入公司估值指标 Tobin's Q 的滞后期。进一步地，境外公司上市后股票收益变化与本地特征和公司特征密切相关，因此构建如下模型：

$$Tobin'q_{i,t} = \alpha_0 + Tobin'q_{i,t-1} + \alpha_1 I_c + \alpha_2 I_e + \alpha_3 CV_{i,t} + \varepsilon_i \qquad (8.1)$$

其中，$Tobin'q_{i,t}$ 表示公司 i 在 t 季度的市场估值表现，I_c 为本地特征变量，I_e 为公司特征变量，$CV_{i,t}$ 为控制变量，其中解释变量均采用平均季度数据。本地特征变量主要包括：国内生产总值增长率（R_GDP），该变量代表一个国家的经济增长；自由化指数（Freedom），该指数根据多个维度（贸易、财政、政府、货币、投资、金融、产权以及监管等）对国家进行综合评分与排序，代表国家综合发展水平；贸易开放程度（Openness），该变量代表国家的金融一体化规模。公司特征变量主要有：公司规模（Size），用对数总资产测度；公司存续时间（Age），用上市存续时间的自然对数测度；主营业务收入增长率（Growth）；净资产收益率（Roe）；资产负债率（Lev），后三个指标为公司财务绩效特征变量。考虑到宏观经济的影响，引入汇率（Rate_F）和利率（Rate_H）作为控制变量。具体变量定义见表 8 – 1。

表 8 – 1 　　　　　　　　　　　　变量定义

变量	符号	名称	度量方法
被解释变量	Tobin's Q	托宾估值	（总资产账面估值 – 股权权益估值 + 市场估值）/总资产
国家层面自变量	R_GDP	GDP 增长率	GDP_t/GDP_{t-1}
	Freedom	自由化指数	复合遗产自由化指数
	Openness	贸易开放程度	出口与进口的总和除以实际国内生产总值
公司层面自变量	Size	公司规模	总资产的自然对数
	Age	公司存续时间	上市存续时间的自然对数
	Growth	主营业务增长率	（当季 – 上季）主营业务收入/上季主营业务收入
	Roe	净资产收益率	税后利润/所有者权益
	Lev	资产负债率	负债总额/资产总额

续表

变量	符号	名称	度量方法
控制变量	*Rate_F*	汇率	境外公司本地货币兑东道主市场货币
	Rate_H	利率	由世界银行获取的实际利率

注：自由化指数数据来源：https：//www. heritage. org/index。

二、样本选择与数据来源

本章选择美国和中国香港市场作为研究样本，其中美国市场作为规模最大、境外上市公司最多、稳定性最高，以及发展最全面的股票市场具有样本典型性，而中国香港市场作为中国内地公司上市最多的东道主市场（H 股），成长迅速、境外上市公司来源地相对单一、与中国内地证券市场联系紧密，具有一定的参考价值。

考虑到数据的可获得性，剔除了 ST、PT、金融行业、注册地与经营所在地不一致及严重数据缺失的公司后，截至 2018 年，最终选择在美国和中国香港市场上市的 534 家境外上市公司作为研究样本，同时采用 2000～2018 年的季度数据，共 8 930 个观察值。基于公司存续时间差异分析时，参照尼古拉与斯塔夫罗斯（2015）思想将五年作为一个划分期限，定义上市存续时间超过五年即为成熟公司（405 家上市公司），不足五年即为年轻公司（129 家上市公司），进一步辨析公司存续时间对境外公司估值的影响。基于来源地差异分析时，将来自成熟市场（284 家上市公司）和来自新兴市场（250 家上市公司）的境外公司分别进行实证分析，辨析不同来源地境外公司的估值差异。其中数据主要来自 Wind 数据库、Choice 数据库，对存在部分缺失的样本，采用均值进行替代。并且为消除极端异常值，对数据进行前后 1% 的 Winsorize 处理。

考虑到估值的循环累积效应和被解释变量的滞后因素，模型可能存在内生性问题，为防止回归结果偏误，本章采用工具变量思想处理内生性问题。同时参考和对比阿雷拉诺和邦德（Arellano & Bond, 1991）提出的差分广义矩估计（差分 GMM），阿雷拉诺和博韦尔（Arellano & Bover, 1995）优化所得的水平广义矩估计（水平 GMM），以及布伦德尔和邦德（Blundell & Bond,

1998）提出的系统广义矩估计（系统GMM）之后，本章采用系统GMM方法进行模型估计。同时，考虑到模型的稳健性，在实证回归结果中还增加了混合OLS面板回归估计（POLS）、固定效应面板估计①（FE）、差分GMM（DGMM）估计结果，与系统GMM（SGMM）估计结果进行比较分析。为了进一步分析境外公司特征变量对公司估值的影响，在全部样本分析时采用逐个引入特征变量的方法进行回归估计。此外，还分别构建公司存续时间差异和来源地差异的回归模型，进一步分析和稳健性检验。

第四节　实证结果分析

一、描述性统计分析

由表8-2可知，$Size$、Roe和$Rate\_H$呈现左偏分布，其余变量呈现右偏分布，且R_GDP、Roe及Lev呈现尖峰厚尾状态，表明存在极端收益的可能性。且每个变量都通过了ADF检验，表明变量的时间序列都具有平稳性质，适合采用模型进行实证分析。

表8-2　　　　　　　　　　　主要变量描述性统计

变量名称	均值	标准差	最大值	最小值	偏度	峰度	ADF 检验	观察数
$Tobin's\ Q$	1.518	1.241	17.093	0.006	0.653	7.786	0.000	8 930
R_GDP	0.456	1.953	10.970	−11.320	0.138	12.321	0.000	8 930
$Freedom$	0.573	0.131	0.901	0.407	0.918	3.623	0.000	8 930
$Openness$	0.729	0.665	4.426	0.221	0.729	3.434	0.000	8 930
$Size$	0.4237	2.968	14.445	−5.773	−0.018	3.200	0.009	8 930
Age	1.3152	6.181	25.000	1.000	0.248	5.076	0.000	8 930
$Growth$	0.156	0.554	9.567	−9.273	0.056	7.693	0.000	8 930

---

① 通过分别进行固定效应和随机效应模型处理，最终选择固定效应模型。

续表

变量名称	均值	标准差	最大值	最小值	偏度	峰度	ADF 检验	观察数
Roe	0.028	0.510	8.277	-11.038	-0.232	13.225	0.000	8 930
Lev	0.707	1.412	36.477	-9.709	0.109	18.459	0.000	8 930
Rate_F	0.1136	0.839	3.932	0.000	0.216	5.124	0.000	8 930
Rate_H	0.2768	0.130	2.944	2.496	-0.828	2.683	0.000	8 930

二、基于全部样本的公司估值因素分析

由表 8 - 3 可知，*Tobin's Q* 具有显著的循环累积效应，无论是 DGMM 还是 SGMM 估计，*Tobin's Q* 的一阶滞后项系数均在 1% 水平上显著为正，且随着特征变量的依次加入后逐渐增大，说明当期公司估值受前期的显著影响。

在本地特征因素中，*R_GDP*，*Freedom* 及 *Openness* 对 *Tobin's Q* 回归结果在总体上显著为正，即本地经济发展水平、自由化程度和贸易开放程度对公司境外上市估值有显著为正的影响，说明来自经济增长快、市场经济制度完善、开放度高国家的公司获得了显著的估值溢价，公司境外上市估值与本地特征存在显著的绑定效应，且这一结果与卡明等（Cumming et al.，2011）研究结论相同。通过系数差异可以看出，影响估值最大的因素是 *Freedom*，表明本地市场经济制度越完善的公司上市后的估值越高，绑定效果越显著。

在公司特征因素中，*Size*，*Growth* 对 *Tobin's Q* 的回归结果显著为正，说明公司规模、主营业务收入增长率对公司估值有显著为正的影响。*Roe* 对 *Tobin's Q* 有不显著的正面影响，说明净资产收益率对公司估值有正面影响但不显著。*Lev* 对 *Tobin's Q* 有不显著的负面影响，说明公司负债水平对公司估值虽有负面影响但不显著。*Age* 对 *Tobin's Q* 的回归结果呈现不确定性，这与尼古拉与斯塔夫罗斯（2015）的研究结果不同，可能的原因是年轻公司以高科技公司为主，其高成长特征决定了其估值溢价。*Rate_F* 总体有显著为负的影响，*Rate_H* 总体有正的影响。与模型（7.1）~模型（7.8）中变量系数和显著性总体一致，侧面验证了模型的稳健性。

表8-3　基于全部样本的公司估值的实证结果

Tobin's Q	POLS (1)	FE (2)	DGMM (3)	SGMM (4)	SGMM (5)	SGMM (6)	SGMM (7)	SGMM (8)
Tobin's Q_{t-1}			0.3703*** (3.5447)	0.3986*** (12.0132)	0.4983*** (8.6072)	0.4955*** (9.0163)	0.5103*** (8.5669)	0.5947*** (6.7632)
R_GDP	0.0482*** (6.8435)	0.0361*** (5.2742)	0.0454*** (4.4892)	0.0328*** (3.6183)	0.0315*** (3.1487)	0.0162* (2.4206)	0.0332*** (3.4468)	0.0337** (3.2643)
Freedom	-0.1666 (-1.4319)	0.0633* (2.2361)	0.1358 (1.7979)		0.1604* (2.0293)	0.4266*** (3.7002)	0.1691* (2.0064)	0.2035* (2.2601)
Openness	0.0144** (2.6192)	0.0147 (1.6426)	0.01453** (2.6469)			0.0565* (2.5193)	0.0728* (2.4214)	0.0277** (2.8241)
Age	-0.0276* (-2.0747)	-0.1287* (2.3334)	-0.0074*** (-3.3349)				0.0062* (2.0856)	0.0068* (2.3254)
Size	-0.1113*** (-3.8580)	0.1074*** (8.4041)	0.1943*** (4.4039)					0.0071* (2.1077)
Growth	0.2463* (1.9912)	0.1468* (2.0242)	0.0457* (2.0282)					0.0652* (2.0784)
Roe	0.0638 (1.1469)	0.0217 (1.1242)	0.0164 (1.1249)					0.0117 (1.3945)
Lev	-0.0253 (-0.4887)	-0.0157 (-1.5796)	-0.0049 (-0.5711)					-0.0256 (-1.0747)

续表

Tobin's Q	POLS (1)	FE (2)	DGMM (3)	SGMM (4)	SGMM (5)	SGMM (6)	SGMM (7)	SGMM (8)
$Rate\_F$	-0.0721 (-1.7608)	-0.0031 (-0.366)	-0.1864 (-0.7263)	-0.2615 (-0.7976)	-0.2485** (-2.6428)	-0.0129*** (-5.5083)	-0.1343*** (-5.4971)	-0.2192* (-2.3613)
$Rate\_H$	0.0463** (2.843)	-0.3303 (-1.3258)	-0.1287 (-0.3257)	0.0126 (0.0012)	0.0024 (0.0317)	-0.1018 (-1.0182)	0.1037 (1.0411)	0.006 (0.1041)
常数	2.4014*** (8.6291)	2.4928*** (8.1253)	2.3155*** (8.2928)	2.0167*** (6.0453)	2.1163*** (6.6452)	2.8721*** (6.6057)	2.0382 (6.2137)	2.9205*** (9.8569)
N	8 930	8 930	8 930	8 930	8 930	8 930	8 930	8 930
F/Wald	60.7546	65.4871	212.4450	305.6239	351.9294	416.5624	497.9353	510.5303
Hausman		75.9642						
AR(1)			-3.5652 (0.0000)	-4.0143 (0.0000)	-5.1032 (0.0000)	-5.1813 (0.0000)	-6.1485 (0.0000)	-5.6122 (0.0000)
AR(2)			-0.6115 (0.4953)	0.9617 (0.3813)	0.6176 (0.4932)	0.6278 (0.4894)	0.6392 (0.4841)	0.7253 (0.5089)
Sargan			16.1751 (0.1728)	17.8946 (0.1883)	21.0718 (0.2305)	18.4212 (0.4283)	18.4215 (0.5608)	36.8416 (0.2772)

注：***、**、*分别表示在1%、5%、10%的显著性水平，混合OLS估计结果括号内为t值，系统GMM估计结果括号内为z值，内为P值；Sargan括号外为chi2值，括号内为P值。下同。

三、基于上市存续时间的公司估值因素分析

由表 8 - 4 可知，*Tobin's Q* 的滞后项系数在以上两种情况下均通过了 1% 的显著性检验，表明不论成熟公司还是年轻公司都具有估值的循环累积效应，并且成熟公司的循环累积效应高于年轻公司，可能的原因是年轻公司更容易受到投资者关注，能够从东道主市场获取更多的资源和更快的发展，而成熟公司在东道主市场发展趋于稳定，因而循环累积效应更高。

在本地特征因素中，不同存续时间的回归结果呈现差异，尽管 *R_GDP*、*Freedom* 及 *Openness* 对 *Tobin's Q* 均有正面影响，但在成熟公司中总体不显著，而在年轻公司中均显著。可能的原因是，相较于发展稳定的成熟公司，年轻公司更多依赖于本地市场，因此年轻公司受到本地特征因素的影响更大且更显著。说明公司存续时间越长，公司估值与本地经济发展水平的关联度越低，对东道主市场的依赖性越强。

在公司特征因素中，*Size*、*Growth* 及 *Roe* 对 *Tobin's Q* 总体显著为正，*Lev* 对 *Tobin's Q* 显著为负，这与全样本回归结果相同，再次表明境外公司估值受到公司财务绩效的显著影响。*Age* 对 *Tobin's Q* 的回归结果存在差异，其中成熟的境外上市公司存续时间与估值呈现负相关，但不显著，年轻的境外上市公司存续时间与估值呈现显著正相关，这与尼古拉与斯塔夫罗斯（2015）和俞莹和易荣华（2020）研究结论有所不同，虽然境外公司估值存在显著的短期估值溢价，但长期折价不显著。

四、基于上市来源地的公司估值因素分析

由表 8 - 5 可知，在不同来源地的回归结果中，*Tobin's Q* 滞后项系数均通过了 1% 的显著性水平检验，表明不管来自成熟市场还是新兴市场的境外上市公司都存在估值的循环累积效应，且来自成熟市场的公司估值循环累积效应高于新兴市场。可能的原因是，成熟市场的公司往往采用先国内上市，后境外上市的方式，因此，境外上市后公司的稳定性得以保障，而新兴市场的公司大多采用直接境外上市策略，相比来自成熟市场的上市公司更多依靠东道主市场，因而循环累积效应更高。

表8-4 基于存续时间差异的公司估值的实证结果

Tobin's Q	成熟公司（存续时间>5年）				年轻公司（存续时间<5年）			
	POLS (25)	FE (26)	DGMM (27)	SGMM (28)	POLS (29)	FE (30)	DGMM (31)	SGMM (32)
$Tobin's\ Q_{t-1}$			0.991*** (8.503)	0.992*** (8.751)			0.995*** (7.623)	0.979*** (7.405)
R_GDP	0.579* (2.477)	0.011* (2.325)	0.559 (1.499)	0.400 (1.094)	0.655* (2.106)	0.770** (2.998)	0.406*** (3.120)	0.118*** (5.136)
$Freedom$	0.206 (1.094)	0.028* (2.131)	0.2201* (2.543)	0.469* (2.329)	5.856*** (6.382)	4.949*** (6.519)	2.946 (1.391)	2.036*** (3.669)
$Openness$	0.284*** (3.525)	0.147 (1.371)	0.176 (1.698)	0.0883 (0.929)	-0.503*** (-7.742)	0.057* (2.519)	0.941 (1.756)	1.085* (2.498)
Age	-0.031*** (-4.674)	-0.054*** (-3.395)	-0.413 (-0.130)	-0.962 (-0.031)	0.028*** (6.707)	0.027* (2.043)	0.065** (2.386)	0.145*** (6.202)
$Size$	0.185*** (9.291)	-0.058* (-2.124)	0.582 (1.106)	0.571** (3.094)	0.139*** (8.523)	0.083*** (9.799)	0.068 (0.694)	0.045*** (6.988)
$Growth$	-0.001*** (3.702)	0.078 (1.531)	0.046* (2.028)	0.661** (2.734)	0.203 (-0.339)	0.828** (2.561)	0.314*** (3.595)	0.193*** (4.235)
Roe	0.014 (0.309)	0.096 (1.522)	0.585 (0.914)	0.735 (1.157)	0.192 (0.482)	0.141 (0.828)	0.121 (1.371)	0.219** (2.649)

续表

Tobin's Q	成熟公司（存续时间＞5年）				年轻公司（存续时间＜5年）			
	POLS (25)	FE (26)	DGMM (27)	SGMM (28)	POLS (29)	FE (30)	DGMM (31)	SGMM (32)
Lev	-0.006*** (-3.518)	0.083 (0.755)	-0.083 (-0.726)	-0.052 (-0.484)	-0.059*** (-3.671)	-0.030** (-2.909)	-0.081 (-0.429)	-0.079*** (-6.640)
$Rate\_F$	-0.012*** (-3.681)	-0.037 (-0.877)	-0.034 (-1.398)	-0.140 (-0.608)	-0.011*** (-3.842)	-0.083** (-2.956)	-0.034 (-0.144)	-0.105*** (-7.135)
$Rate\_H$	-0.124 (-1.906)	-0.082 (1.517)	0.628 (0.073)	0.053 (0.635)	0.089* (2.317)	0.029 (1.351)	0.390 (0.052)	0.313*** (5.338)
常数	2.551*** (3.014)	-2.125** (-2.843)	0.887** (2.831)	0.838 (0.785)	-1.837** (-2.551)	-2.670*** (-4.483)	1.129 (0.824)	0.543*** (7.273)
N	4 837	4 837	4 837	4 837	4 093	4 093	4 093	4 093
F/Wald	17.494	47.396	710.988	974.379	29.524	64.612	757.149	1 020.540
Hausman		87.762				91.763		
AR(1)			-5.114 (0.001)	-3.412 (0.008)			-6.353 (0.000)	-6.761 (0.000)
AR(2)			0.513 (0.585)	-0.743 (0.443)			-1.973 (0.136)	-1.256 (0.225)
Sargan			13.627 (0.364)	12.143 (0.282)			12.041 (0.490)	15.182 (0.379)

表 8 - 5　基于来源地差异的公司估值的实证结果

Tobin's Q	来自成熟市场				来自新兴市场			
	POLS (17)	FE (18)	DGMM (19)	SGMM (20)	POLS (21)	FE (22)	DGMM (23)	SGMM (24)
$Tobin's\ Q_{t-1}$			0.910*** (14.948)	0.865*** (5.265)			0.986*** (8.915)	0.985*** (9.765)
R_GDP	0.087 (1.952)	0.097 (0.933)	0.034** (3.127)	0.029** (2.770)	0.073*** (6.560)	0.019** (2.755)	0.038 (0.631)	0.014* (1.955)
Freedom	0.015** (3.100)	0.199* (2.284)	0.061* (2.230)	0.123*** (5.887)	2.773*** (7.878)	0.229 (0.914)	0.035 (0.966)	0.066* (2.260)
Openness	0.113*** (3.695)	0.276* (2.148)	0.327* (2.368)	0.428*** (6.873)	0.177*** (3.642)	0.022 (0.709)	0.394** (3.099)	0.394** (3.108)
Age	0.013*** (3.754)	-0.071 (-0.567)	-0.059 (-0.553)	-0.024** (-2.906)	0.026*** (9.058)	0.246*** (6.029)	0.073 (1.445)	0.074 (0.571)
Size	0.049*** (5.773)	0.184 (-0.441)	0.104 (0.333)	0.147 (1.787)	0.166*** (6.102)	0.053*** (12.569)	0.139*** (4.253)	0.045** (2.839)
Growth	0.246* (1.991)	0.224 (0.118)	0.104 (0.574)	0.213 (-1.295)	0.075* (2.554)	0.179** (3.214)	0.438** (2.609)	0.093** (2.664)
Roe	0.092 (0.621)	0.256 (0.139)	0.078 (0.931)	0.147 (1.788)	0.114*** (5.149)	0.096*** (7.137)	0.092*** (3.522)	0.046** (2.866)

续表

Tobin's Q	来自成熟市场				来自新兴市场			
	POLS (17)	FE (18)	DGMM (19)	SGMM (20)	POLS (21)	FE (22)	DGMM (23)	SGMM (24)
Lev	-0.004 (-1.696)	-0.103 (-0.365)	-0.388 (-1.215)	-0.521* (-2.262)	0.887*** (8.428)	0.675** (2.606)	0.316 (0.712)	-0.223 (-0.883)
$Rate\_F$	-0.012*** (-5.267)	-0.132 (-0.496)	-0.776 (-1.558)	-0.112*** (-6.889)	0.765*** (3.419)	-0.274* (-2.122)	-0.080 (-0.558)	-0.091 (-1.056)
$Rate\_H$	0.206** (0.811)	0.012* (2.194)	0.011 (1.207)	0.087 (1.077)	0.068 (0.406)	-0.098 (-0.961)	0.088 (1.766)	0.023 (0.971)
常数	0.776* (2.080)	0.0182* (2.218)	0.047 (1.377)	-0.048 (-1.884)	2.800*** (4.697)	1.391 (1.712)	0.055 (1.664)	0.0718* (2.367)
N	3 825	3 825	3 825	3 825	5 105	5 105	5 105	5 105
F/Wald	9.579	49.458	101.628	114.911	42.331	49.095	120.847	122.110
Hausman		97.179				234.264		
AR (1)			-2.727 (0.042)	-2.906 (0.028)			-5.782 (0.000)	-6.065 (0.000)
AR (2)			-0.934 (0.367)	-1.105 (0.272)			-0.943 (0.333)	-0.994 (0.311)
Sargan			37.962 (0.681)	39.804 (0.213)			42.001 (0.852)	60.422 (0.494)

在本地特征因素中，*R_GDP*、*Freedom* 及 *Openness* 对 *Tobin's Q* 有显著正面影响，这与全样本结果相同。但在不同来源地情况下，本地特征因素的影响程度呈现差异，相较于来自新兴市场，来自成熟市场的境外公司 *R_GDP*、*Freedom* 及 *Openness* 对 *Tobin's Q* 的估值影响更大且更显著。

在公司特征因素中，中国香港市场 *Size*、*Growth* 及 *Roe* 对 *Tobin's Q* 均呈现显著的正面影响，美国市场虽有正面影响，但是不显著。说明来自新兴市场的境外公司估值受公司特征影响比来自成熟市场的影响更显著。但 *Age* 在不同来源地市场的回归结果有所不同，来自成熟市场的境外公司存续时间与估值呈现负相关，来自新兴市场的境外公司存续时间与估值呈现正相关，这与成熟市场和新兴市场境外上市公司的特质有关。*Lev* 回归结果的显著性也有所不同，来自成熟市场的境外公司负债率与估值呈现显著负相关，来自新兴市场的境外公司负债率与估值同样呈现负相关，但不显著。说明负债率虽然不是估值的关键因素，但投资者同样关注上市公司的财务风险。

第五节 主要结论

本章构建了境外上市公司估值的 *Tobin's Q* 理论模型，选取极具代表性的美国市场和中国香港市场作为研究对象，采用 2000～2018 年 534 家境外上市公司共 8 930 组数据，从国家特征和公司特征两个层面，并结合系统 GMM 方法进行实证分析，且进一步考察了基于公司存续时间差异和来源地差异的不同因素对境外上市公司估值的影响，研究发现：

（1）境外上市公司估值具有明显的循环累积效应，即当期公司估值受前期的显著影响。总体而言，在国家特征因素中，本地经济水平对境外上市公司估值有显著的正面影响，说明来自成熟市场的公司获得了显著的估值溢价，其中影响最大的因素是国家自由化程度，即本地综合实力越强的公司上市后的估值越高。在公司特征因素中，公司规模和经营绩效对估值有显著的正面影响，说明提升公司规模和业绩是提高公司估值的有效渠道。但与尼古拉和斯塔夫罗斯（2015）研究结果不同的是，公司年龄的回归结果呈现不确定性，可能因为随着高新行业的兴起加大了市场对新兴高科技公司的接受度和认可度，因此即使刚上市的高科技公司，投资者也会赋予更高的估值。

（2）从上市存续时间来看，相较于发展稳定的成熟公司，刚上市的年轻公司受到国家特征因素的影响更大，对本地市场依赖性更强，即公司成熟度越高，其公司估值与本地经济发展状况的关联度越低，对东道主市场的依赖性越高。

（3）从上市来源地来看，相较于来自新兴市场，来自成熟市场的境外公司的估值溢价更显著，表明本地经济发展程度越高，公司估值更高。此外，不同来源地的境外公司估值主要受国家特征影响，公司年龄对不同来源地的回归结果存在差异，其中来自成熟市场的境外公司年龄与估值呈现负相关，来自新兴市场的境外公司年龄与估值呈现正相关，这可能与来自成熟市场的上市公司中高科技公司居多，而来自新兴市场的上市公司传统行业居多有关。

第九章

境外公司来源地对东道主市场估值的影响

第一节 引 言

在全球股票市场互联互通背景下，越来越多的公司寻求双重甚至多重上市。一般而言，境外公司上市给东道主市场带来的影响主要表现在：一方面，境外公司上市产生一个正的市场外部性，使市场规模更大和流动性更好，来自成熟市场的优质境外公司上市将显著提升市场竞争力；另一方面，境外上市公司的质量将影响市场效率和估值水平。在寻求多重上市与市场监管的博弈中，如果来自新兴市场的境外公司股票的特质信息较少或质量不佳，则可能会对东道主市场产生质量传染影响，对市场效率产生负面溢出效应。

本章从东道主市场的视角，以估值溢价、声誉寻租和质量传染效应等理论为基础，选择境外公司来源广泛的美国市场和相对单一来源（主要为中国内地）的中国香港市场作为研究对象，将境外公司来源地分为成熟市场和新兴市场，实证分析境外公司本地特征对东道主市场估值的差异影响。对东道主市场来说，有助于选择合适的上市监管制度和标的公司，此外，对于致力于设立国际板的上海证交所而言，具有重要的借鉴意义。

第二节 文献综述

市场分割假说认为，公司在不同证券市场交叉上市，以拥有更广泛的全球投资者基础、更低的股本成本和更高的估值。多伊奇等（2004）提出的绑定假说认为，在美国交叉上市降低了控股股东侵占公司利益的程度，从而提高了公司利用增长机会的能力，交叉上市公司将获得更高的估值和更低的资本成本，对于来自股东法律保护较弱的国家（或地区）的公司，交叉上市的估值收益更高。

鉴于成熟市场和新兴市场中宏观经济环境的不同特征，在成熟市场和新兴经济体中，股票市场估值对外国投资的影响也有所不同。费尔南德斯和詹尼蒂（2008）发现，在成熟市场交叉上市能够促进股票的价格信息量提升，但在新兴市场交叉上市却会恶化股票的价格信息量。豪森和坎纳（2014）认为，不断增长的逆向交叉上市潮对发行者和新兴市场都是有益的，一方面，发行者在已经"法律绑定"成熟市场、不影响其估值支撑的前提下，强化其在新兴市场的消费者商业市场绑定，另一方面，优质境外公司上市有助于改善新兴市场的结构和效率，提升市场声誉。俞莹和易荣华（2020）研究发现来自新兴市场的公司上市对东道主市场的综合影响是积极的，促进了东道主市场质量提升和市场发展。

制度和经济发展影响不同来源地股票市场估值和外国投资流出之间的关系。一方面，鉴于在新兴的股票市场中定价错误的可能性更高，因此，在新兴市场存在的不同来源地差异可能更为突出。另一方面，鉴于新兴市场外国投资流出水平低，投资者和市场监管不够成熟，因此，股票市场估值对新兴经济体的外国投资流出的影响不大。同时，质量传染假说和声誉寻租假说指出新兴市场的公司境外上市可能影响东道主市场公司质量，对市场估值水平产生冲击。刘（2019）提出，在新兴市场中存在更多的错误估值、潜在套利空间，以及更大的贬值空间。孙等（2013）研究发现中国内地股票所包含的公司特质信息少，当它们在中国香港上市时，对中国香港市场股票产生了负面溢出效应。

阿波斯托洛斯和费萨尔（2020）认为新兴市场经济体的增长前景与全球经济增长的相关性越来越强。近年来中国内地经济快速发展，中国内地股票市场也逐渐开放，越来越多公司选择到中国香港市场上市。曹和周（2019）发现 A 股和 H 股之间存在双向风险传导效应，当 A + H 股市场呈现下降趋势，不管内地市场还是香港市场上市公司呈现下降趋势的可能性较大，同时 A 股市场对 H 股市场的传导效应显著增强。乔扬等（2017）通过对 A 股和 H 股的溢价研究发现，A + H 股有显著的相关性，H 股变化达到 15% 后会对相应的 A 股产生明显的联动效应，且随着时间的推移相关性更加密切。董秀良等（2016）通过研究 A + H 股的交叉上市路径发现，不同路径对公司治理带来不同的影响，先 H 股后 A 股的公司交叉上市后其信息披露质量下降，而"先内地后境外"的交叉上市路径则有助于公司治理。

总体而言，关于不同来源地境外公司上市对东道主市场的估值影响的研究文献极其有限，现有研究发现来自成熟市场境外公司上市能够提升东道主市场质量和估值水平，但来自新兴市场的境外公司上市对东道主市场质量和估值水平的影响则需要进一步研究。

第三节　研究假设

一、基于成熟市场公司上市的估值溢价假设

声誉绑定理论认为公司在声誉更好的高质量市场上市将获得估值溢价。陈克兢（2017）研究发现证券市场监管法治水平的提高能够显著降低上市公司的盈余管理程度，从而提升公司估值。卡明等（2011）发现来自更强大的本地治理环境的公司对东道主市场具有更高的回报和市场价值。依据绑定假说，当公司在更高声誉的成熟市场上市后可以获得显著的长期估值溢价，这种溢价来自公司知名度提升、公司治理改善以及信息摩擦和资本成本降低等方面的好处。

布萨巴等（Busaba et al. , 2015）认为来自新兴市场的公司利用在成熟市场上市获得的知名度，可以高价在本地发行股票，获得显著的估值溢价。而没有真正改善治理能力的公司可以通过"声誉寻租"使回归上市获得短期的估值溢价。投资者认知假说理论认为公司跨境上市是为了提升公司知名度，从而扩大其投资者基础和增加公司收入。制度约束假说认为低质量公司在成

熟市场上市可以获得更加严格的投资者保护和法律制度约束，进而通过改善公司治理而提升公司质量。综上，经典理论认为公司在成熟市场交叉上市能够获得估值溢价。由此，提出假设 H9.1：

H9.1：来自成熟市场的境外公司上市对东道主市场估值具有正面溢出效应。

二、基于新兴市场公司上市的质量传染假设

在新兴市场中，东道主市场估值对境外公司上市的影响应该更大。在具有严格的法律和监管机制，完善的会计、审计和披露标准的环境中，市场往往会更有效地利用这些信息，这在成熟市场几乎没有定价错误和潜在套利的空间。然而，在资本市场相对不成熟的新兴经济体中，股票市场的错误定价往往更为普遍和持久。在缺乏可靠和及时的信息，可执行的法律和监管规则以及运作良好的会计审计系统的情况下，通常没有维持准确估值的基础。因此，在新兴市场中，套利发生的概率更大。卡罗伊（2004）认为，通过面向全球投资者发行 ADR 增强了本地市场流动性、可见性和信誉，但分流效应会导致本地市场质量恶化，对东道主市场质量的影响不显著。

质量传染假说认为，来自新兴市场的低质量公司在东道主市场上市，可能通过增加信息不对称、加剧市场波动性、对东道主市场同行业竞争对手的负面冲击等"污染"东道主市场质量，进而对东道主市场估值产生负面溢出效应。刘（2019）提出在新兴市场中，存在更多的错误估值、潜在套利空间，以及更大的贬值空间。声誉寻租假说认为来自新兴市场公司试图通过到成熟市场上市，在没有从事生产情况下垄断东道主市场社会资源，从而得到垄断利润，这一现象严重影响东道主市场质量，降低市场估值。由此，提出假设 H9.2：

H9.2：来自新兴市场的境外公司上市对东道主市场估值具有负面溢出效应。

第四节 方法与模型

一、模型构建与变量设置

鉴于第七章得出了境外公司上市的长期估值不显著的结论，本章从不同来源地层面剖析长期估值不显著的原因，并且衡量不同来源地估值的差异性，由于市场和公司层面的模型均具有很好的适用性和稳健性，因此，采用同样的方法和模型，将有关变量基于不同来源地细分，构建出以下模型。

（一）基于市场层面考察不同来源地的影响

首先从市场层面构建市场估值模型，将模型（7.6）中的自变量境外公司股票上市变量（FCP），基于不同来源地进行分解，同样将证券发展指数（TRE）和市场实际利率（RAT）作为控制变量引入模型，且预期与TRE正相关，与RAT负相关，不同来源地境外公司上市回归模型分别为：

$$HMP_t = \alpha_0 + \alpha_1 FCP1_t + \alpha_2 TRE_t + \alpha_3 RAT_t + \varepsilon_t \qquad (9.1)$$

$$HMP_t = \alpha_0 + \alpha_1 FCP2_t + \alpha_2 TRE_t + \alpha_3 RAT_t + \varepsilon_t \qquad (9.2)$$

与模型（7.6）类似，HMP_t 为市场估值代理变量：MC、MR、PE。为区分不同来源地这一变量，对 McapF、VolF 进行细分，$FCP1_t$ 为来自成熟市场境外公司的相对市值和成交量：McapF1、VolF1，$FCP2_t$ 为来自新兴市场境外公司的相对市值和成交量：McapF2、VolF2。

同样，为解决模型可能存在的内生性问题，基于模型（7.7）采用工具变量法——两阶段回归（2SLS）模型进行修正，即：

$$FCP1_t = \alpha_0 + \alpha_1 IV_t + \alpha_2 TRE_t + \alpha_3 RAT_t + \varepsilon_t \qquad (9.3)$$

$$FCP2_t = \alpha_0 + \alpha_1 IV_t + \alpha_2 TRE_t + \alpha_3 RAT_t + \varepsilon_t \qquad (9.4)$$

其中，$FCP1_t$ 使用以下三个相对估值工具变量测定，即：

（1）相对市盈率比（R_PE1），即来自成熟市场的境外公司与东道主市场月平均市盈率比；

（2）相对收益率比（R_RR1），即来自成熟市场的境外公司与东道主市场月平均市场收益率比。区分来源地之后，与东道主市场的本土上市公司相比，$McapF1$ 和 $VolF1$ 与 R_PE1 和 R_RR1 的正相关性更高，东道主市场发展不会对 R_PE1 和 R_RR1 相对比率产生重大影响。

（3）汇率（R_ER1），即来自成熟市场境外公司的本地市场相对东道主市场汇率。汇率上升时，东道主市场的股价相对于本地市场会上升，但是，来自成熟市场公司的本地市场汇率本身对东道主市场整体收益率和交易活动影响不大。

变量 $FCP2_t$ 同理，不再赘述。

（二）基于公司层面考察不同来源地的影响

为从公司层面检验不同来源地公司对东道主市场的估值影响，从公司 Tobin's Q 的视角，参照尼古拉与斯塔夫罗斯（2015）的思想构造 *Tobin's Q* 模型分析境外公司上市后股票的市场表现。基于不同来源地这一因素，将模型（7.8）中的 FCP_t 细分为以下两类：$FCP1_t$ 为来自成熟市场境外公司的相对市值和成交量：$McapF1$、$VolF1$，$FCP2_t$ 为来自新兴市场境外公司的相对市值和成交量：$McapF2$、$VolF2$。则不同来源地境外公司上市的回归模型分别为：

$$Tobin'q_{i,t} = \beta_0 + \beta_1 FCP1_t + \beta_2 I_c + \beta_3 I_e + \beta_4 CV_{i,t} + \varepsilon_t \qquad (9.5)$$

$$Tobin'q_{i,t} = \beta_0 + \beta_1 FCP2_t + \beta_2 I_c + \beta_3 I_e + \beta_4 CV_{i,t} + \varepsilon_t \qquad (9.6)$$

其中，$Tobin'q_{i,t}$ 表示公司 i 在 t 季度的市场估值表现，I_c 为国家特征控制变量，I_e 为公司特征控制变量，$CV_{i,t}$ 为其他控制变量，式中解释变量均采用平均季度数据。

二、样本选择与数据来源

选取 1991～2018 年间美国市场和中国香港市场的境外上市公司作为研究样本，并将境外公司来源地分为来自成熟市场和来自新兴市场两类。剔除金融行业、注册地与经营所在地不一致以及严重数据缺失的样本后，截至 2018 年底，美国市场共 413 家公司，其中来自成熟市场公司 324 家，来自新兴市场公司 89 家；中国香港市场共 271 家公司，其中来自成熟市场公司 68 家，来自新兴市场公司 203 家。数据来自 Wind 客户端、Datastream 数据库、Choice 金融终端等，数据处理通过 Excel、R 语言及 Matlab 实现。

第五节　实证结果分析

一、描述性统计

基于不同来源地指标，按照境外公司上市的存续时间，公司估值的 Tobin's Q 指标统计如表 9 – 1 所示。

表 9 –1　　　　　　两市场不同来源地境外公司估值表现

上市存续时间	美国		中国香港	
	来自成熟市场	来自新兴市场	来自成熟市场	来自新兴市场
第 1 年	1.04	0.80	0.93	0.86
第 2 年	0.96	0.79	0.92	1.00
第 3 年	1.70	0.68	0.92	1.05
第 4 年	0.95	0.68	0.86	1.04
第 5 年	0.96	0.85	0.83	0.95
第 6 年	0.95	0.85	0.81	0.95
第 7 年	0.95	0.82	0.80	0.94
第 8 年	0.94	0.77	0.76	0.93
第 9 年	0.94	0.79	0.73	0.93
第 10 年	0.74	0.81	0.73	0.93

表 9 -1 显示，两个市场的境外公司 Tobin's Q 多数情形小于 1，且随存续时间有逐步降低的趋势，说明东道主市场给予境外公司的估值溢价并不显著，且具有长期折价的趋势，因而对东道主市场整体估值可能存在负面溢出效应。

从境外公司的上市来源地看，美国市场对来自成熟市场的公司估值明显高于来自新兴市场的公司估值，估值溢价与来源地成熟度正相关，中国香港市场则表现出相反的情形，这可能与中国香港市场相对不成熟或其境外公司来源以估值过高的 A 股居多的特殊性有关。

二、不同来源地的差异性影响——基于市场层面的分析

（一）数据平稳性检验

由表 9 - 2 可知，从上市来源地看，美国市场 $McapF1 > McapF2$、$VolF1 > VolF2$，说明美国市场的境外公司中来自成熟市场的股票总市值和成交量多于新兴市场，而中国香港市场相反，这与内地公司占香港境外公司总量 70% 这一特殊性有关。美国市场中，成熟市场的境外公司占美国市场平均总市值达 27.3%，成交量达 26.6%，新兴市场的境外公司占美国市场平均总市值达 10.5%，成交量达 18.0%，说明成熟市场的境外公司对美国市场的贡献度很大，而在中国香港市场中，成熟市场的总市值和成交量占比分别达到 20.1%、21.0%，新兴市场也分别达到了 35.1% 和 35.3%，这也说明境外公司上市对东道主市场的影响越来越明显，并且新兴市场的境外公司成为中国香港股票市场的重要成分。同时，ADF 检验均显著，说明时间序列数据平稳。

表 9 - 2　　　相对市值和交易量的数据描述性统计（不同来源地）

市场指数	美国				中国香港			
	$McapF1$	$VolF1$	$McapF2$	$VolF2$	$McapF1$	$VolF1$	$McapF2$	$VolF2$
平均值	0.273	0.266	0.105	0.180	0.201	0.210	0.351	0.353
最大值	0.595	0.653	0.290	0.268	0.395	0.350	0.578	0.633
最小值	0.021	0.028	0.017	0.014	0.006	0.062	0.022	0.026
标准差	0.185	0.176	0.090	0.059	0.086	0.080	0.160	0.186
ADF 检验	-3.555***	-2.594*	-3.555***	-2.594*	-4.836***	-3.334**	-2.287*	-2.316*

注：*、**、*** 分别表示在 10%、5% 和 1% 水平下显著，ADF 检验列为 t 值。

（二）内生性检验

由模型（9.3）所得的两阶段最小二乘法（2SLS）的第一阶段回归结果如表 9 – 3 所示。

表 9 – 3　　相对市值和交易量与度量指标的回归分析（不同来源地）

市场变量	美国				中国香港			
	McapF1	VolF1	McapF2	VolF2	McapF1	VolF1	McapF2	VolF2
R_PE	0.002* (2.107)	0.030** (2.668)	0.149*** (5.306)	0.062*** (4.986)	0.003 (1.325)	0.005* (2.265)	0.035** (3.038)	0.004** (2.867)
R_RR	0.003* (2.504)	0.033 (1.625)	0.003** (2.767)	0.003 (1.736)	0.004 (1.561)	0.002 (1.026)	0.034* (2.444)	0.032* (2.144)
R_ER	0.115*** (3.461)	0.110 (1.808)	0.005* (2.486)	0.006** (3.015)	−0.120 (−1.597)	−0.016* (−2.316)	0.402*** (4.815)	0.914*** (7.229)
TRE	0.267 (1.383)	0.000 (0.043)	0.017 (0.133)	0.054 (0.965)	0.008 (0.064)	0.047 (0.561)	0.183 (1.291)	0.083 (0.388)
RAT	0.011 (1.459)	0.011 (1.796)	−0.027 (−0.340)	−0.044 (−1.235)	−0.007* (−1.991)	−0.012 (−4.961)	−0.021*** (−4.192)	0.000 (0.020)
常数	0.802* (2.229)	2.443*** (8.881)	0.106 (0.464)	−0.046 (−0.460)	0.642** (2.571)	0.301*** (1.760)	−0.142 (−1.058)	−0.998*** (−4.891)
调整的 R^2	0.334	0.444	0.397	0.423	0.210	0.298	0.792	0.698

注：*、**、*** 分别表示在 10%、5% 和 1% 水平下显著，括号内为 t 值，本章下同。相对变量根据度量指标的不同来源地调整。

由表 9 – 3 可知，与不区分来源地相同，R_PE、R_RR 对 McapF1、VolF1、McapF2 及 VolF2 同样有显著为正的影响。当 R_PE 上升时，不同来源地的境外公司上市股票市盈率相对于东道主市场股票市盈率上升，由股票价格上涨驱动的 R_PE 增加程度致使成熟或者新兴市场的境外上市股票在东道主市场的市值和成交量有相应的增加，同理适应于 R_ER 和 R_RR。然而，R_RR 对 McapF1 和 VolF1 影响不显著。

（三）基于市场指数模型的不同来源地估值影响检验

基于表9－3工具变量法的估计，采用生成的 *McapF*1、*VolF*1、*McapF*2 以及 *VolF*2 的期望值运行第二阶段的回归，如表9－4和表9－5所示。

表9－4 市场估值变量与成熟市场相对市值和交易量的回归分析

变量	MC	MC	MR	MR	PE	PE
美国市场						
*McapF*1	0.062 * (2.419)		0.007 ** (2.862)		1.132 * (2.415)	
*VolF*1		0.508 ** (2.778)		0.020 (1.817)		11.170 ** (3.417)
TRE	0.489 * (2.096)	0.464 * (2.121)	0.385 *** (8.940)	0.383 *** (9.692)	− 5.693 (− 1.328)	− 5.191 (− 1.326)
RAT	0.163 (1.048)	− 0.478 ** (− 2.625)	− 0.018 * (− 2.080)	− 0.005 (− 0.504)	10.113 *** (3.548)	3.211 (0.985)
常数	0.416 (0.940)	− 0.662 (− 1.210)	0.055 * (2.184)	0.009 (0.293)	− 7.475 (− 0.920)	16.037 (1.640)
调整的 R^2	0.319	0.128	0.924	0.927	0.145	0.269
中国香港市场						
*McapF*1	0.092 * (2.841)		0.031 (0.904)		12.183 ** (3.371)	
*VolF*1		0.201 * (1.759)		0.013 (1.332)		1.186 * (2.284)
TRE	0.260 * (2.451)	0.252 * (2.418)	0.419 *** (12.200)	0.421 *** (12.193)	6.134 * (1.746)	6.704 * (1.763)
RAT	− 0.039 *** (− 12.358)	− 0.041 *** (− 13.434)	0.000 (0.628)	0.001 (1.008)	0.551 *** (5.286)	− 0.670 *** (− 5.963)
常数	0.498 *** (15.645)	0.571 *** (17.177)	0.005 (0.463)	− 0.006 (− 0.564)	12.627 *** (11.966)	9.337 (7.685)
调整的 R^2	0.719	0.728	0.698	0.695	0.477	0.387

由表9-4可知，两个市场中 *McapF*1 和 *VolF*1 对 *MC*、*PE* 均有显著为正的 α_1，对 *MR* 有不显著为正的 α_1，说明来自成熟市场的境外公司上市对东道主市场的市场资本化率、市场收益率及市盈率有正面溢出效应。总体上看，对美国市场的影响比对中国香港市场的影响更大、更显著。回归结果总体与 *TRE* 正相关，与 *RAT* 负相关，这与前文预期结果一致，支持假设 H9.1。

表9-5　　市场估值变量与新兴市场相对市值和交易量的回归分析

变量	*MC*	*MC*	*MR*	*MR*	*PE*	*PE*
美国市场						
*McapF*2	1.571 *** (10.615)		-0.029 ** (-2.194)		-14.149 *** (-3.468)	
*VolF*2		2.964 *** (18.748)		-0.050 ** (-2.315)		-3.622 *** (-4.504)
TRE	0.404 ** (2.850)	0.231 *** (2.456)	0.382 *** (9.904)	0.379 *** (9.541)	4.776 ** (1.222)	5.107 (1.196)
RAT	-0.590 *** (-5.78)	0.652 *** (9.754)	-0.009 (-1.023)	-0.009 (-0.993)	-6.168 * (-2.193)	-9.336 ** (-3.069)
常数	-0.947 (-3.280)	-1.246 (-6.503)	0.024 (0.944)	0.022 (0.831)	5.282 (0.664)	-4.557 (-0.523)
调整的 R^2	0.635	0.843	0.928	0.929	0.272	0.146
中国香港市场						
*McapF*2	0.421 *** (4.875)		-0.056 (-1.770)		-2.630 (-0.732)	
*VolF*2		0.216 *** (3.876)		-0.012 (-0.587)		-9.358 *** (-4.989)
TRE	0.136 (1.436)	0.200 * (2.064)	0.404 *** (11.572)	0.424 *** (12.163)	5.928 (1.510)	9.088 ** (2.779)
RAT	-0.021 *** (-4.512)	-0.029 *** (-8.053)	-0.003 * (-2.013)	0.000 (0.296)	-0.778 *** (-4.036)	-0.234 (-1.873)
常数	0.281 *** (5.462)	0.416 *** (13.267)	-0.035 (-1.856)	0.003 (0.235)	8.135 *** (3.807)	14.200 *** (13.453)
调整的 R^2	0.792	0.769	0.708	0.696	0.391	0.556

由表 9 - 5 可知，美国市场中 *McapF*2 和 *VolF*2 对 *MR*、*PE* 均有显著为负的 α_1，说明来自新兴市场的境外公司上市对东道主市场的市场收益率、市盈率有负面溢出效应，同样中国香港市场 *McapF*2 和 *VolF*2 对 *MR*、*PE* 回归有负的 α_1，但并未出现显著的长期负面估值效应。两个市场中 *McapF*2 和 *VolF*2 对 *MC* 有显著为正的 α_1，说明境外公司上市对市场资本化率有正面溢出效应，同样回归结果总体与 *TRE* 正相关，与 *RAT* 负相关，支持假设 H9.2，说明来自新兴市场的公司同样可以提升东道主市场的资本化率，但随着新兴市场境外公司的增加，确实存在声誉寻租及质量传染效应等负面影响，且当东道主市场与本地市场成熟度差异越大时负面溢出效应越大。

三、不同来源地的差异性影响——基于公司层面的分析

由模型（9.5）和模型（9.6）对来自成熟市场的 *McapF*1、*VolF*1 和来自新兴市场的 *McapF*2 和 *VolF*2 分别进行多元回归分析，回归结果如表 9 - 6 所示。同时考虑到数据的长期稳定性，采用 EG 检验法检验所有变量的协整关系。用被解释变量 *Tobin's Q* 对其他变量进行最小二乘回归，得到回归模型的估计结果，并对生成的序列 e 进行 ADF 检验，其结果如表 9 - 6 所示。

表 9 - 6　　　　　　　　基于不同来源地公司估值的回归结果

解释变量	(3) 美国	(4) 美国	(5) 美国	(6) 美国	(3) 中国香港	(4) 中国香港	(5) 中国香港	(6) 中国香港
常数	-3.482 ** (-2.583)	-3.446 * (-2.515)	0.917 ** (2.914)	1.021 ** (3.283)	6.824 *** (4.426)	6.369 *** (4.131)	3.079 ** (2.649)	3.112 * (2.338)
*McapF*1	3.226 ** (2.832)				0.219 (1.744)			
*VolF*1		3.168 * (2.140)				0.494 * (2.490)		
*McapF*2			-0.269 * (-2.138)				-0.309 (-1.937)	
*VolF*2				-0.738 * (-1.983)				-0.135 * (-2.398)

解释变量	(3) 美国	(4) 美国	(5) 美国	(6) 美国	(3) 中国香港	(4) 中国香港	(5) 中国香港	(6) 中国香港
R_GDP	6.226 ** (2.798)	5.068 ** (2.926)	0.014 ** (2.834)	0.013 *** (3.697)	0.018 * (1.980)	0.023 * (2.470)	4.635 * (2.194)	3.683 (1.568)
Freedom	9.012 ** (2.668)	8.971 ** (2.582)	1.002 * (2.278)	1.001 * (2.206)	2.5626 * (1.981)	2.7105 ** (2.673)	1.249 * (2.534)	1.276 * (2.272)
Openness	0.183 *** (3.873)	0.188 *** (3.913)	−0.474 (−1.735)	−0.630 * (−2.224)	0.064 (1.399)	0.118 ** (2.615)	0.027 * (2.022)	0.419 * (2.312)
Size	0.013 * (2.425)	0.011 * (2.354)	0.031 *** (5.221)	0.028 *** (4.797)	0.239 *** (5.454)	0.247 *** (5.495)	2.696 ** (2.607)	2.735 * (2.313)
Age	−1.144 (−1.515)	−1.317 (−1.744)	−0.225 ** (−2.794)	−0.417 * (−2.452)	0.041 ** (3.087)	0.025 (1.763)	−0.335 ** (−2.705)	−0.005 * (−2.115)
Growth	0.008 (1.825)	0.009 (1.715)	0.003 * (2.025)	0.002 * (2.045)	0.055 * (2.211)	0.037 (1.495)	0.001 (1.320)	0.001 (1.048)
ROE	0.089 * (2.012)	0.002 * (2.246)	0.036 * (2.762)	0.006 ** (2.892)	0.004 (1.771)	0.008 (1.471)	0.001 (1.405)	0.002 (1.476)
Lev	0.346 (1.703)	0.032 (1.562)	0.036 * (2.009)	0.033 (1.814)	0.018 * (2.348)	0.027 * (2.544)	0.006 * (2.220)	0.040 (1.257)
Rate_F	0.129 (1.589)	0.137 * (2.381)	0.002 (1.782)	0.003 * (2.050)	0.008 (1.189)	0.005 * (2.134)	−0.001 (−1.918)	−0.019 (−1.087)
Rate_H	−0.427 (−1.69)	−0.451 (−1.717)	−0.012 ** (2.602)	−0.012 ** (2.601)	−0.537 ** (−2.840)	−0.149 ** (−2.656)	−0.251 * (−2.290)	−0.562 ** (−2.623)
ADF 检验	−4.222 ***	−4.177 ***	−8.479 ***	−8.485 ***	−7.765 ***	−7.979 ***	−9.246 ***	−9.193 ***
调整的 R^2	0.590	0.577	0.626	0.725	0.652	0.691	0.580	0.531

表9-6显示，对残差序列的ADF检验同样在1%水平下显著，说明模型具有长期稳定关系。两个市场 $McapF1$、$VolF1$ 对 $Tobin's\ Q$ 均有显著为正的 β_1，$McapF2$、$VolF2$ 对 $Tobin's\ Q$ 有显著为负的 β_1，说明溢出效应与公司不同来源地密切相关，来自成熟市场的境外公司上市不仅增加市场整体估值，也扩大了公

司声誉，提升上市公司估值。但随着来自新兴市场境外公司上市数量的增加，来自新兴市场境外公司的传染效应对东道主市场估值产生了负面影响，同时这一结果可以解释不区分来源地时出现的长期不显著结果，且东道主市场与本地市场成熟度差异越大时负面溢出效应越大。由以上市场层面和公司层面结论相同，共同验证了不同来源地境外公司上市的估值差异性，因此，验证假设 H9.1 和 H9.2 成立。

四、稳健性检验

由于基于市场指数的模型中采用代理因变量，三个因变量的选取有相互验证效果，因此，对于市场指数模型（9.1）无须再做稳健性检验。为了验证基于公司 Tobin's Q 模型的可靠性与适配性，在回归模型（9.5）和模型（9.6）中，同样用总销售收入代替总资产作为公司规模的代理变量，其他变量不变。回归结果见表 9 - 7。

表 9 - 7　　　　　　　　　　公司估值的稳健性回归结果

解释变量	(3) 美国	(4) 美国	(5) 美国	(6) 美国	(3) 中国香港	(4) 中国香港	(5) 中国香港	(6) 中国香港
常数	- 17.085 *** (- 4.456)	- 7.679 ** (- 2.957)	2.671 ** (2.895)	1.518 * (2.024)	- 6.390 ** (- 2.822)	- 1.314 (1.738)	3.824 ** (3.078)	2.673 * (2.476)
$McapF1$	0.537 * (2.523)				0.061 * (2.274)			
$VolF1$		0.771 ** (2.808)				0.359 (1.208)		
$McapF2$			- 2.030 (- 1.490)				- 0.217 * (- 2.200)	
$VolF2$				- 2.266 ** (- 2.655)				- 0.382 * (- 2.230)
R_GDP	0.029 * (2.566)	0.024 * (2.408)	0.012 ** (3.149)	0.004 *** (3.505)	0.030 * (2.180)	0.027 * (2.270)	7.135 * (3.886)	6.891 ** (3.907)

续表

解释变量	(3) 美国	(4) 美国	(5) 美国	(6) 美国	(3) 中国香港	(4) 中国香港	(5) 中国香港	(6) 中国香港
Freedom	4.124*** (4.035)	1.459 (1.632)	0.041* (1.983)	0.023 (1.632)	1.388** (2.904)	0.107*** (3.364)	3.111*** (3.757)	2.181* (2.265)
Openness	0.101** (2.753)	0.081* (2.248)	0.876 (1.731)	1.027 (1.941)	0.006*** (3.091)	0.003*** (4.057)	-1.995* (-2.091)	-1.518* (-1.605)
Size	0.035*** (3.893)	0.054* (2.360)	0.012* (2.548)	0.035* (2.202)	0.204*** (3.799)	0.160*** (3.894)	0.059 (1.885)	0.071* (2.479)
Age	-0.498 (-1.006)	-0.846 (-1.693)	-0.783*** (-3.392)	-0.293 (-1.417)	-0.007* (-2.085)	-0.066** (-3.187)	0.493* (1.993)	0.735* (1.650)
调整的 R^2	0.424	0.371	0.446	0.412	0.618	0.625	0.540	0.541

表 9-7 显示，总体来看，*McapF*1、*VolF*1 对 *Tobin's Q* 有显著为正的影响，*McapF*2、*VolF*2 对 *Tobin's Q* 有显著为负的影响，这与前文以总资产为公司规模代理变量的实证结果一致，且控制变量与预期回归结果一致，验证了模型适配性与准确性。

第六节　主要结论

本章采用 1991~2018 年间美国市场和中国香港市场的市场指标及境外上市公司数据，从市场和公司两个层面，运用多元线性回归和 *Tobin's Q* 模型，并且将上市公司来源地分为成熟市场和新兴市场，详细研究了由于境外公司不同来源地对东道主市场带来的估值差异性。研究发现：

不同来源地境外公司上市对东道主市场估值影响存在显著差异，来自成熟市场的境外公司对东道主市场整体估值水平的正面溢出效应更显著，而来自新兴市场的境外公司上市对东道主市场整体估值水平具有负面溢出效应。说明溢出效应与公司的不同来源地密切相关，来自新兴市场的公司确实存在声誉寻租及质量传染效应等负面影响，且当东道主市场与本地市场成熟度差异越大时负面溢出效应越大。

第十章

境外公司上市对东道主市场的
波动冲击风险

第一节 引 言

随着经济全球化发展趋势的加快，股票市场之间的合作与竞争以及互联互通程度日益加深，跨境上市规模日益扩大，这一趋势不仅带来了市场收益的提升，也加大了市场之间的风险溢出和监管难度。其中，境外公司上市是否会对东道主市场带来冲击风险、风险程度如何等均是业界普遍关心的议题。为此，本章以亚洲四大开放市场为研究对象，采用时变 VAR 模型并利用 MCMC 方法估计参数，通过不同提前期和不同时点进行脉冲响应分析其波动冲击风险。预期结果有助于丰富由跨境上市引发的市场风险传染方面的认知，并为开放市场的风险防范以及新兴市场开设国际板提供参考依据。

第二节 文献综述

证券市场国际化的途径包括境外公司交叉上市或发行存托凭证。一个国家的股票市场如何才能吸引更多的境外公司上市？研究表明，境外公司更倾向于在流动性好、市盈率高、投资者保护好、金融限制少、市值大、国际化程度高的市场上市。东道主市场的市场估值也是决定境外投资模式的重要因素，当股票被认为低估时，投资者倾向于选择间接投资或组合投资，而不是直接投资。关于境外上市对财富的影响，弗赖伊等（Fry et al.，1994）的报告称，境外上市公司没有发现显著的财富提升，研究结果与国际资本市场的整合一致。

莱维内和施穆克勒（Levine & Schmukler，2006）通过研究证券市场国际化对流动性的影响发现了负效应，并发现国际化对交易活动的流动性存在负溢出效应。李和唐（Lee & Tang，2006）采用境外收入占总收入的比率、境外资产占总资产的比率以及在本市场上市的境外公司数量占上市公司总数的比率，三个比率的平均值作为国际化程度的一个指标；并且发现对于东道主市场来说，国际化程度高的境外公司上市比国际化程度低的境外公司上市的收益变化更能引起市场的积极响应。

交叉上市也是企业扩大规模的好方法，但是交叉上市可能会导致风险分享和收益增加，一些研究通过观察市场质量和效率来证明这一点。卡罗伊（2004）通过研究世界各地的股票市场通过交叉上市以及美国存托凭证的动态增长和扩张，发现能够促进跨境股权流动的扩张和国内股票市场的整体发展，对东道主市场质量的影响并不显著。孙等（2013）发现，中国内地公司在中国香港上市增加了中国香港股票市场的规模、交易量，但降低了其整体波动性。

关于资本市场对外开放的影响，一直有两种声音。一种观点认为资本市场开放通过引入境外投资者产生更积极的意义，如提高股票价格信息含量（钟覃琳、陆正飞，2018；Bae et al.，2012）；提高股票定价效率（Li et al.，2012）；降低股价的波动性（Henry，2000）；对于加强公司治理水平有帮助（Ferreira & Matos，2008；张宗益、宋增基，2010）；能够有效发现和防范上市公司违规行为（邹洋等，2019），促进信息披露质量提高（Gul et al.，2010；Fang et al.，2015）；提升上市公司现金股利支付（陈运森、黄健峤，2019）；提高公司价值和企业竞争力（姚铮、汤彦峰，2019；石凡等，2009；田利辉，2006）。另一种观点则认为资本市场开放在加强一国经济体与国际市场之间联动性的同时，由于风险传染效应也加剧了资本市场的波动性，更容易受到外部危机的影响，进而增加金融危机风险（Ang-kinand et al.，2010）；雀等（Choe et al.，2005）研究表明，波动性上升将扰乱储蓄和投资的有效配置，还可能导致公司推迟投资，因为较高的不确定性使观望期权更有价值，产生对一般经济福利不利的后果；尚等（Chan et al.，2008）认为，从境外投资者的角度来看，由于信息不对称则会导致更多的短期行为，从而降低股票定价效率；莫克尔等（Morck et al.，2000）认为，中国证券市场尚处于发展中的转型关键时期，市场的股票价格波动易受谣言等各种影响。因此认为资本市场开放未必能给中国市场带来预期中更积极的影响。

综合来看，现有文献对于境外公司上市对东道主市场的波动冲击风险的认知是极其有限的，结论是混杂的。

第三节 研究设计

本章的研究目的是从波动冲击的视角探究境外公司上市后，会给东道主市场带来怎样的风险影响。旨在验证境外公司上市在多大程度上影响东道主市场的波动，尤其是在金融危机中是有助于稳定东道主市场还是加剧东道主市场的波动。通过境外公司上市，东道主市场与国际市场之间的联动性有何变化？是否会提高东道主市场的竞争力？

从境外公司上市的波动冲击来看，需要选取境外公司股价数据和东道主市场指数数据。在样本选取上，由于英美等发达国家的证券市场较为成熟，而中国内地证券市场起步较晚且国际化程度较发达国家差距较大。因此，英美等发达国家股票市场对外开放的经验对中国内地股票市场参考价值有限。但是，日本、韩国、中国香港和新加坡市场均为亚洲四大双向开放市场，且开放进程具有成功或失败的经验和教训。日本国际板开设历经三十余年从推出到相对没落，成为全球金融市场上的典型案例。1973 年日本开始允许境外公司在本地市场上市，最初繁荣时期境外上市公司达到 129 家，而后 90 年代的日本经济泡沫破灭使得国际板逐渐走向萧条。2004 年日本取消了境内和境外公司的差异对待，采取境外上市公司与本地公司相同的政策措施，但仍未能改善国际板的现状。20 世纪 80 年代韩国政府采取了一系列金融改革措施，刺激了经济增长，证券市场也得到了迅速发展。1981 年韩国政府提出的"资本市场国际化计划"为证券市场的国际化进程铺平了道路。此后，韩国证券市场审慎稳妥地提高对外开放的水平。新加坡由于地理位置的独特性，经济发展非常依赖与其他国家之间的贸易往来。在建国初期，新加坡就制定了打造国际金融中心的计划。同时，新加坡非常重视对证券市场监管，在面对全球性金融危机时，仍能保持证券市场相对稳定，其有效应对金融危机冲击影响的措施值得借鉴。中国香港作为著名的国际金融中心，虽然其经济总体规模较小，但证券市场开放程度远远高于中国内地证券市场。中国香港对于证券市场国际板的建设，主要措施是大力拓展内地市场资源，吸引了大量优质企业上市，因此，其国际板建设获得了很大的成功。四大市场不仅对外开放的经验和教训值得中国内地参考，在地理位置、经济发展状况和所处国际环境方面与中国都有相似之处。因此，本章选取日本、韩国、中国香港和新加坡四大股票市场作为研究样本，采用脉冲响应分析的方法，研究股票市场在面对境外公司的波动冲击时所做出的响应。并分别对不同提前期和不同时点脉冲响应进行分析，探究时变视角下境外公司波动对东道主市场的动态影响关系。

第四节　数据、方法与模型

一、样本选取与数据

为了研究境外公司上市的波动冲击，选取 2000 ~ 2018 年间日本、韩国、中国香港、新加坡四大市场和在此市场上市的境外公司作为研究对象。样本的市场指数包括日本的日经 225 指数、韩国的 KOSPI 指数、中国香港的 HSCI 恒生指数和新加坡 FTSE 海峡时报指数，由于不同市场交易时间可能不一致，本章采用了周数据进行分析，有周收盘价（C）、周开盘价

（O）、周最高价（H）和周最低价（L），并选取世界指数作为对比。本章以市场指数成分股中公司的最低市值为标准，选取大于最低市值的境外公司为样本，组成在东道主上市的境外公司板块，其中韩国市场境外公司有20家，新加坡市场有6家境外公司，日本市场有2家（剔除双重上市公司）。对于中国香港市场本章选择红筹股①为研究对象，采用红筹股指数来计算波动率。时间跨度为2000年1月7日至2018年12月28日，每个样本有991个时间序列数据，其中韩国市场由于境外公司上市时间较晚，选取的样本数据时间跨度为2009年5月29日至2018年12月28日。数据来源于Wind和Datastream。

二、市场趋势特征

图10-1的各市场价格指数时间序列图显示，韩国、中国香港、新加坡、日本四大市场整体走势上具有很大的相似性，都经历了从2003～2007年、2009～2017年的持续上升阶段，2000～2002年、2008～2009年的短期剧烈下降阶段。受1997～1999年亚洲金融危机的影响，四大市场2000年后仍出现短期持续下跌状态，其中新加坡和日本市场受影响相对较大。2007～2008年的美国次贷危机的爆发，四大市场均出现了较大幅度的下跌，可以看出美国次贷危机在世界范围内都有很大的影响。与世界指数相比，亚洲四大市场的走势并不一致且都有自己的特点。本章在研究境外公司对东道主市场波动的影响时，同时分析东道主市场对世界冲击的反应，以及世界指数波动对东道主市场波动的影响程度。

---

① 红筹股是在中国境外注册、在中国香港上市的股票，并且它是由中资控股和主要业务在中国内地。1997年4月，恒生指数服务公司开始编制恒生红筹股指数，它与国际信息公司彭博资讯社所编的红筹股指数的标准有所不同，本书采用的就是恒生红筹股指数。在2000年，红筹股上市公司12家，筹资3 539亿港元，占香港主板和创业板筹资总额的77%，到2004年上市公司已达84家，红筹股继1997年之后再次进入了高速发展阶段。

图 10 - 1　市场指数趋势

三、方法与模型

（一）市场波动率测算

首先参考加曼和克拉斯（Garman & Klass，1980）的研究，利用市场指数周数据中最高价（H）、最低价（L）、开盘价（O）和收盘价（C）计算周极差波动率（RV），将各指数取自然对数代入模型（10.1）：

$$RV_t = 0.511(H_t - L_t)^2 - 0.019[(C_t - O_t)(H_t + L_t - 2O_t)$$
$$-2(H_t - O_t)(L_t - O_t)] - 0.383(C_t - O_t)^2 \tag{10.1}$$

再用模型（10.2）将周极差波动率转化为百分比的周年化波动率，图 10-2 的各市场周波动率时间序列图反映出各个时点的波动性。

$$\hat{\sigma}_t = 100 \times \sqrt{52 \times RV_t} \tag{10.2}$$

图 10-2 显示，韩国、中国香港、新加坡、日本四大市场的波动特征非常相似，与世界指数的波动存在着差别，这和价格指数走势图得出的结论一致，反映出四大市场之间存在较强的联动性，与世界市场整体波动存在差异。从中分析还可以发现，各个市场在不同时期波动率是不一样的，存在明显的波动聚类现象。四大市场在 2008 年美国次贷危机期间都出现了波动率急剧增大的现象，但也有各自的特点，波动特征并不完全一致，1997 年亚洲金融危机后，韩国和新加坡在一段时间内仍有较剧烈的波动，中国香港和日本市场波动率则小幅度变化。由此看出，各市场的波动性具有时变性。

假设境外公司在东道主市场上市组成的板块的波动率由个股的加权平均得来，先使用加权平均法计算出境外公司板块价格数据，如模型（10.3）所示：

$$O_{glt} = \sum_l w_i O_{it} \tag{10.3}$$

同理计算出 H_{glt}，L_{glt}，C_{glt}，进一步代入模型（10.1）、模型（10.2）得到境外公司的周年化波动率。其中 g 代表国家，l 代表在该国家上市的所有境外公司组成的板块，t 代表时间，i 代表境外公司。

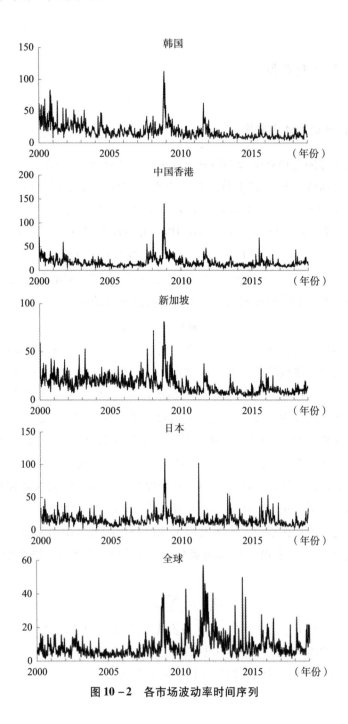

图10-2 各市场波动率时间序列

　　进一步地，将波动率取对数后再用于计算（简称"对数波动率"），来保证数据更加接近于正态分布。表 10 - 1 和表 10 - 2 分别为韩国（MAR_KR）、中国香港（MAR_HK）、新加坡（MAR_SG）和日本（MAR_JP）市场以及境外公司（COM_KR、COM_HK、COM_SG、COM_JP）对数波动率描述性统计和单位根检验。

　　表 10 - 1 显示，日本从均值和中位数来看波动性都是最小的，中国香港和韩国波动性较大；从极值来看，日本和中国香港的波动幅度较大，结合图 10 - 2 也可以看出，尤其是在 2008 年美国次贷危机期间日本和中国香港市场波动率变化极大。ADF 检验结果显示市场和境外公司的对数波动率都是平稳序列，峰度、偏度结果显示，数据仍然具有"尖峰厚尾"的特性。

表 10 - 1　　　　　　　　　　　　对数波动率描述性统计

指标	MAR_KR	MAR_HK	MAR_SG	MAR_JP	World
样本量	991	991	991	991	991
均值	2.743	2.683	2.614	2.610	1.950
中值	2.706	2.634	2.645	2.614	1.927
Std	0.558	0.509	0.566	0.505	0.671
极差	3.455	3.898	3.507	3.919	3.901
峰度	0.345	0.438	− 0.043	0.133	0.158
偏度	2.964	3.628	2.662	3.880	3.109
JB 检验	19.722 ***	47.975 ***	5.023 *	34.894 ***	4.640 *
ADF 检验	− 6.335 ***	− 6.053 ***	− 4.661 ***	− 9.700 ***	− 8.150 ***

　　注：* 、** 、*** 分别表示在 10% 、5% 和 1% 的水平下显著。

表 10 - 2　　　　　　　境外公司对数波动率描述性统计

指标	COM_KR	COM_HK	COM_SG	COM_JP
样本量	501	991	991	991
均值	3.891	2.960	3.118	2.581

指标	COM_KR	COM_HK	COM_SG	COM_JP
中值	3.896	2.926	3.096	2.581
Std	0.368	0.525	0.454	0.804
极差	2.132	3.537	3.695	6.148
峰度	0.096	0.330	0.413	-0.494
偏度	2.846	3.212	3.858	4.690
JB 检验	1.267 ***	19.798 ***	58.453 ***	155.823 ***
ADF 检验	-7.552 ***	-5.576 ***	-6.245 ***	-5.789 ***

注：*、**、***分别表示在10%、5%和1%的水平下显著。

（二）TVP – VAR 模型

基于仲岛（Nakajima，2011）的研究，将时变参数 VAR 模型简化为：

$$y_t = \Phi_{0,t} + \Phi_{1,t} y_{t-1} + \Phi_{2,t} y_{t-2} + \cdots + \Phi_{p,t} y_{t-p} + \varepsilon_t \tag{10.4}$$

其中，$t = p+1$，$p+2$，$\cdots$，t，p 是滞后阶数，t 是样本长度，y_t 表示 $N+1$ 维观测向量，$\Phi_{p,t}$ 为 $N \times N$ 维时变滞后系数矩阵，ε_t 为方差可变的随机扰动项。

令 $\Phi_t = \{\Phi_{0,t}, \Phi_{1,t}, \Phi_{2,t}, \cdots, \Phi_{p,t}\}$，用 β_t 代表矩阵 Φ_t 的元素列堆积，即 $\beta_t = vecr(\Phi'_t)$，且假设 β_t 服从随机游走过程。

在模型（10.4）中降低了 VAR 模型中的过度参数化，将时变参数设定为随机游走过程，可以过滤掉噪声的干扰，从而便于判断结果的整体趋势。将模型（10.1）中的后验估计系数重新进行排列可得系数矩阵 $\hat{\Phi}_{1,t}$，$\hat{\Phi}_{2,t}$，$\cdots$，$\hat{\Phi}_{p,t}$，递推关系式：

$$A_{h,t} = \hat{\Phi}_{1,t} A_{h-1,t} + \hat{\Phi}_{2,t} A_{h-2,t} + \cdots + \hat{\Phi}_{p,t} A_{h-p,t} \tag{10.5}$$

计算出对应模型的系数矩阵 $A_{h,t}$。

基于佩萨兰和申（1998）广义脉冲函数可得到 $N \times N$ 维广义方差分解矩阵 Θ_t，矩阵中每个元素的计算公式为：

$$\tilde{\theta}_{ij,t}(H) = \theta_{ij,t}(H) / \sum_{j=1}^{N} \theta_{ij,t}(H) \tag{10.6}$$

其中，$\theta_{ij,t}(H)$ 表示 θ_t 的第 i 行 j 列的元素，表示第 i 个变量的总预测方差中来自第 j 个变量的比例。

第五节　实证结果分析

一、不同提前期的脉冲响应分析

图 10-3~图 10-14 显示，在面对境外公司和世界指数的正向冲击下，东道主市场在不同提前期的脉冲响应。从韩国市场的响应来看，提前 4 期时市场对境外公司冲击的响应是正向的，并逐渐趋于平稳，接近于零线波动，提前 8 期和 12 期时表现为负向响应。四大市场对世界指数冲击的响应均为正向，响应趋势相似。说明在短期内，境外公司上市会导致韩国波动加剧，但总体影响逐渐减弱。从长期来看，境外公司上市对韩国市场有稳定市场的作用。对中国香港、新加坡和日本来说，对境外公司上市的冲击响应是正向的。中国香港和新加坡市场对全球指数震荡有短暂的负向响应，而日本市场则有正向响应。从境外公司不同来源的角度来看，新兴市场境外公司的波动对韩国和中国香港市场波动影响较大，成熟市场境外公司的波动并没有使新加坡和日本市场产生更大的波动。

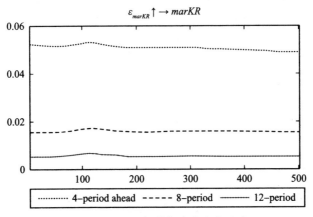

图 10-3　不同提前期脉冲响应（1）

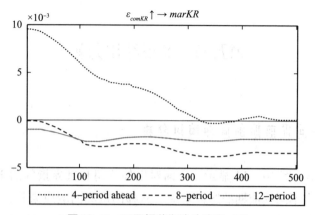

图 10 - 4　不同提前期脉冲响应（2）

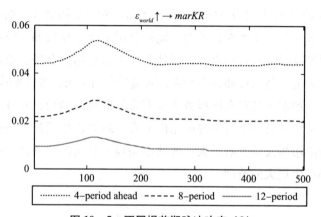

图 10 - 5　不同提前期脉冲响应（3）

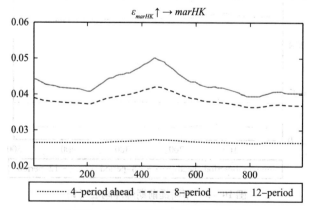

图 10 - 6　不同提前期脉冲响应（4）

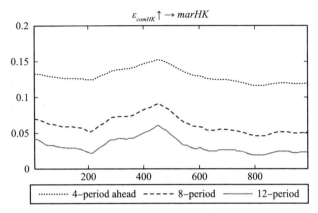

图 10 - 7　不同提前期脉冲响应（5）

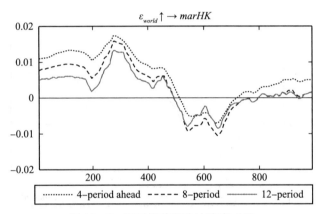

图 10 - 8　不同提前期脉冲响应（6）

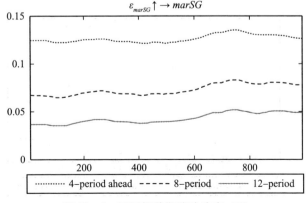

图 10 - 9　不同提前期脉冲响应（7）

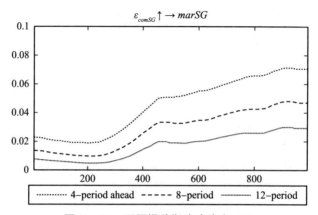

图 10 – 10　不同提前期脉冲响应（8）

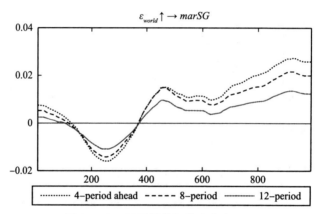

图 10 – 11　不同提前期脉冲响应（9）

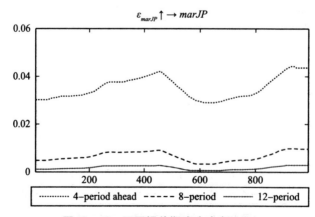

图 10 – 12　不同提前期脉冲响应（10）

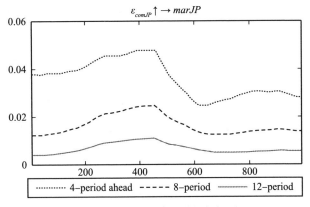

图 10 - 13　不同提前期脉冲响应（11）

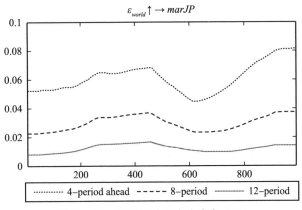

图 10 - 14　不同提前期脉冲响应（12）

二、不同时点脉冲响应分析

为了进一步考察金融危机期间各个市场的波动状态，本章选择脉冲响应的三个时间点。如图 10 - 15 ~ 图 10 - 26 所示，$t = 366$，575，805[①] 分别代表了 2007 年 1 月的美国次贷危机，2011 年 1 月的欧洲债务危机和 2015 年 6 月的中国内地股灾。在三个时间点上，韩国市场对境外公司冲击的响应在零线附近

[①]　由于韩国市场的采样时间从 2009 年开始，因此脉冲响应仅包括 $t = 85$ 时的欧洲债务危机和 $t = 315$ 时的中国内地股灾。

波动，最终在零线附近趋于稳定，而对世界指数冲击的响应是正向的，且四大市场趋势相同。中国香港、新加坡和日本对境外公司冲击的响应在三个时间点上也是积极的，在前几个时期达到最大值，然后逐渐趋于零。2007年1月，日本市场对世界指数冲击的响应是积极的，而在2011年1月和2015年6月，第3期之后的响应是消极的。美国次贷危机对中国香港、新加坡和日本市场有很大的影响，这表明与国际市场联系越紧密，国际化程度越大，就越容易受到世界金融危机的影响。

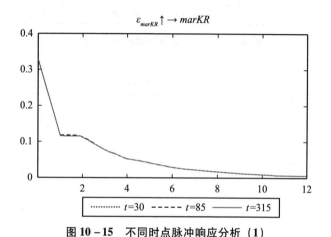

图 10 – 15　不同时点脉冲响应分析（1）

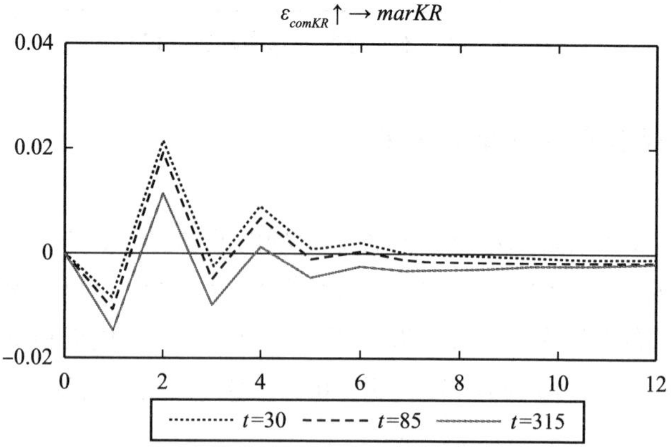

图 10 – 16　不同时点脉冲响应分析（2）

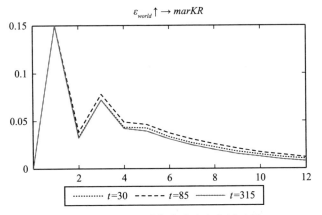

图 10 – 17 不同时点脉冲响应分析（3）

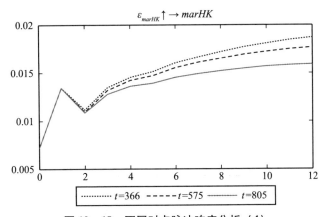

图 10 – 18 不同时点脉冲响应分析（4）

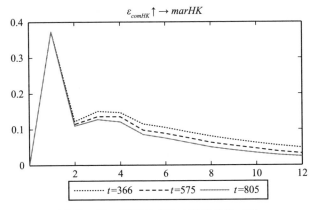

图 10 – 19 不同时点脉冲响应分析（5）

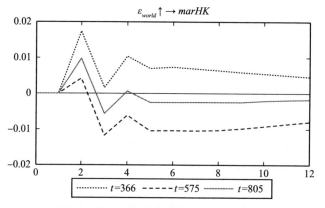

图 10 - 20　不同时点脉冲响应分析（6）

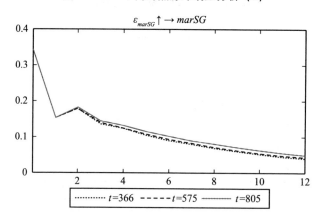

图 10 - 21　不同时点脉冲响应分析（7）

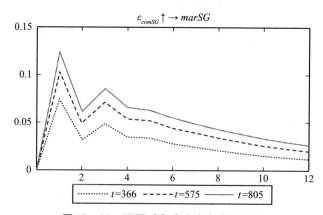

图 10 - 22　不同时点脉冲响应分析（8）

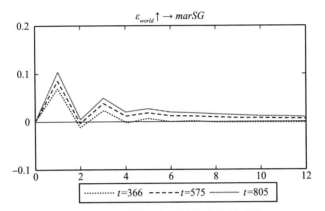

图 10 - 23　不同时点脉冲响应分析（9）

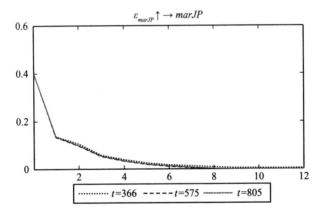

图 10 - 24　不同时点脉冲响应分析（10）

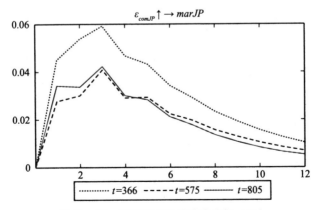

图 10 - 25　不同时点脉冲响应分析（11）

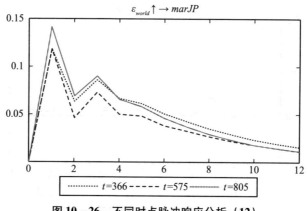

图10 – 26　不同时点脉冲响应分析（12）

第六节　主 要 结 论

本章采用时变 VAR 模型研究境外公司对东道主国市场的波动性影响。首先，本章利用 MCMC 方法在模型的基础上估计参数，然后在不同的提前时间和不同的时间点进行脉冲响应分析。研究发现：

境外公司上市对东道主市场的波动有正向的响应。来自成熟市场的境外公司的波动并没有引起东道主市场的更大波动。相比之下，来自新兴市场的境外公司上市的波动性与东道主市场的正相关关系更强。对于中国等新兴市场的开放，吸引成熟市场优质企业上市更有利于市场的稳定。

值得指出的是，TVP – VAR 模型也有一些缺点，由于 VAR 模型是一种过参数化模型，需要估计的参数较多，在样本量有限的情况下很可能会发生"维数灾难"。TVP – VAR 模型是对传统 VAR 模型的直接扩展，无法避免过度参数化的问题。如果将时变参数设置为 AR 过程，待估参数将大大增加，不可避免地会导致过度参数化。为此，有必要对波动溢出效应的影响因素进行后续研究，例如，将时变 VAR 模型与迪博尔德和伊尔马兹（2009，2012）构建波动性溢出指数的方法相结合，计算时变的波动性溢出指数，进而讨论境外公司上市对东道主市场波动性的影响。

第十一章

市场互联互通的传递溢出效应

第一节 引 言

在第十章中采用时变 VAR 模型研究境外公司对东道主市场的波动性影响。本章首先利用 MCMC 方法在模型的基础上估计参数，然后在不同的提前时间和不同的时间点进行脉冲响应分析，并得出了境外公司上市对东道主市场的波动有正向响应的结论。考虑到 TVP – VAR 模型难以避免过度参数化的问题，本章将时变 VAR 模型与迪博尔德和伊尔马兹（2009，2012）构建波动性溢出指数的方法相结合，运用滚窗方法计算时变的波动性溢出指数，以沪港通标的为研究对象，探究互联互通交易制度实施前后中国内地市场与中国香港市场、纽约市场的波动溢出效应变化，进而讨论境外公司上市对东道主市场波动性的影响。预期成果将进一步丰富风险传染及波动溢出效应的研究文献。

第二节 文献综述

沪港通制度的实施为波动溢出效应研究提供了一个观测平台。林（2017）基于 ARMA – t – BEKK – AGARCH 模型研究了沪港通开通前后上海和香港之间的波动溢出效应发现，沪港通实施之前存在显著的波动溢出效应，但在开通之后却变得不显著了，研究确认了两个市场在沪港通开通前后波动溢出效应的不对称性。冯和段（Feng & Duan，2016）认为随着沪港通开通后两市联动性的不断增强，上海市场对香港市场的波动溢出效应也明显增强。杨和张（Yang & Zhang，2015）采用 Barndorff - Nielsen 波动分解模型发现在沪港通开通前只存在从香港到沪市的单向连续波动溢出，而沪港通开通后则变为两个市场之间的双向波动溢出。杨瑞杰（2015）也得出了同样的结论，波动溢出由单向变为双向。李远光和王静（2018）通过对沪、港、纽约市场之间短期波动溢出效应研究发现，沪港通开通后，沪市和纽约市场之间仅存在纽约市场对沪市的短期单向溢出效应。综合来看，对于沪港通开通前后波动溢出效应程度及方向的变化，研究结论是混杂的。尤其是与纽约市场之间联动性和波动溢出效应在沪港通开通之后是否增强？长期溢出方向是否变化？

有关波动溢出效应的定量研究方法，陈和额（Cheung & NG，1996）基于格兰杰因果关系提出了基于单变量 GARCH 模型的标准化残差交叉相关函数的自相关检验。基于平方收益率、已实现波动率、极差波动率以及波动率指数等波动率代理变量来构建 VAR 模型也是一种常用的方法，并通过 VAR 模型的脉冲响应分析和方差分解来检验不同市场间的波动溢出关系，如索伊代米尔等（Soydemir et al.，2000）的研究。迪博尔德和伊尔马兹（2009）在 VAR 模型方差分解的基础上进一步构造了波动溢出指数，计算了不同市场间的溢出和溢入效应，但这种方法存在方差分解依赖变量的排序而产生变化的问题。迪博尔德和伊尔马兹（2012）解决了上述问题，并从总体溢出拓展到定向溢入和溢出测度。这一方法已被学者们规范应用，如王奇珍和王玉东（2018）利用该方法研究了国际油价、美国经济政策不确定性和中国之间的波动溢出效应；钟婉玲等（2021）利用该方法研究了国际原油价格、货币政策等宏观经济变量对市场存在显著的尾部风险溢出效应。

第三节　波动溢出效应成因与理论假说

股票市场之间的信息溢出随着经济全球化的发展以及金融市场监管的放松而日益增强。市场之间的信息溢出制约投资者的投资行为，而投资者的投资行为则直接影响股票市场价格的变动，从而使股票市场之间产生波动溢出效应。

信息溢出是股票市场之间产生波动溢出效应的内在原因。根据信息的类型主要分为公共信息溢出和私有信息溢出，这两种溢出是股票市场上波动溢出的本质因素。公共信息指的是对所有股票市场都能产生作用的信息，即可以同时对不同股票市场均产生作用的信息。当公共信息出现变动，则可能会造成所有股票市场的波动，这也体现了股票市场波动的同源性。私有信息则是指特定的市场成员和机构才有权访问的数据和信息，私有信息的溢出主要是通过投资者的行为而对股票市场产生影响，如投资者跨市投资交易行为会使得信息在不同股票市场之间进行传递，从而产生市场之间的波动溢出。

金融市场监管放松是股票市场之间产生波动溢出效应的外在原因。在20世纪70年代，世界经济形势发生了巨大的转变，全球金融自由化和金融创新得到了极大的发展，世界各国纷纷放松对外开放的限制。金融监管的放松主要表现在：一是拓宽了金融机构相关经营要求以及部分业务交易范畴；二是减少了对金融资产交易价格波动幅度的管制；三是从各个方面降低了对金融业间并购和市场准入等要求。通过放松金融市场的监管，各国市场之间的交易障碍会被逐渐清除，全球资本流动会更加顺畅。全球资本市场一体化的趋势逐渐加快，金融市场上资产之间的替代性也得到加强，市场之间的波动溢出获得了适宜的外部环境。

投资者的投资行为直接导致了股票市场产生溢出效应。行为金融理论认为，所有金融产品的交易价格变动往往是由于投资者的投资行为而产生的，金融产品价格变动即引起了市场波动。然而由于市场信息的不对称以及投资者的预期误差和投资者情绪等因素，投资者的投资决策很可能是不理性的、错误的，换言之，投资者并不是完全理性的，只能做到有限理性，这就使得投资者的投资行为在很大程度上表现出趋同性和羊群效应。投资者的趋同性指的是股票市场的一些股票价格发生波动时，在市场信息不对称的情形下投资者面临复杂决策时，投资者一般会根据个人投资认知和心理状态的变化做出相应投资决策。具体来看，在这样的情况下，投资者在做出决策时会在这些股票间导入某些共同因素，从而使得相关股票市场产生溢出效应。而羊群效应指的是在信息不对称以及信息缺乏的情况下，投资者受到其他投资者、市场舆论的影响时，有意识的跟风、模仿其他投资者的行为。羊群效应往往会把投资者的行为放大，对股票价格波动产生较大的影响，引起股票市场之间的溢出效应。此外，不同国家的投资者会有不同的投资习惯，表现在面临不同的信息溢出时，投资者的不同反应和做出不同的投资决策。

经济基础假说（Economic Fundamental Hypothesis）认为，在全球股票市场对外开放、国际资本能够自由流动的情况下，各个股票市场会存在若干特征相似或相同的基本经济因素，信息在不同股票市场之间流动使得市场间互相产生影响。这是基于经济基本面趋同产生的波动溢出效应。经济基本面主要包括宏观经济状况和上市公司经营状况。

从 20 世纪 90 年代以来，信息技术革命大力推进，高新技术产业迅速发展起来，各国的信息、技术的交流传递越来越快，市场之间的联系越来越密切。尤其是在世界贸易组织（WTO）成立之后，贸易自由化和经济全球化促进了各国之间频繁的贸易和投资往来，世界各国市场相互依赖程度加强。经济全球化和金融一体化加强了股票市场之间的联动性，同时全球经济发展状况和市场联动性也会对市场之间的波动溢出效应产生影响。例如，当全球经济状况良好，处于大发展、大繁荣时期，各国之间的贸易和投资增多，上市公司经营状况较好，投资者对股票市场持乐观态度，股指上升，股票市场的系统性风险将会下降；相反，若全球经济状况出现衰退，则会造成总需求下降、失业率上升，世界各国贸易往来减少，上市公司的盈利状况出现下降或者亏损，投资者情绪更加悲观，股指可能会出现大幅度下跌，股票市场之间的波动溢出效应往往会上升，风险传导也会加剧。

关于经济基本面对股票市场波动溢出效应的影响，很多学者对此作了研究。有学者在研究中提到，由于各国之间频繁的贸易往来和投资交易，一国的经济发展状况势必会影响到贸易相关国家的经济，甚至对相关国家上市公司的经营状况产生影响，各国投资者会根据世界经济状况和各国市场的经济现状来调整优化其多元投资组合方案，进而波动在各个股票市场之间进行传染，产生波动溢出效应。股票市场波动溢出效应和经济基本面之间的相互作用研究可分为两个方面：一方面，股票市场的波动会作用于经济基本面，从而使其他市场产生波动，影响市场之间的波动溢出效应；另一方面，经济基本面因素发生变动时，会导致相关市场产生波动，进而在不同市场间产生溢出效应。例如，宏观经济的变动也会通过影响未来现金流、折现率等因素而对股票价格的波动产生影响。康诺利和王（Connolly & Wang，2003）通过研究美国、日本、英国股票市场收益和波动之间的联系，发现不同股票市场之间波动溢出效应可以由贸易逆差、失业率、通货膨胀、工业制造产值、货币供应量等因素进行解释。也有研究发现股票市场收益率和波动率与宏观经济基本面因素之间存在强烈的相互作用（Abbas et al.，2019；Perry，1998）。

市场传染假说（market contagion hypothesis）认为某一国家、地区在经济基本面保持不变的情况下，假设各股票市场经济基本因素均不相同，由于市场参与者不能完全掌握本地股票市场的全部信息，因此在做决策时会参考其他国家、地区的股票市场信息来推测本地股票市场的变化，从而使得股票市场之间产生明显的溢出。

金和瓦德瓦尼（King & Wadhwani，1990）较早地从市场传染视角来解释金融市场的关联性，并且构建一个市场传染模型。他们发现，在经济基本面不变的情况下，一个市场股票价格变化就能对另一个市场产生影响，尤其是当变化幅度较大时。这是因为，在投资者信息不完全时，股票价格变化可以直观地被观察到，但是导致价格变化的所有信息却不能被完全获知，因此投资者在进行实际投资决策时会带有一定的主观判断。而当股票价格发生大幅度波动时，投资者可能会认为经济基本面发生了重大变化，这种情况下会做出相应的买入或卖出行为，最终导致即便股票市场的价格波动是一个"偶然的错误"，也会传染到其他市场，进而不同市场之间的联系得到加强。同样，康诺利和王（2003）通过对美国、日本、英国股票市场之间的溢出效应分析发现，国内投资者通常倾向于参考国外市场的非公开咨询进行投资交易。福布斯与里戈本（Forbes & Rigobon，2002）研究发现，即便两个市场之间不存在经济联系和资本流动，当某个市场出现金融危机事件时，不管这一危机事件是否会对其他市场产生影响，其他市场的投资者也会对这一信息作出过度反应，产生非理性预期，进而导致股票市场之间形成风险传染。

第四节　数据、方法与模型

一、样本选取和数据处理

为了研究股票市场对外开放过程中波动溢出效应程度和风险传导方向的变化，以沪港通为例探究沪港通开通前后沪市、港市以及与国际市场之间的波动溢出效应。样本数据包括香港市场、上海市场、纽约市场的代表性指数香港恒生指数（Hang Seng Composite Index）、上海证券综合指数（Shanghai Composite Index）和美国标准普尔 500 指数（S&P 500 Index），以 2014 年 11 月 17 日沪港通开通时间为界限，采用前后各 1 000 个交易日指数数据，时间跨度从 2010 年 9 月 29 日到 2018 年 12 月 18 日，每组数据都包括最低价（L）和最高价（H）。数据来源于 Wind 数据库。

采用日最高价（H）和日最低价（L）来计算市场 i 在 t 时刻的日收益波动，计算公式如下：

$$\widetilde{\sigma}_{it}^2 = 0.361\left[\ln(H_{i,t}) - \ln(L_{i,t})\right]^2 \tag{11.1}$$

公式 $\hat{\sigma}_{i,t} = 100\sqrt{365\widetilde{\sigma}_{i,t}^2}$，将日收益波动转化为百分比的年化波动率，图 11-1 给出了各股票市场波动率的时间序列图。将波动率取对数用于建模和波动溢出指数的计算，表 11-1 为对数波动率的描述性统计。

分析图 11-1 发现，各市场波动率具有明显的聚集性，尤其是在 2011 年欧债危机和 2015 年中国内地股灾[①]期间。中国香港市场和美国市场在欧债危机时期均出现波动率急剧增大的现象，受影响程度相似。而沪市受到国际市场影响较小，市场间联动性较低，并未出现明显跳跃。在中国内地股灾期间各市场波动率又表现出不同的特征。沪市的波动率显著增加，且持续时间较长；香港市场受上海市场影响波动率也有明显跳跃，但持续时间较短；美股市场波动率只是小幅增大，和欧债危机时期相比增加并不明显。由此可见，

---

① 中国内地股市继 2008 年股灾后，2015 年发生的严重股灾，具有不同于成熟市场股灾的特点。

股票市场的波动性具有时变性,上海市场和香港市场之间的联动性较强,与美国市场之间的联动性则相对较弱。从表 11 - 1 中也可看出,无论是从均值还是最大、最小值来看,美国市场的整体波动性较小,沪市的波动性相对较大。ADF 检验表明,对数波动率序列平稳,可直接用于建模和实证分析。峰度、偏度和 JB 检验表明数据具有一定的"尖峰厚尾"特征。

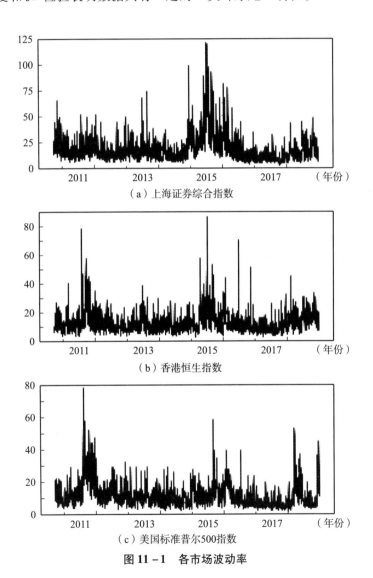

(a)上海证券综合指数

(b)香港恒生指数

(c)美国标准普尔500指数

图 11 -1 各市场波动率

表 11 −1　　　　　　　　各市场对数波动率的描述性统计

指标	上证综指	恒生指数	标准普尔 500 指数
观测值	2 000	2 000	2 000
均值	− 9.678	− 10.212	− 10.599
最小值	− 12.984	− 12.804	− 14.082
最大值	− 5.499	− 6.208	− 6.384
标准误	1.133	0.950	1.187
峰度	4.518	3.394	3.171
偏度	0.322	0.447	0.250
ADF 检验	− 6.415 ***	− 8.775 ***	− 6.071 ***
JB 检验	29.853 ***	50.714 ***	21.339 ***

注：* 、** 、*** 分别表示在 10%、5%、1% 的置信水平下显著。

二、方法与模型

考虑到简单 VAR 框架下的波动溢出指数只关注了总溢出，且在 Cholesky 因子正交化的驱动下，结果会依赖于变量顺序的不同而改变的情形，按照迪博尔德和伊尔马兹（2012）的思想和方法，定义广义 VAR 框架中测量方向溢出来消除对排序的依赖性，深入研究沪、港、美三市之间的波动溢出效应，测算出沪港通开通之前和开通之后各 1 000 个交易日内波动溢出指数，以及三个市场之间波动传导方向的改变，探讨沪港通的实施是否增强了国内市场和美国市场的溢出，以及这种溢出是直接产生的还是间接通过中国香港市场产生的，进一步地探讨对于沪港通波动溢出效应的理论解释。

设定 VAR(p) 模型为：

$$x_t = \sum_{i=1}^{p} \Phi_i x_{t-i} + \varepsilon_t \qquad (11.2)$$

其中，$\varepsilon \sim (0, \sum)$ 为独立同分布的随机扰动项。移动平均表示为：

$$x_t = \sum_{i=0}^{\infty} A_i \varepsilon_{t-i} \tag{11.3}$$

其中，$N \times N$ 系数矩阵 A_i 服从递归序列：

$$A_i = \Phi_1 A_{i-1} + \Phi_2 A_{i-2} + \cdots + \Phi_p A_{i-p} \tag{11.4}$$

A_0 为一个 $N \times N$ 的单位矩阵，$i < 0$ 时，$A_i = 0$。

依赖方差分解可以在预测 x_i 对 $x_j (\forall j \neq i)$ 的冲击时评估 H 步向前预测的误差变量。广义方差分解不尝试对冲击进行正交化，而是利用观察到的误差分布历史数据来适当的解释这些冲击。由于对每个变量的冲击不是正交化的，对预测误差方差的贡献的总和不一定等于 1。考虑 H 步向前预测，用 $\theta_{ij}^g(H)$ 表示误差方差分解矩阵元素，可由以下公式计算得到：

$$\theta_{ij}^g(H) = \frac{\sigma_{jj}^{-1} \sum_{h=0}^{H-1} (e_i' A_h \sum e_j)^2}{\sum_{h=0}^{H-1} (e_i' A_h \sum A_h' e_i)} \tag{11.5}$$

其中，$\theta_{ij}^g(H)$ 为矩阵中第 i 行 j 列的元素，表示第 i 个变量总预测方差中来自第 j 个变量的比例，σ_{jj} 为第 j 个扰动项的方差，e_i 和 e_j 分别代表单位阵的第 i 个和第 j 个的列向量。为了使误差方差分解矩阵满足行向量的和等于 1，需要将矩阵按行进行标准化，变换之后得到矩阵 $\tilde{\Theta}$，矩阵元素计算公式如下：

$$\tilde{\theta}_{ij}^g(H) = \frac{\theta_{ij}^g(H)}{\sum_{j=1}^{N} \theta_{ij}^g(H)} \tag{11.6}$$

基于变换后的误差方差分解矩阵 $\tilde{\Theta}$，可以计算出各种波动溢出指数。利用 KPPS 方差分解的波动性贡献，构建出总波动溢出指数：

$$S^g(H) = \frac{\sum_{\substack{i,j=1 \\ i \neq j}}^{N} \tilde{\theta}_{ij}^g(H)}{\sum_{i,j=1}^{N} \tilde{\theta}_{ij}^g(H)} \times 100 = \frac{\sum_{\substack{i,j=1 \\ i \neq j}}^{N} \tilde{\theta}_{ij}^g(H)}{N} \times 100 \tag{11.7}$$

由于广义脉冲响应和方差分解对变量的排序是不变的，利用广义方差分解矩阵来计算方向溢出，用 $S_{i\cdot}^g(H)$ 表示溢入指数，即市场 i 受到的其他所有市场的定向溢出作用，计算公式如下：

$$S_{i\cdot}^{g}(H) = \frac{\sum\limits_{\substack{j=1\\j\neq i}}^{N} \widetilde{\theta}_{ij}^{g}(H)}{\sum\limits_{i,j=1}^{N} \widetilde{\theta}_{ij}^{g}(H)} \times 100 = \frac{\sum\limits_{\substack{j=1\\j\neq i}}^{N} \widetilde{\theta}_{ij}^{g}(H)}{N} \times 100 \qquad (11.8)$$

同样，溢出指数为市场 i 对其他所有市场的总溢出作用，用 $S_{\cdot i}^{g}(H)$ 表示：

$$S_{\cdot i}^{g}(H) = \frac{\sum\limits_{\substack{j=1\\j\neq i}}^{N} \widetilde{\theta}_{ji}^{g}(H)}{\sum\limits_{i,j=1}^{N} \widetilde{\theta}_{ji}^{g}(H)} \times 100 = \frac{\sum\limits_{\substack{j=1\\j\neq i}}^{N} \widetilde{\theta}_{ji}^{g}(H)}{N} \times 100 \qquad (11.9)$$

由此可得到市场 i 对其他所有市场的净波动溢出，即溢出指数减去溢入指数：

$$S_{i}^{g}(H) = S_{\cdot i}^{g}(H) - S_{i\cdot}^{g}(H) \qquad (11.10)$$

同时还能得出两市场之间的净两两波动溢出：

$$S_{\cdot i}^{g}(H) = \left(\frac{\widetilde{\theta}_{ji}^{g}(H)}{\sum\limits_{i,k=1}^{N} \widetilde{\theta}_{ik}^{g}(H)} - \frac{\widetilde{\theta}_{ij}^{g}(H)}{\sum\limits_{j,k=1}^{N} \widetilde{\theta}_{jk}^{g}(H)} \right) \times 100$$

$$= \left(\frac{\widetilde{\theta}_{ji}^{g}(H) - \widetilde{\theta}_{ij}^{g}(H)}{N} \right) \times 100 \qquad (11.11)$$

市场 i 和 j 之间的净两两波动溢出就是从市场 i 传递到市场 j 的总波动溢出和从市场 j 传递到市场 i 的总波动溢出的差值。

第五节　实证结果分析

一、波动溢出指数测度

基于模型（11.1）~模型（11.11）计算的上海、香港和纽约市场 2010 年 9 月 29 日至 2018 年 12 月 18 日全样本波动溢出指数如表 11-2 所示。

可以看出，沪市和香港市场的溢出指数相似且最高，而纽约市场的溢出指数仅有 1.74%，且净溢出作用为负。这说明沪港两市之间的联动性较强，与纽约市场的联动性相对较弱。虽然中国资本市场加快开放步伐，与世界各国的经济联系越来越紧密，但从长期来看，中国资本市场的开放程度不高且与国际市场联动性不强。香港市场的净溢入指数最高达 16.5，最易受其他市场的波动溢出，且主要受到来自沪市的溢出效应。有趣的是，纽约市场的净波动溢出效应明显低于沪市和香港市场的波动溢出效应，这与通常的认知不同，由于表 11 - 2 给出的是整个样本期间总体的波动溢出，提供的是一种平均波动溢出行为，对市场周期性波动和危机时期的表现不能很好的描述。为了进一步研究动态条件下三个市场的波动溢出效应，采用滚动窗口来计算动态波动溢出指数。

表 11 - 2　　　　　　　　　波动溢出指数　　　　　　　　单位：%

市场指数	溢出指数	溢入指数	净波动溢出	总溢出指数
上证综指	17.95	14.31	3.64	103.64
恒生指数	17.42	16.50	0.92	100.93
标准普尔 500 指数	1.74	6.30	- 4.56	95.45

注：溢出指数为本市场向其他市场的溢出效应，溢入指数为从另外两个市场向本市场的溢出效应，总溢出指数为包括自身市场的总溢出效应。

二、滚动窗口波动溢出测度

样本期间包括 2011 年欧债危机和 2015 年中国内地股灾两个剧烈波动时期，由于危机期间的市场波动性和市场之间的联动性会明显不同于其他时期，市场的波动溢出效应也会随着时间的变化而变化。并且随着经济全球化和一体化，世界市场之间的联动性逐渐加强，全样本的分析并不能刻画股票市场的时变性，因此本章采用滚动窗口方法来计算时变的波动溢出指数。通过固定样本窗宽，在选择的窗口内估计模型和计算波动溢出指数，然后逐期移动窗口分别计算不同窗口下的波动溢出指数。本章将窗宽设置为 200 天，估计滚动样本的波动溢出性，图 11 - 2 为三个市场的时变总波动溢出指数。2011 ~

2012 年欧债危机时期，国际市场大幅度下跌，国内市场也呈现出低迷的状态，上证综指一度跌破 2 000 点。图中可以看出，总波动溢出指数从最开始的低于 10%，急剧上升至接近 20%，其后又缓慢降低到 10% 以下。2012 ~ 2016年波动溢出指数始终在缓慢上升，在 2015 年 7 月至 10 月中国内地股灾达到最大超过 25%，而后至 2017 年 3 月降低到接近 5%，在 2018 年中期又达到一个峰值。总波动溢出图很好地反映了市场的周期性波动和金融危机时的表现。

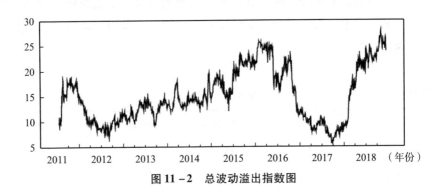

图 11 - 2　总波动溢出指数图

为了进一步检验市场之间的定向波动溢出，同样利用滚窗法动态地估计各个市场的净溢出和净溢入。其中，图 11 - 3 为每个市场向其他市场的定向波动溢出图。在金融危机期间，每个市场的溢出效应都大于 15%，最高接近40%。非危机期间上海和香港市场在 10% ~ 15% 之间波动，纽约市场溢出则低于 5%。图 11 - 4 中来自其他市场的溢出指数表明，纽约市场的溢入指数较小，而对上海和香港市场的溢出效应均偏高，尤其是中国内地股灾对上海和香港市场的影响较大。从整体趋势上可以看到，上海和香港市场无论是溢出还是溢入都呈现出相似的波动，而与纽约市场却有明显不同。说明上海市场与香港市场有较强的联动性，尤其是沪港通开通之后更为明显，与纽约市场之间联动性较弱。

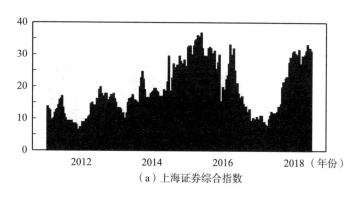

（a）上海证券综合指数

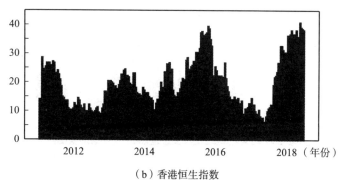

（b）香港恒生指数

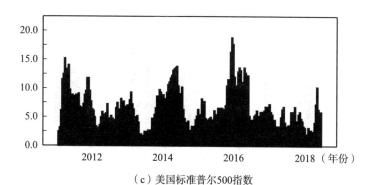

（c）美国标准普尔500指数

图 11－3　定向波动溢出—净溢出指数图

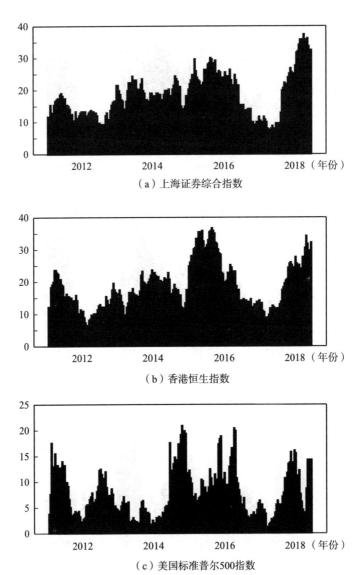

（a）上海证券综合指数

（b）香港恒生指数

（c）美国标准普尔500指数

图 11 -4　定向波动溢出—净溢入指数图

三、净波动溢出指数

鉴于图 11 - 3 和图 11 - 4 的定向波动溢出只能反映单一市场的总溢出或溢入，为了更好地展现单一市场和其他市场之间的净波动溢出效应，根据公式估算出的时变净波动溢出指数（净溢出指数 - 净溢入指数）如图 11 - 5 所示，同时计算出了两两市场之间的净波动溢出指数如图 11 - 6 所示。图 11 - 5 显示，沪市从 2011 年到 2012 年前期波动溢出指数均为负值，在欧债危机期间表现为波动溢出的接受者，且主要由香港市场传导至沪市，在 2012 年的中后期转为正值的波动溢出。由于 2013 年全年停发 IPO、导致沪指震荡剧烈，6 月 19 日资金市场面临流动资金奇缺，同业拆借利率大幅上涨，9 月 29 日上海自由贸易区正式挂牌，自贸概念股大涨，在此期间沪市发生了又一次主要的波动溢出，且为超过 5% 的溢入效应。中国香港市场在此期间主要表现为溢出效应，纽约市场波动溢出不明显。2013 年 8 月至 2014 年 6 月纽约市场波动溢出传导至香港市场，沪市波动溢出效应不显著。2014 年 6 月 13 日中国证监会发布《沪港股票市场交易互联互通机制试点若干规定》，至 2014 年末前，波动溢出的传导路径为从香港传导至上海，再到纽约市场。2014 年 11 月 17 日沪港通正式启动，沪市的溢出效应上升至超过 10%，在 2015 年上半年一度跃升至 15% 左右。

结合图 11 - 6 可以看出，欧债危机对上海市场和纽约市场之间的波动溢出效应影响较小，上海市场的溢入效应主要来自香港市场。在沪港通开通前上海市场溢入效应明显，开通后溢出效应大幅度增加，上海市场对纽约市场的溢出效应也明显上升。香港市场在沪港通开通之后表现为波动溢出的接受者，且波动溢出传导方向转变为沪市向香港市场的传导。2015 年中国内地股灾造成股指大幅度下跌和市场震荡，沪市对香港市场和纽约市场的溢出效应在 2015 年末迅速降低，同时中国香港市场对纽约市场产生了一次明显的波动溢出效应。随着政策调控和市场恢复，2016 年中后期沪市对香港市场的溢出效应逐渐上升，出现峰值。

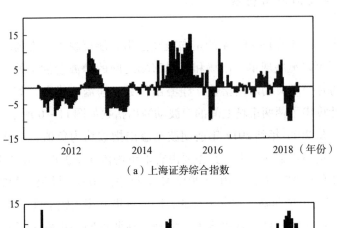

（a）上海证券综合指数

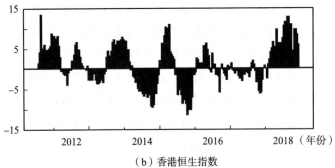

（b）香港恒生指数

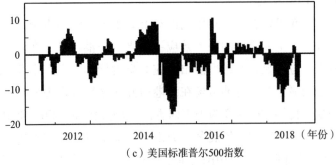

（c）美国标准普尔500指数

图 11 - 5　净波动溢出指数图

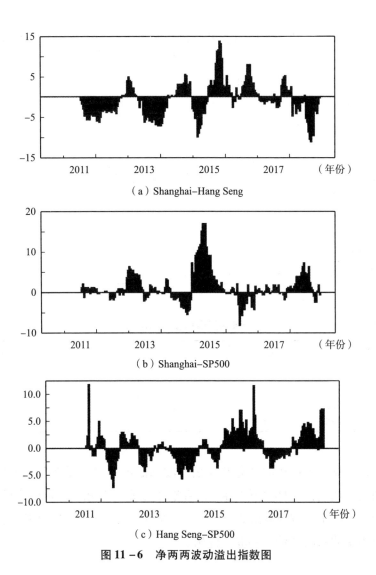

（a）Shanghai–Hang Seng

（b）Shanghai–SP500

（c）Hang Seng–SP500

图 11－6　净两两波动溢出指数图

　　表 11－3 和表 11－4 分别为沪港通开通前、后三个市场之间的波动溢出指数测度。开通之前香港市场的溢出指数和溢入指数均为最高，并表现出正的波动溢出作用。沪市和纽约市场的净波动溢出指数相对较低且为负值。开通之后，沪市的溢出指数和溢入指数均明显增加，并且呈现出净溢出作用，香港市场的溢入指数增加，主要受到来自沪市的溢出作用，净波动溢出也由

正向变为了负向。纽约市场的溢出指数却明显下降，受到来自其他市场的溢出作用明显上升。尽管中国内地股灾期间沪市严重受挫，香港市场也受到明显影响，但从长期来看，沪港通增强了沪港两市的联动性，沪市通过中国香港市场对纽约市场的间接影响力显著增强。这就使得沪市竞争力逐渐提升，从而更有利于风险的转移。

表 11 – 3 　　　　　　　　　沪港通开通前波动溢出指数　　　　　　　　　单位：%

市场指数	溢出指数	溢入指数	净波动溢出	总溢出指数
上证综指	11. 25	12. 28	– 1. 03	98. 98
恒生指数	17. 51	15. 27	2. 24	102. 24
标准普尔 500 指数	5. 56	6. 77	– 1. 21	98. 79

表 11 – 4 　　　　　　　　　沪港通开通后波动溢出指数　　　　　　　　　单位：%

市场指数	溢出指数	溢入指数	净波动溢出	总溢出指数
上证综指	23. 81	17. 01	6. 80	106. 79
恒生指数	18. 96	20. 03	– 1. 07	98. 93
标准普尔 500 指数	0. 84	6. 57	– 5. 73	94. 27

由此可见，沪市从沪港通开通之前波动溢出的"接受者"，转变为沪港通开通之后波动溢出的"传导者"，香港市场则与此相反。沪港通的开通增大了沪、港两市的波动溢出效应。传导方向也由单一的"港→沪"溢出变为以沪市为主的双向"沪←→港"溢出。

四、沪港通波动溢出效应变化的原因分析

沪港通实施后的波动溢出效应程度和方向的变化符合经济基础假说和协同市场假说（Coherent Market Hypothesis）。经济基础假说认为一国的宏观经济变量不仅影响本国的股票市场，也会影响其他国家的股票市场。当宏观经济变量差异越小时，市场的经济基本面越趋于相似，信息在这种情况下就更

容易流动，使市场间的相关性更强。协同市场假说认为资本市场的价格、收益率或者风险与收益状况由外部基本经济环境和投资者集体情绪这两个因素结合所确定，强有力的基本状况与强烈的投资者情绪相结合，产生协同效应。中国香港作为一个自由贸易区，中国香港市场在回归之前主要受西方市场影响，但随着内地香港经济一体化程度逐渐加强，香港市场内地概念股占比不断增大，相对成熟的香港市场对内地市场的定价和效率发挥着传导者作用。沪港通实施后，一方面，互联互通机制弱化了两个市场之间的分割，相似的基本经济环境和投资者情绪为跨境协同以及共同应对外部市场风险传染提供了条件；另一方面，沪市本身日渐成熟且市值规模已经跃居全球第二位，导致了两个市场之间的联动性加大，沪市对港市的影响力增强。

第六节　主　要　结　论

本章借鉴迪博尔德和伊尔马兹（2012）的方法，通过运用滚窗方法计算出时变波动溢出指数（总波动溢出指数和净波动溢出指数）定量研究沪港通交易制度实施前后上海市场与中国香港市场、纽约市场的波动溢出效应变化，研究发现：

（1）沪港通的实施增大了沪市与香港市场的波动溢出效应，与美国的波动溢出效应相对减小，沪港通在加强沪、港两市联动性的同时弱化了与纽约市场的联动性。

（2）沪港通的实施改变了沪港两市之间波动溢出效应的传导方向，由单一的"港→沪"溢出变为以沪市为主的双向"沪←→港"溢出。同时也增大了对纽约市场的溢出效应，沪港通的实施增强了沪市的竞争力。

（3）欧债危机对上海市场的波动溢出效应变化影响不大。由于沪港通实施后的样本期间没有发生重大的外部危机，所以本章的结论无法回答沪港通是否有助于规避外部重大危机期间的传染效应问题，不过从2020年纽约市场三次熔断对沪市的实际影响看，纽约市场对沪市的波动溢出趋势变化不大。

第十二章

跨境交叉上市的风险传染机理与媒介角色

第一节 引 言

风险溢出效应被描述为当单一金融机构或市场风险损失事件快速扩散到整个金融系统之中，随着全球一体化进程的深化，风险溢出效应引起国内外学者广泛的关注。现有关于交叉上市市场波动溢出效应的研究，大多将交叉上市公司作为研究对象，分析两个市场之间的波动溢出，而关于交叉上市公司风险传染机理以及"媒介"作用的研究比较少。近年来，全球各国股票市场联动性不断加强，大量学者在复杂网络理论的基础上，通过构建网络性结构对股票市场间的关联性和溢出性进行研究，此类从网络拓扑角度出发的研究方法更加适合目前的现实情况。

自1993年青岛啤酒成为第一家A+H交叉上市的公司开始，内地交叉上市公司数量快速增加。在中国资本开放的进程当中，香港正在逐渐成为一个连接内地资本市场和世界资本市场的重要枢纽，虽两个市场均属于一个国家，但相比于内地市场，香港金融市场和国际金融市场的联系更为紧密，正是由于两地市场相关制度、法律、地位等因素的差异，造成一定程度的市场分割，导致交叉上市股票市场间存在波动溢出效应。进一步梳理发现，现有A+H上市公司多为本行业中的"龙头"企业以及通信、能源、金融等直接关系民生的支柱产业，在遭遇国际金融系统性风险时，A+H交叉上市公司最有可能首先充当风险传染的先锋和"媒介"。鉴于此，本章选取两地市场行业指数以及恒生A+H指数作为研究对象，深入分析跨境交叉上市的风险传染机理与媒介作用。预期成果将进一步明晰跨境交叉上市的风险传染机理与媒介角色，为市场监管提供决策依据。

第二节 文献综述

努诺（Nuno，2005）通过构建资产定价模型（CAPM），交叉上市股票成为连接两地市场的渠道，两个分割市场之间的投资壁垒被打破，投资者可以通过在更大范围内构建投资组合从而分散投资风险。陈国进（2007）通过研究表明，由于中国内地市场开放程度相对较低，且大陆投资者的投资渠道还很狭窄，因此，交叉上市的风险分散效应并不明显。王和芮（Wang & Rui，2002）选择香港和伦敦交叉上市股票数据，利用 GJR – GARCH 模型对其市场间波动溢出效应进行分析，结果表明，香港和伦敦市场存在双向的波动溢出效应，其中，香港市场向伦敦市场的波动溢出更强。佐洛蒂和梅伦伯格（Zolotoy & Melenberg，2009）选取日本股票市场的股票以及以这些股票为基础资产的 ADR，利用多元 VECM – GARCH 模型对日本、纽约两个市场波动溢出效应进行考察，发现两市场存在双向波动溢出效应。陈学胜、陈学胜和周爱民（2009）通过构建永久/暂时模型、信息分享模型的实证研究表明，虽 A 股和 H 股存在价差，但两者的变动存在协整关系。张涤新和冯萍（2013）基于 A + H 交叉上市公司角度，分析 2008 年次贷危机在两地市场的传播路径问题，结果表明风险通过香港市场向内地市场进行单向传播。曾志坚等（2009）认为，一个市场金融资产发生变化（上涨/下跌）时，将影响另一市场持有该金融资产的投资者做出相应交易行为，从而使两个市场的金融资产价格产生联动性。丁志国等（2011）阐述了不同市场间风险传染的主要方式：资本流动、信息传递以及投资者情绪，运用多元 GARCH 模型验证国际资本流动对中国市场造成影响的结论。刘井建等（2015）利用非线性 STR 模型研究中国沪深 300 行业的风险联动性，结果表明：在金融危机后，行业间的风险联动出现新的特征。杨红伟等（2018）表明中国股市结构特点具有时变性，在 2015 年股灾前后其结构呈现显著的区别。周爱民和韩菲（2017）构建 GARCH – 时变 Copula – CoVaR 模型对内地和香港股市以及外汇市场风险溢出效应进行测度，通过分析，该模型所得结论具有一定稳健性。林娟和赵海龙（2020）构建时变 ΔCoVaR 模型对沪深股市和香港股市的尾部风险溢出效应进行估算，发现两者之间存在双向风险溢出效应，且后者对于前者的风险溢出效应更强。任英华等（2020）通过构建 Dcc – Garch – Copula – ΔCoVaR 模型测度全球主要股票市场时变风险溢出。

传统的 VaR 指标更关注于波动率溢出，无法有效度量样本间的风险溢出关系，且为达到结果的时变性，往往采用滑动窗口方法，在窗口期的选择上具有一定主观性。ΔCoVaR 能准确地把握风险在机构或市场间传播关系，且在估计方法上表现出多种可能性，其中，以多元 GARCH 模型和 Copula 方法为主流。通过 GARCH 模型估计时依赖于对模型残差分布的假设，将直接影响估计结果的准确性，而 Copula 函数能够对样本联合分布进行估计，有效捕捉样本的分布特征，由于 Copula 方法其操作性强、适用于多种问题研究的优势，得到广泛的应用。

近年来，基于复杂网络理论，通过构建网络性结构对股票市场间的关联性和溢出性进行研究引起了重视。陈等（2014）基于聚类相关系数分析了股票市场的拓扑性质和股票之间的相关性。帕特沃里等（Patwary et al.，2017）利用最小生成树法构建韩国和美国股票市场之间的加权网络。学者们在运用复杂网络理论时，一般将单只股票或股票市场作为网络的"节点"，而利用"连边"来描述两个样本之间的收益率相关性或风险溢出。为了控制网络密度以保证网络具有良好的拓扑性质，往往会采用阈值法，通过设定一个数值来对原始网络进行筛选，使得网络中的重要信息能够更加清晰地呈现。欧阳红兵等（2015）采用最小生成树法和平面极大过滤法构建中国同业拆借市场金融风险传染网络，其结论表明，结合网络拓扑结构分析金融市场风险传染具有一定有效性，为风险传导潜在路径提供有效工具。博金斯基等（Boginski et al.，2005）利用阈值法对网络中的有效信息进行提取，指出当阈值 $\theta \geqslant 0.2$ 时，网络具有很好的拓扑结构。吴翎燕（2013）在设置最佳阈值为 0.5 的情况下，对依据相关系数所构成的上海股票市场网络进行筛选。宫晓莉等（2020）通过构建中国金融机构间信息溢出网络，来甄别金融网络风险传染中系统重要性金融机构，发现股份制商业银行在金融风险中传染能力大于国有商业银行。

第三节 方法与模型

首先，选取两地市场行业指数以及恒生 A + H 指数作为研究对象，从行业分类角度分析内地、香港两个市场以及 A + H 交叉上市公司的风险传染路径问题。其次，采用 DCC – GARCH – Copula – ΔCoVaR 模型度量指数之间的风险溢出值，基于复杂网络理论，以指数为网络节点、风险溢出值为边，通过阈值法构建风险溢出网络，从网络拓扑结构的角度出发，分析 A + H 交叉上市公司在风险传染中所起到的媒介作用。最后，采用 SJC Copula 模型度量样本之间的尾部相关性，并利用最小生成树法（MST）依据尾部相关性构建尾部风险传染图，作为对上述结论的稳健性支撑。

一、DCC – GARCH – Copula – ΔCoVaR 模型

DCC – GARCH – Copula – ΔCoVaR 模型将 GARCH 模型、Copula 函数、VaR 相结合，GARCH 模型用于刻画样本主要的分布特征，利用 Copula 函数允许对联合分布进行估计的特点，刻画样本之间的相依结构，从而准确把握金融数据样本分布尖峰厚尾、异方差性特征；而 DCC 方法的加入，使得结果具有时变的特征，避免滚窗方法主观设定窗口期的误差影响，在此基础上进一步求得 ΔCoVaR。

Copula 函数要求先对原序列边缘分布拟合，考虑到金融数据的尖峰厚尾特征，首先选取偏 t 分布的 Garch(1，1) 模型对序列进行拟合，刻画序列的波动特征，具体过程如下：

$$R_{j,t} = \varphi_0 + \varphi_1 R_{j,t-1} + \varepsilon_{j,t} \tag{12.1}$$

$$\varepsilon_{j,t} = \sigma_{j,t} z_{j,t}, \ z_{j,t} \sim Skewedt(\upsilon, \ \lambda) \tag{12.2}$$

$$\sigma_{j,t}^2 = \omega + \alpha \varepsilon_{j,t-i}^2 + \beta \sigma_{j,t-1}^2 \tag{12.3}$$

其中，R_t 为收益率序列，$\varepsilon_{j,t}$ 为随机扰动项，$\sigma_{j,t}^2$ 为条件方差，$z_{j,t}$ 服从独立同分布的偏 t 分布。

而在众多 Copula 函数中，t – Copula 函数更适合刻画两组金融收益序列相

关特征的函数，其结构更加灵活。因此，本章将采用 t – Copula 函数来刻画变量之间的联合分布，其密度函数如下：

$$c(u_1, \cdots, u_n) = \frac{t_{R,v}(T_v^{-1}(u_1), \cdots, T_v^{-1}(u_n))}{\prod\limits_{i=1}^{n} t_v(T_v^{-1}(u_i))} \qquad (12.4)$$

其中，T_v^{-1} 为标准 Student – t 分布 T_v 的逆分布，v 为自由度；$t_{R,v}$ 为 n 维学生 t 分布，R 为相关系数矩阵，t_v 和 $t_{R,v}$ 分别为 T_v 和 $T_{R,v}$ 的概率密度函数。

根据动态条件相关系数法（DCC）可以将 t – Copula 的相关结构动态化，使结果具有时变特征。其相关关系矩阵定义如下：

$$Q_t = (1 - \alpha - \beta)\overline{Q} + \alpha\varepsilon'_{t-1} + \beta Q_{t-1} \qquad (12.5)$$

$$R_t = Q_t^{-1} Q_t Q_t^{-1} \qquad (12.6)$$

其中，Q_t 为 $N \times N$ 维对称正矩阵，$\overline{Q}$ 为 $(T_v^{-1}(u_1), \cdots, T_v^{-1}(u_n))'$ 无条件方差协方差矩阵。α、β 都大于 0 并且满足 $\alpha + \beta < 1$，R_t 为动态相关系数矩阵。

根据阿德里安（Adrian，2008）等定义 CoVaR 为衡量当一只股票处于某种状态时，其他股票所面临的风险。VaR_t^q 表示收益率序列 r_t 在显著性水平 q 下的在险价值（VaR），定义为：

$$VaR_t^q = inf\{x \in R: Pr(r_t \leq x \mid F_{t-1}) = q\} \qquad (12.7)$$

$$CoVaR_q^{0.5 = VaR} = inf\{x_1 \in R: Pr(r_1 \leq x_1 \mid x_2 = VaR_q) = q\} \qquad (12.8)$$

而 $\Delta CoVaR$ 定义为一只股票的条件价值风险与其处在正常情况的条件风险价值之差：

$$\Delta CoVaR_q^{0.5} = CoVaR_q^{0.5 = VaR} - VaR_q^{0.5 = median(VaR)} \qquad (12.9)$$

二、SJC Copula 模型

尾部相关性表现为在极端情况下（极涨或极跌），样本之间的相关情况，t – Copula 模型在描述不对称的尾部相关性时存在一定的弊端，因此本章采用 SJC Copula 模型来刻画该指标。

巴顿（Patton，2001）的 SJC Copula 模型刻画不对称的尾部相关性，表达式如下：

$$C_{SJC}(u, v; \tau^U, \tau^L) = \frac{1}{2}\big[C_{JC}(u, v; \tau^U, \tau^L)$$

$$+ C_{JC}(1-u, 1-v; \tau^U, \tau^L) + u + v - 1\big] \quad (12.10)$$

其中，u，v 分别为随机变量 X，Y 的分布函数，τ^U，τ^L 分别为上尾、下尾相关系数。根据上尾部和下尾部相关系数的时变性来定义 SJC Copula 函数中参数的时变性，以获得与每个时间点给定的上、下尾部相关系数相对应的 Copula 参数的值。其上、下尾相关参数模型为：

$$\tau_t^U = f\left(\omega^U + \beta^U \tau_{t-1}^U + \alpha^U \frac{1}{n} \sum_{j=1}^{n} |u_{t-j} - v_{t-j}|\right) \quad (12.11)$$

$$\tau_t^L = f\left(\omega^L + \beta^L \tau_{t-1}^L + \alpha^L \frac{1}{n} \sum_{j=1}^{n} |u_{t-j} - v_{t-j}|\right) \quad (12.12)$$

其中，$f(x) = \dfrac{1}{(1+e^{-x})}$ 为 logistics 函数，用于保证尾部相关系数都属于（0，1）区间，ω，β，α 均为 SJC Copula 模型参数。

三、阈值法

随着资本市场的开放和资本流动愈加频繁，不同市场之间很容易将风险相互传染，而市场中的股票作为其主要组成部分，在风险传染中的联动关系形成结构复杂的网络，通过设定合适的阈值，能够在过滤掉不重要信息的基础上，呈现出最佳的拓扑结构。本章将各指数作为网络节点，股票之间的风险溢出作为边。而为了保证构建的网络结构足够清晰，采用阈值法过滤风险溢出较小的边。在此基础上，将通过时变 DCC - Garch - Copula - ΔCoVaR 模型所测得的风险溢出值的绝对值作为边的权重，构成"加权有向网络"。

复杂网络理论中的中介中心度代表一个点占据在其他两个节点最短路径的重要位置的情况，参考王耀东等（2021）所定义的媒介中心度指标，对中介中心度指标进行改进，将目标中间节点定位于恒生 A + H 指数，定义为交叉上市媒介中心度：

$$g(v) = \sum \frac{\sigma_{st}(v)}{\sigma_{st}}, \ v \in A_i, \ s \in A_j, \ t \in A_l, \ i \neq j \neq l \quad (12.13)$$

其中，A_i 表示恒生 A + H 指数，A_j、A_l 为除了恒生 A + H 指数以外其他的行业指数，σ_{st}表示指数 s 到指数 t 最短路径总个数，$\sigma_{st}(v)$ 表示 σ_{st} 所组成的最短路径中包含恒生 A＋H 指数的路径个数，以此来刻画交叉上市公司在两地市场风险传染中的媒介作用。

四、最小生成树（MST）

最小生成树（MST）作为复杂网络理论中最为常见的方法，通过提取各样本节点之间的主要信息，在保留网络结构的基础上得到节点聚集形式，在金融领域的应用则表现为刻画金融市场系统性风险传染路径图。

$$\omega(t) = \sum_{(u,v) \in t} \omega(u, v) \tag{12.14}$$

其中，(u, v) 为节点 u，v 的边，$\omega(u, v)$ 为此边的权重。

第四节　实证结果分析

一、数据选择及规范化处理

本章选取 2006 年 1 月 4 日至 2020 年 11 月 30 日的沪深 300 行业指数共 10 个、恒生行业指数共 12 个、恒生 AH 股 A＋H 股指数，样本研究期间包括 2008 年金融危机、2014 年沪港通开放、2015 年中国内地股灾标志性事件，值得研究在不同阶段内的风险传染变化。在剔除交易日期不一致的数据后，每个指数分别得到 3 627 组数据，数据来源 WIND 数据库。

根据目前相关研究，2008 年由美国次贷危机而引起的全球性金融危机持续期为 2007 年 7 月至 2009 年 12 月；而在 2015 年期间，中国内地股票市场发生了一次股灾，上证综指在此期间发生极大震荡，且在 2014 年 11 月，中国开通了沪港通，使中国内地和中国香港股市之间的联动性进一步加强。因此，考虑到中国内地股票市场在各个阶段呈现出不同风险传染规律的特点，本章将数据时间跨度选择分为五个阶段：金融危机前（2005 年 1 月~2007 年 6 月）；金融危机时（2007 年 7 月~2009 年 12 月）；金融危机后（2010 年 1

月~2015年5月）；中国内地股灾、沪港通开通（2015年6月~2017年11月）；中国内地股灾后（2017年12月~2020年11月）。

由表12-1可知，大部分沪深300行业指数收益率的均值和标准差大于恒生行业指数，说明沪深300指数的波动相较于恒生指数来说更为剧烈。根据各个样本的标准差，可以得到沪深300指数中，能源、信息、电信行业风险波动较大；而在恒生指数中，能源、材料、资讯科技行业风险波动较大，两个市场具有相似性。在偏度和峰度上，各收益率具有尖峰厚尾性质。Jarque-Bera检验结果说明，所有样本均不服从正态分布。

表12-1　　　　　　　　　　　样本描述统计

指数	均值	标准差	偏度	峰度	Jarque-Bera
沪深300能源	0.007	2.001	-0.284	6.264	1 657.1
沪深300材料	0.033	2.023	-0.535	5.677	1 255
沪深300工业	0.032	1.888	-0.592	6.781	2 369.6
沪深300可选	0.061	1.901	-0.622	6.073	1 659.2
沪深300消费	0.094	1.840	-0.297	5.765	1 207.5
沪深300医药	0.079	1.897	-0.407	5.965	1 426.7
沪深300金融	0.050	1.947	-0.186	6.433	1 799.9
沪深300信息	0.039	2.211	-0.562	5.270	968.29
沪深300电信	0.029	2.193	-0.239	6.083	1 469.8
沪深300公用	0.020	1.645	-0.654	7.977	3 997.8
恒生AH股	0.021	1.669	-0.170	8.517	4 612.2
恒生能源业	-0.007	2.136	-0.125	12.495	13 619
恒生原材料业	-0.005	2.135	-0.063	9.540	6 460
恒生工业	-0.005	1.864	-0.499	10.684	9 064.5
恒生非必需性消费业	0.012	1.611	-0.238	9.383	6 184.7
恒生必需性消费业	0.029	1.440	-0.310	8.210	4 156
恒生医疗保健业	0.064	1.905	-0.380	8.559	4 752.9
恒生电讯业	-0.001	1.669	0.441	9.765	7 026.4
恒生金融业	0.004	1.598	0.099	13.375	16 254
恒生地产建筑业	0.010	1.699	-0.151	8.097	3 936.2

指数	均值	标准差	偏度	峰度	Jarque – Bera
恒生资讯科技业	0.068	1.957	− 0.172	6.043	1 416
恒生综合业	− 0.010	1.443	− 0.355	10.490	8 544.7
恒生公用事业	0.010	1.076	− 0.441	18.259	35 264

二、风险溢出度分析

由于所选取的指数收益率尖峰厚尾性质，本章利用 AR（1）– Garch（1，1）– Skew – t 模型对其进行拟合，得到标准化残差序列，并用 KS 统计量判断序列是否符合 [0，1] 均匀分布作为对拟合效果的检验，当 p 值大于设定值时，表明不能拒绝原假设，即所测量数据符合原先所设定分布。

由表 12 – 2 可知，当 $\alpha = 0.05$ 时，AR（1）– Garch（1，1）– Skew – t 模型可以刻画绝大部分收益率分布特征，而当 α 设定为更加宽松的 0.01 时，模型可对全部的收益率分布特征进行刻画，表明模型的拟合度较高，所得到的残差序列符合 [0，1] 均匀分布，可进行下一步 Copula 模型拟合。

表 12 – 2　　　　　　　　　　　　KS 检验结果

统计量	$\alpha = 0.05$		$\alpha = 0.01$	
Kolmogorov – Smirnov	大于 α 值个数	占比（%）	大于 α 值个数	占比（%）
	21	91.30	23	100

将所有的残差序列两两配对，利用 t – Copula 模型刻画样本之间的联合分布，基于以上，计算指数之间的 ΔCoVaR。DCC – GARCH – Copula – ΔCoVaR 方法测度得到任意两个行业指数之间的时变风险溢出值 ΔCoVaR，共计 552 个，本章着重展示恒生 AH 股指数的双向风险溢出值，将均值作为参考指标，选取前三组行业指数组合，以研究交叉上市公司的媒介作用。

由图 12 – 1、图 12 – 2 可知，恒生 A + H 指数风险溢出值在双向上并不存在明显的差别，变化幅度较大，说明香港、内地两个市场之间经济、贸易的联系很强。在 2008 年、2015 年风险溢出值出现局部极大点，最高值达到 1.5 ~ 2，表明该时间段内两指数风险溢出效应明显，可能会引发额外的风险溢出，系统脆弱性增加，这与 2008 年全球金融危机、2015 年中国内地股灾时间点相吻合。金融行业在恒生 A + H 指数双向风险溢出值中均值最高，由于金融行业特有的投机机制以及近几年来中国金融改革不断深化、金融行业业态混合化而导致该行业抵御风险能力减弱，更易传播风险。

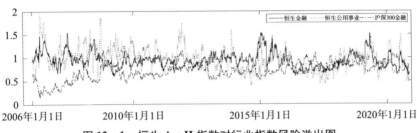

图 12 - 1　恒生 A + H 指数对行业指数风险溢出图

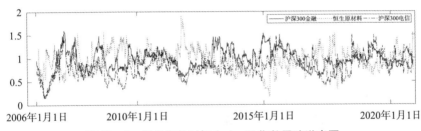

图 12 - 2　行业指数对恒生 A + H 指数风险溢出图

三、风险传染网络

根据风险溢出值利用阈值法构建不同研究时间阶段的静态风险传染网络，阈值的设定具有一定主观性，为了更好地体现 A + H 双重上市公司在两地市场风险传染的拓扑关系，经过多次测算，当阈值设定为［0.71，0.76］时，A + H 双重上市公司在风险传染网络中的重要性更容易展现出来。

根据阈值法所得到风险传染网络中，节点代表行业指数，节点越大，代表该行业的系统重要性越强。由图 12 - 3 可知，不同市场以及行业之间表现出一定的聚集性，和现实股票市场网络情况相类似。其中，恒生 A + H 节点处于两市场风险传染的重要通道上，大部分节点若要影响另一市场，必须经过恒生 A + H 节点。香港市场的内部传染性更强，恒生公用事业、恒生金融业和恒生综合业具有很高的系统重要性。内地市场中，沪深 300 金融和沪深 300 材料具有极强的风险传染能力，能够不通过媒介节点而直接影响至香港市场。

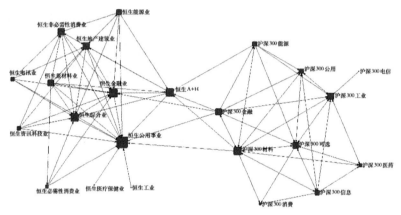

图 12 - 3　阈值法第一阶段风险传染网络

图 12 - 4 显示，两地市场的内部传染性较第一阶段有所加强，由于此阶段处于金融次贷危机期间，因此各节点之间发生更为明显的风险传染。恒生 A + H 节点仍然处于重要的媒介位置。沪深 300 金融和沪深 300 材料仍具有跨境传染风险的能力。此阶段中，恒生医疗保健业为网络结构中的孤立节点，表明该节点在此网络中并不存在贡献，恒生医疗保健业在两地市场风险传染中不具备传递风险、接受风险的能力。

由图 12 - 5 可知，恒生 A + H 节点的媒介作用显著。此阶段风险传染图拓扑结构上与一阶段更为接近，表明两地市场的风险传染特征在次贷危机前后具有一定的相似性。恒生医疗保健业节点与其他任意节点均存在最短路径，说明在恒生医疗保健业在两地市场各个行业中的影响力有所提升，成为整体风险传染网络的一部分。

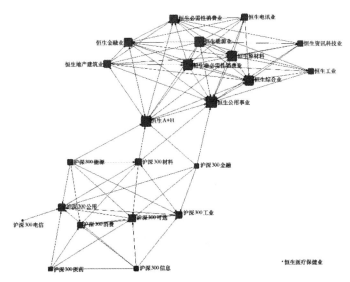

图 12 - 4 阈值法第二阶段风险传染网络

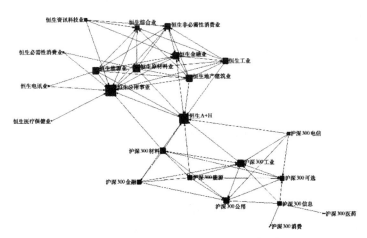

图 12 - 5 阈值法第三阶段风险传染网络

图 12 - 6 显示，两市场中各节点不存在与另一市场直接连通关系，此阶段中，恒生 A + H 节点为唯一媒介节点连接两地市场。内地市场的内部传染性进一步加强。沪深 300 可选、恒生非必需性消费业的系统重要性有所提升。

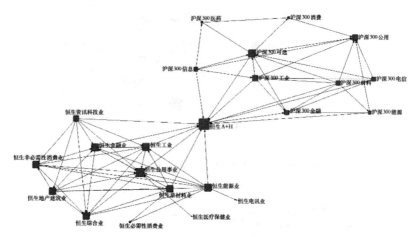

图 12 - 6　阈值法第四阶段风险传染网络

图 12 - 7 中，沪深 300 医药、恒生电讯业为系统孤立节点。沪深 300 信息和恒生能源业与另一市场存在直接连通的边，表明两节点具备很强的跨境风险传染能力。两市场中存在复杂的拓扑关系，恒生 A + H 节点仍为重要的媒介枢纽。

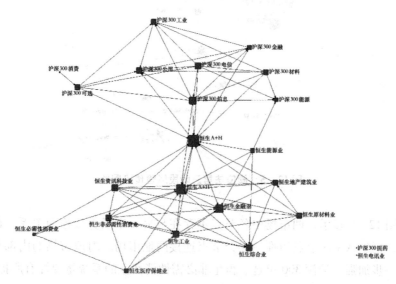

图 12 - 7　阈值法第五阶段风险传染网络

复杂网络中度定义为某一节点连接的其他节点的数目，针对本章的有向网络分为出度和入度，阶段 1~5 的节点度中心性前 3 名如表 12-3 所示。

表 12-3　　　　　　　　　　各阶段节点度中心性前 3 名

阶段	出度（outDegree）				入度（inDegree）			
	排名	节点名称	值	入度排名	排名	节点名称	值	入度排名
第一阶段 （2006 年 1 月~ 2007 年 6 月）	1	沪深 300 材料	10	9	1	恒生公用事业	14	21
	2	恒生原材料业	8	23	2	恒生金融	10	18
	3	沪深 300 金融	8	17	3	恒生综合	9	17
第二阶段 （2007 年 7 月~ 2009 年 12 月）	1	恒生能源业	11	18	1	恒生公用事业	12	22
	2	恒生原材料业	11	16	2	恒生综合业	9	18
	3	恒生地产建筑	6	11	3	恒生必需性消费	9	17
第三阶段 （2010 年 1 月~ 2015 年 5 月）	1	恒生原材料业	9	23	1	恒生公用事业	13	23
	2	恒生能源业	7	18	2	恒生 A + H	10	14
	3	沪深 300 材料	7	12	3	恒生金融业	7	15
第四阶段 （2015 年 6 月~ 2017 年 11 月）	1	恒生能源业	9	23	1	恒生 A + H	12	14
	2	恒生原材料业	8	20	2	恒生公用事业	10	23
	3	恒生资讯科技业	7	19	3	恒生金融业	7	11
第五阶段 （2017 年 12 月~ 2020 年 11 月）	1	沪深 300 信息	9	15	1	恒生 A + H	12	11
	2	沪深 300 电信	8	23	2	恒生公用事业	12	23
	3	恒生资讯科技业	8	22	3	恒生金融业	7	14

节点出度越大，代表该节点在网络中风险传染能力越强；入度越大，表明该行业股票更易接受到来自外界的风险传染。通过表 12-3 发现，五个阶段各节点出入度值存在反比关系，即节点的风险传染具有单一性，在系统中无法同时保持风险接收者和传染者的双重角色。

出度分析中，由于通过阈值法过滤部分的强度较弱的边，因此出度相对较高的节点能一定程度上说明两市场风险传染的强弱对比。第一阶段中，两市场风险传染的主体为内地市场，风险传染能力较强的内地市场节点为材料、金融行业，此阶段内地市场尚不成熟，且开放程度较低，更多地表现为内地市场对香港市场的影响，而香港市场对内地市场的影响较小，这和唐太送（2010）等学者的研究结论相类似。从第二阶段起，传染主体则以香港市场为主，两地风险传染表现出显著的不对称性，其中，能源业、原材料业等行业的风险传染能力最强。第五阶段中，随着内地市场逐步对外开放、沪港通等政策落地完善，内地市场的影响能力有所加强，且出度值高的节点从能源、材料等基础行业转变为信息、资讯科技等新兴行业，说明随着科技进步、经济转型，新兴行业传染能力逐步加强。

入度值较高的节点在各个阶段均以香港市场为主，主要为恒生 A + H、恒生公用事业、恒生金融业、恒生综合业四个节点，原因在于香港市场具有很强的内部传染性。其中，恒生公用事业在五个阶段中均具有很高的入度值，表明该节点在网络中最易受到风险传染，恒生公用事业指数中包含中电控股、电能实业、香港中华煤气等股票，现有的研究大多关注金融行业的风险传染能力，对该行业关注较少。另外，恒生 A + H 节点自第三阶段起，入度值超过恒生综合业、恒生必需性消费业节点，该节点逐渐成为网络系统中的易受传染点。

四、媒介作用分析

基于网络结构的基础上，利用媒介中介度计算 A + H 交叉上市公司在网络结构中的媒介作用。为了进一步探究在不同筛选条件媒介作用的变化，选取当阈值为 0.5、0.6 所构建的网络恒媒介中心度进行比较分析（见表 12 -4）。

表 12 - 4 　　　　　　　　恒生 A + H 指数"媒介中心度"分析

阶段	阈值0.5		阈值0.6		阈值 [0.71, 0.76]	
	媒介中心度	中介中心度	媒介中心度	中介中心度	媒介中心度	中介中心度
第一阶段	0.700	52.505（1）	0.757	47.357（1）	0.800	31.500（2）
第二阶段	0.835	121.788（1）	0.821	86.843（1）	0.889	37.500（1）
第三阶段	0.663	72.631（1）	0.857	39.476（2）	0.900	18.000（3）
第四阶段	0.700	106.957（3）	0.893	63.560（1）	1	39.330（2）
第五阶段	0.464	31.846（1）	0.672	51.254（1）	0.917	43.500（1）

注：中介中心度指标括号中为该阶段节点指标排名。

通过对恒生 A + H 节点的媒介中心度分析可以看到，除阈值为 0.5 第五阶段时，其余阶段媒介中心度均大于 0.5，且随着设定阈值增大，过滤更多权重较小的边后，节点的媒介中心度也呈现上升趋势，表明该节点的媒介作用显著。在阈值为 [0.71, 0.76] 时，第四阶段媒介中心度达到 1，说明该网络中，恒生 A + H 节点是两地市场唯一风险传染的通道。比对复杂网络中中介中心度指标，由于该指标未能排除市场内传染的干扰影响，在描述市场间风险传染时存在一定局限性。在考虑市场间风险传染因素的影响下，恒生 A + H 节点在各阈值所有阶段中均具有很高的中介中心度，说明节点具有很强媒介作用的结论是稳健的。

五、稳健性检验

为验证结论的稳健性，选用 SJC Copula 模型构建样本之间尾部相关性，并利用最小生成树法（MST）提取有效网络。为获得各节点之间的距离作为边的权重，根据丹特（Durante，2014）的方法将尾部相关性转化为距离。

$$d_{ij} = \sqrt{1 - \gamma_{ij}} \tag{12.15}$$

其中，d_{ij}为节点 i，j 之间距离，γ_{ij} 为两者尾部相关性。

由表 12-5 可知，尾部相关性呈现逐渐增大趋势，表明两地市场联动性不断加强。在第二阶段中上下尾相关性均值达到最大，由于次贷危机，该阶段发生剧烈的风险传染。除第一阶段，剩余阶段中各样本之间下尾相关性大于上尾相关性的数量均大于 95%，第一阶段达到 76.68%，呈现明显的不对称性，表明市场在下跌行情中系统性风险传染的概率要高于上涨行情。

表 12-5   尾部相关性结果统计

阶段	上尾相关性		下尾相关性		下尾大于上尾
	均值	标准差	均值	标准差	
第一阶段	0.1375	0.2226	0.2782	0.2259	0.7668
第二阶段	0.2758	0.2131	0.4128	0.2133	0.9644
第三阶段	0.2341	0.1769	0.3699	0.2108	0.9723
第四阶段	0.2241	0.1687	0.3716	0.1689	0.9914
第五阶段	0.2454	0.1579	0.3965	0.1570	0.9960

由图 12-8 可知，各个节点围绕当地市场呈现显著的聚类结构，下尾风险传染图的最长路径要小于上尾风险传染图，表明在下跌行情中，系统性风险能更快地进行传播。不论上下尾风险传染图中，恒生 A + H 节点均为连通两地市场的媒介节点，其媒介作用显著。

图 12-9 显示，恒生 A + H 节点连通两地市场，该阶段中，两地金融行业的系统重要性有所提高，且整个系统的风险传染复杂性增强。因此阶段正处于金融次贷危机期间，系统性风险传染行为活跃。

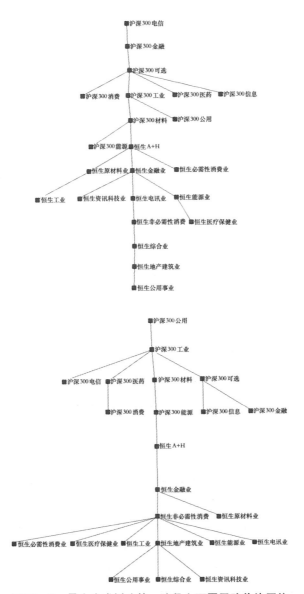

图 12 - 8　最小生成树法第一阶段上下尾风险传染网络

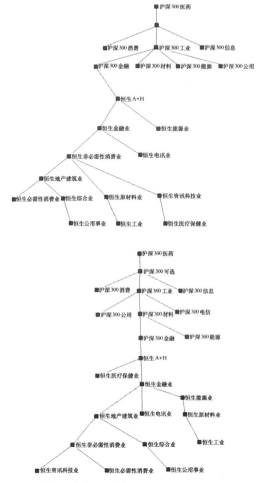

图 12 - 9 最小生成树法第二阶段上下尾风险传染网络

图 12 - 10 显示，恒生 A + H 节点仍旧作为系统中重要的中枢节点。沪深 300 金融、恒生原材料业、恒生金融业作为媒介节点与两地市场连通的第一节点，同样具有很强的风险传染能力。下尾风险传染中，香港市场呈现更为复杂的拓扑结构，表明在下跌行情中，香港市场具有更强的内部传染性。

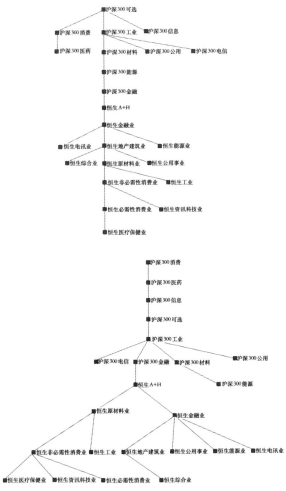

图 12 - 10 最小生成树法第三阶段上下尾风险传染网络

由图 12 - 11 可知，恒生 A + H 仍为连接两地市场的唯一节点，上尾风险传染图中的内地市场拓扑结构有所增强。沪深 300 金融、恒生金融业在上下尾风险传染中，依旧是作为系统中的次重要媒介节点。

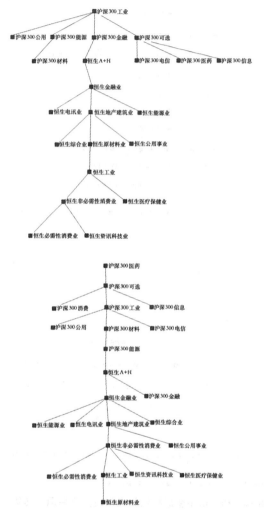

图 12-11 最小生成树法第四阶段上下尾风险传染网络

图 12-12 和图 12-8 具有相似的拓扑结构，连通两地市场的节点仍为恒生 A+H，恒生金融业在香港市场中连接多个节点，具有很强的系统重要性，在下尾风险传染图中，重要性更为显著。

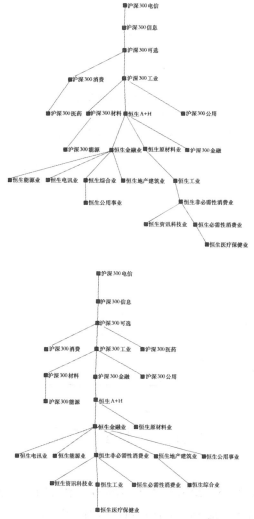

图 12 -12　最小生成树法第五阶段上下尾风险传染网络

由表 12 -6 可知，基于个样本之间上下尾相关性，通过最小生成树法所生成的风险传染图中，恒生 A + H 节点在各个阶段均为两地市场的唯一媒介节点，为前文的结论提供有力支撑。与媒介节点连接的第一节点中，结果与阈值法所构成的风险传染网络的出度分析结果更为接近，两地的金融行业在各阶段均具有很强的系统重要性。最小生成树法更关注节点之间边的强度，保留权重最高的边，而阈值法中节点中心度分析倾向于边的广度，因此两种图论方法所得到的结论有一定区别，且从另一角度表明，恒生 A + H 节点的媒介作用在强度和广度均具有很强的稳健性。

表 12 - 6 　　　　　　　　上下尾风险传染图重要节点

阶段	两市场媒介节点		媒介节点与内地市场连接第一节点		媒介节点与香港市场连接第一节点	
	上尾	下尾	上尾	下尾	上尾	下尾
一阶段	恒生 A + H	恒生 A + H	沪深 300 材料	沪深 300 能源	恒生金融、恒生原材料	恒生金融
二阶段	恒生 A + H	恒生 A + H	沪深 300 金融	沪深 300 金融	恒生能源、恒生金融	恒生金融
三阶段	恒生 A + H	恒生 A + H	沪深 300 金融	沪深 300 金融	恒生金融	恒生金融、恒生原材料
四阶段	恒生 A + H	恒生 A + H	沪深 300 金融	沪深 300 金融、沪深 300 能源	恒生金融	恒生金融
五阶段	恒生 A + H	恒生 A + H	沪深 300 金融、沪深 300 工业	沪深 300 金融	恒生金融、恒生原材料	恒生金融、恒生原材料

第五节　主要结论

本章通过选取 2006 ~ 2020 年香港市场和内地市场的行业指数以及 A + H 交叉上市类股票指数，基于时变 Dcc - GARCH - Copula - ΔCoVaR 模型测度两指数之间风险溢出值，并构建五个不同阶段的风险传染网络，分析网络特征以及变化情况，利用度中心性分析核心行业变化，并利用"媒介"中心度这一改进指标对交叉上市类股票在两地市场风险传染中的"媒介"作用进行分析，最后通过 SJC Copula 模型以及最小生成树法对结论进行稳健性检验。主要如下：

（1）通过时变 Dcc - GARCH - Copula - ΔCoVaR 模型测度两地市场各行业指数之间风险溢出值均为正，且在 2008 年和 2015 年两次金融危机期间出现大幅度增加，出现明显的风险传染。

（2）度中心性分析中，两市场风险传染的主体由内地市场转变为香港市场，而在最近阶段，内地市场风险传染强度增强。出度分析中，具有系统重要性的节点包括材料、金融、能源等行业，科技、电信等行业的风险传染能力也逐渐加强。入度分析中，除现有研究较多关注的金融行业外，恒生公用事业为各阶段中重要节点，由于中国一直以来重视公共基础方面的建设，公用事业和居民生产经营、日常生活息息相关，且公用事业基本上涉足其他所有行业，与其他行业形成紧密的供求关系，因此恒生公用事业在系统中存在很强的接受风险能力，该结论也是被以往研究忽略的。

（3）结合出入度分析发现，各个样本的出度值和入度值呈现较为明显的反比关系，表明各行业节点在风险传染中具有显著的单一性，即无法同时具有很强的风险接收能力和传染能力。

（4）交叉上市类股票在香港、内地市场的风险传染之中起到不可忽视的"媒介"作用，多数阶段，其作为连通两地市场的唯一通道，是必须引起重视的一环，该结论也同样在稳健性检验中得到充分的验证。

基于以上结论的政策启示包括：第一，应重视对 A + H 双重上市公司的审慎监管，防范系统性风险从该环节得到快速传播；第二，关注两地市场中的重要节点，保证其稳健经营，进一步地控制风险，密切关注金融风险跨境、跨行业传染。

第三篇 >>>

新兴市场开设国际板的综合效应研究

第十三章

新兴市场国际板的宏观经济增长效应

第一节 引 言

自 20 世纪 90 年代以来，越来越多的新兴市场开放本国资本市场，加入上市公司资源的竞争，陆续设立国际板，吸引境外公司到本国上市。截至 2021 年，全球 79 个证券交易所中，77% 的证券交易所都有境外公司上市，开设国际板的交易所具有上市竞争和交易竞争优势。21 世纪以来，中国也通过 QFII、"沪港通"、"深港通" 和 "沪伦通" 等制度创新，逐步开放资本市场，并努力推进国际板的建设。相较于成熟市场而言，新兴市场的金融发展水平滞后、资本账户未开放、本币国际化未完成、资产证券化程度低、市场效率和监管水平不高，依据经典金融理论，在这样的背景下选择与成熟市场互联互通乃至开设国际板，面临着资本外流、外部风险传导加剧等多方面的风险。然而，现实的情况是大多数新兴市场均实现了与成熟市场的互联互通并开设了国际板。据不完全统计，22 个新兴市场国家中已有 19 个陆续开设了国际板，尽管不同新兴国家市场之间的国际板发展程度不尽相同，与成熟市场相比还有较大差距，但是新兴市场国际板总体上呈现良性发展的趋势。然而，新兴市场开设国际板的风险和收益如何仍然是具有争议的议题。本章从新兴股票市场开设国际板、开设之后国际板市场的发展程度、影响机制三个视角出发，对国际板的经济增长效应进行实证研究。将国际板的开放分为法规开放和事实开放两个阶段，基于 22 个新兴市场国家 1990～2019 年的面板数据，运用多期 DID 方法对开放国际板的经济增长净效应进行分析，预期成果将丰富相关理论并为新兴市场开设国际板的宏观决策提供依据。

第二节 文 献 综 述

资本市场开放或金融自由化宏观经济影响的相关研究十分丰富，总体来看，结论可分为开放促进增长和引发危机两类。支持资本市场开放能促进经济增长的观点认为资本市场开放通过减少融资约束、降低资本成本提高资产配置效率而促进增长，如古普塔和袁（Gupta & Yuan，2009）从微观角度研究资本市场自由化对新兴市场行业增长的影响，得出自由化减少融资约束，提高资产配置效率，促进产业增长的结论。伊尔汗（İlhan，2019）认为股票市场开放显著降低了伊斯兰国家股票市场的资本成本，进而增加了上市公司数量、项目盈利能力和总体投资水平。陈奉先和李娜（2020）利用 68 个经济体 1985～2018 年的数据，考察了资本账户开放对国际资本流动"突然停止"的影响以及金融发展在其中的作用机制，资本账户开放在促进国际资本跨境流动、提高资源配置效率的同时，也加大了资本流动的波动性并导致极端资本流动冲击频发。贝卡尔特和哈维（Bekaert & Harvey，1995，2000）认为，资本市场开放可通过风险分散和优化资本配置，降低资本成本进而促进经济增长，实证结果表明资本市场自由化可使资本成本降低 5～75 个基点，股票市场自由化之后的年均实际经济增长率提高约 1%。布莱和莫森（Bley & Mohsen，2011）发现，海湾合作委员会（GCC）地区国家采取资本市场开放政策后，跨境金融资产大幅增长，市场总波动性大大降低。也有文献认为资本市场的开放能通过促进金融发展进而促进经济增长。如邓宁（2018）利用跨国面板数据进行实证性检验发现，金融开放对经济增长存在倒"U"型的影响，且依不同国家收入水平体现出异质性，而这种异质性恰恰源于不同国家金融发展水平的差异。文淑惠和张诣博（2020）基于"一带一路"沿线56 个国家的动态面板数据，运用系统 GMM 实证方法发现，金融深化显著促进经济增长，同时 FDI 通过技术溢出效应和资本积累效应强化了金融发展对经济增长的促进作用。奥尔洛夫斯基（Orlowski，2020）通过对欧洲资本市场一体化的研究，市场整合将提供资本融资渠道，改善资本配置，有助于缓解市场和系统风险，并最终促进实体经济的反周期持续增长。另外的一些文献认为资本市场开放的增长效应是不确定的，很大程度受东道主自身市场环境和经济发展情况的影响。朗西埃和托内尔（Rancière & Tornell，2016）金融自由化倾向于促进增长和资源配置。然而，它也会产生更大的危机波动，这是由系统性的冒险行为和放贷热潮引发的。杨继梅等（2020）通过实证发现，金融规模、金融效率、金融结构。加林多等（Galindo et al.，2002）研究发现，金融自由化增长效应取决于潜在的制度因素，金融自由化与投资增加、效率提高和经济增长之间不存在必然联系。王高望和赵晓军（2014）认为，在财富效应的作用下，金融开放对经济增长的效应较为复杂，而居民是否足够耐心也导致开放的经济增长效应截然相反。雄川等（Ogawa et al.，2016）认为，资本市场自由化的福利效应因政府是主动还是被动吸引资本而有所不同，若政府积极地利用税收/补贴来竞争流动资本，则对两国都有利。加姆拉和普利洪（Gamra & Plihon，2010）通过对七国集团（G7）、其他欧洲国家、拉丁美洲和东亚四类国家1973~2006年的宏观数据分析发现，金融自由化对经济增长的积极影响在发达经济体更为显著，在新兴市场经济体较弱。科泽等（Kose et al.，2008，2010）认为，当一国实现资本市场开放后，在国内金融市场具备较好的发展水平的前提条件下，越发达的金融部门通过直接或间接途径对经济增长产生的效应会更大，而且处理金融风险的能力也会更强，后来又进一步研究发展中国家经济增长和金融全球化的关系，同时也指出政策支持可以更好地发挥全球化在发展中国家中的作用。

此外，也有一些学者认为开放资本市场易引发危机。钱东平（2020）基于开放过程中国内外金融风险的互相影响，发现资本市场的开放或表现为经济增长风险的加剧，或表现为促进国际金融的风险相互传染。朗西埃等（Rancière et al.，2006）通过对金融自由化对经济增长和危机发生率影响新的经验分解研究发现，金融自由化对经济增长的直接效应远远超过更高危机倾向的间接效应。克鲁格曼（Krungman，1994）发现，当东亚新兴资本市场开放，投资骤然增加，而投资的效益却没有相应提高，不可持续的增长必然引致经济剧烈波动，甚至导致金融危机。卡明斯基和莱因哈特（Kaminsky &

Reinhart，1999）的"双重危机"理论认为，金融开放有可能引起金融危机，导致经济衰退，而资本市场在其中起到一个不容忽视的作用。谷清水（2004）认为，证券市场的开放可能会加剧中国金融体系的不稳定，增加外汇市场、资本市场乃至整个国民经济剧烈波动的风险。赵延青（2015）通过实证模型检验发现资本市场开放将带来宏观经济波动和利率波动及外汇储备的风险。小介等（Kosuke et al.，2006）在中等水平的国内附带约束下，资本自由化会导致资本外流、TFP 的提高以及工资和就业的过渡性损失。

总之，现有文献主要聚焦于资本市场开放对宏观经济的影响，未见有研究作为资本市场开放最高形式的股票市场国际板的宏观经济效应的文献，这是让人遗憾的。本章认为，19 个新兴市场开设国际板的事实为本章研究提供了条件。

第三节　国际板对经济增长的影响机制

开设国际板最直接的效果体现在：一方面是将国内资本市场与国际资本市场相连通；另一方面是拓宽投资渠道。连通国内外市场可产生溢出效益，或通过合作/竞争机制作用与金融发货在哪和技术创新，进而促进经济增长。投资渠道拓宽之后，可通过降低资本成本、扩大资本规模及改善全球投资布局促进投资，推动技术创新而促进经济增长，或者分享全球发展的红利而促进经济增长。然而，国际板又可能因为系统性风险的加剧，制度不适配监管能力不足，引发过度风险。作用机制如图 13 - 1 所示。

国际板连通国内市场与国际资本市场后，国内交易所将与其他经济体一起竞争优质上市公司，而国内上市公司也会和境外公司进行融资竞争，在竞争机制下市场内相关主体不得不提高自身综合能力，原有金融体系的短板和优势容易被放大，有利于金融改革明确方向。同时，当国内外交易所展开合作，国外机构投资国内上市公司，市场相互渗透必然产生金融技术、管理经营、上市公司治理等方面的知识外溢。竞争与合作都将促进国内金融业发展，而金融发展水平决定了资产的配置效率并间接影响资本的积累，资本积累和资本优化配置促进社会财富增长。陈静（2012）的研究也表明金融发展对经济增长具有明显正向作用。影响金融资产的国际化程度达到一定水平，在国际金融市场的影响力得以提高将会产生一系列溢出效应，如掌握定价权、推进本币国际化、提升国际综合影响力等。

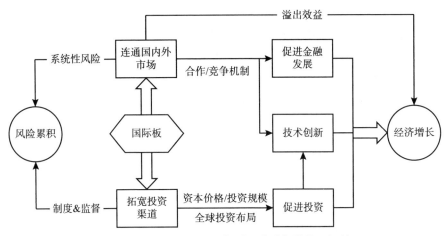

图 13 - 1　新兴市场国际板对经济增长的作用机制

国际板是最高层次的资本双向开放，拓展了国内与国外之间的投资渠道，许多因为外资进入条件苛刻的投资者可以通过国际板直接投资国内股票，让资本规模得以扩大。IMF 多次在全球经济失衡相关报告中表明新兴市场国家的全球投资水平常年低于贸易水平，国际板的开放能有利于改变这种状况。此外，境外公司直接在东道主境内市场注册上市直接融资，这让国内投资者可以绕过国家实体投资的壁垒直接投资，分享他国发展红利，让新兴国家的全球投资布局得到改善。阿瑞斯蒂斯和坎纳（Arestis & Caner，2010）、亨利（2000）认为资本市场开放能通过提高公司治理水平的方式促进创新。马妍妍等（2019）发现，资本市场的开放有利于提升企业研发规模，并通过解决"生产率悖论"提升研发水平。

综上所述，国际板的开设可以通过多种途径和方式促进东道主的经济增长。

第四节　新兴市场国际板与经济增长——基于开放进程的实证

实践中，新兴股票市场开放国际板的过程，通常是法规制度先行、而后事实开放。由于市场会对开放信息作出反应，即使国际板还未真正形成，法规制度也会被利益相关方视作重要的政策导向，并迅速作出反应。本节从法规开放和事实开放两个视角，运用多期 DID 的模型对新兴市场开放国际板的经济增长净效应进行实证分析。

一、研究设计

（一）基于多期 DID 模型的经济增长效应评估

双重差分法（DID）是近年应用最广泛的政策评估方法，传统 DID 假定处理组所有个体开始受到冲击的时间点完全一致，但本章存在研究的个体中会出现处理组个体接受处理的时间点不相同的情况，故参照贝克和列夫科夫（Beck & Levkov，2010）的做法采用多期 DID 模型（Time-varying DID）。根据是否开放，分为处理组和控制组。将处理组前后变化与控制组前后变化之差来衡量新兴市场开放国际板的经济增长效应。具体模型如下：

$$y_{i,t} = \alpha + \mu_i + \lambda_t + \theta treat_i \times post_{i,t} + Z'_{i,t}\beta + \varepsilon_{i,t} \tag{13.1}$$

其中，$i(i=1，\cdots，N)$ 表示国家 $t(t=1，\cdots，T)$ 表示时间；$y_{i,t}$ 为因变量；μ_i 表示个体固定效应；表示时间固定效应；$Z_{i,t}$ 表示控制变量；β 是控制变量的系数；$\varepsilon_{i,t}$ 为模型误差项。$treat_i$ 为处理组虚拟变量，若个体 i 属于"处理组"，则取值为 1，否则取值为 0；$post_{i,t}$ 为处理期虚拟变量，若个体 i 在 t 年已开放，则取值为 1，否则取值为 0。

$$
\begin{aligned}
\theta &= \{E[y_{i,t} \mid treat_i = 1，post_{i,t} = 1]\} - \{E[y_{i,t} \mid treat_i = 1，post_{i,t} = 0]\} \\
&\quad - \{E[y_{i,t} \mid treat_i = 0，post_{i,t} = 1]\} - \{E[y_{i,t} \mid treat_i = 0，post_{i,t} = 0]\} \\
&= (Y_1 - Y_0) - (C_1 - C_0) = (\theta + \lambda_t) - \lambda_t
\end{aligned}
$$

$$= (Y_1 - C_0) - (C_1 - Y_0) = (\theta + \mu_i) - \mu_i \tag{13.2}$$

目标系数 θ 是整体的平均处理效应，即为开放国际板的经济增长净效应。

引入虚拟变量 $D_{i,t}$，表示个体 i 在 t 时期接受处理，等价于模型（13.1）中的交乘项 $treat_i \times post_{i,t}$，故多期 DID 进一步设定为：

$$y_{i,t} = \alpha + \mu_i + \lambda_t + \theta D_{i,t} + Z'_{i,t}\beta + \varepsilon_{i,t} \tag{13.3}$$

同理，虚拟变量 $D_{i,t}$ 的系数 θ 为整体的平均处理效应，系数为：

$$\theta = \{ E[y_1 \mid D_{i,t}=1] - E[y_1 \mid D_{i,t}=0] \} - \{ E[y_0 \mid D_{i,t}=1] - E[y_0 \mid D_{i,t}=0] \}$$

$$= (Y_{after} - Y_{before}) - (C_{after} - C_{before}) = (\theta + \lambda_t) - \lambda_t$$

$$= (Y_{after} - C_{before}) - (Y_{after} - C_{before}) = (\theta + \mu_i) - \mu_i \tag{13.4}$$

根据切鲁利和文图拉（Cerulli & Ventura，2009）的研究，上述模型（13.3）中的系数 θ 是整体处理后的平均处理效应。该系数的估计需要考虑处理前后各期的情况，而检验多期 DID 是否满足共同趋势假设则需要看处理前的情况。故在此设定带有处理同期、滞后期和超前期的潜在结果模型：

$$y_{i,t} = \alpha + \mu_i + \lambda_t + \sum_{\tau=1}^{m} \theta_{-\tau} D_{i,t-\tau} + \theta D_{i,t} + \sum_{\tau=1}^{q} \theta_{+\tau} D_{i,t+\tau} + Z'_{i,t}\beta + \varepsilon_{i,t}$$

$$\tag{13.5}$$

其中，$\theta_{-\tau}$ 表示处理之前 τ 期产生的影响，$\theta_{+\tau}$ 表示处理之后 τ 期产生的影响。为了简化问题，假定 $[t-m, t+q]$ 期间每个个体只发生一次处理，对于个体 j 而言，其处理情况可用 w^j 表示，而未受处理的个体即对照组的个体由 w^c 表示。则可能的处理情况表示为：

$$w^j = \{ D_{i,t-m}, \cdots, D_{i,t-1}, \cdots, D_{i,t}, D_{i,t+1}, \cdots, D_{i,t+q} \} \cdots = \begin{bmatrix} w^c \\ w^{-m} \\ \vdots \\ w^j \\ \vdots \\ w^{+q} \end{bmatrix}$$

$$
\begin{array}{cccccc}
D_{i,t-m} & D_{i,t-1} & D_{i,t} & D_{i,t+1} & D_{i,t+q}
\end{array}
$$

$$
= \begin{bmatrix}
0 & \cdots & 0 & 0 & 0 & \cdots & 0 \\
1 & \cdots & 0 & 0 & 0 & \cdots & 0 \\
\vdots & & \vdots & \vdots & \vdots & & \vdots \\
0 & \cdots & 1 & 0 & 0 & \cdots & 0 \\
0 & \cdots & 0 & 1 & 0 & \cdots & 0 \\
0 & \cdots & 0 & 0 & 1 & \cdots & 0 \\
\vdots & & \vdots & \vdots & \vdots & & \vdots \\
0 & \cdots & 0 & 0 & 0 & \cdots & 1
\end{bmatrix}
\tag{13.6}
$$

进一步简化问题，对一个包含 4 个个体、3 期的面板数据进行讨论。假定个体 1 不受处理，个体 2、个体 3、个体 4 的政策冲击依次发生在第 1、第 2、第 3 期。则两个潜在结果值 $y_{i,t}(w^j)$ 和 $y_{i,t}(w^k)$ 之间的平均处理效应可表示为：

$$
ATE_{jk} = E\{y_{i,t}(w^j) - y_{i,t}(w^k)\} = E(y_{i,t} \mid w^j) - E(y_{i,t} \mid w^k) \tag{13.7}
$$

将模型（13.5）中 $y_{i,t}$ 预测值定义为：

$$
E(y_{i,t} \mid D_{i,t-m}, \cdots, D_{i,t}, \cdots, D_{i,t+q}, t) = \bar{\mu}_t + \sum_{\tau=-m}^{q} \theta_\tau D_{t+\tau} + \beta \bar{z}_t \tag{13.8}
$$

设定 $A_{i,t} = \{D_{i,t-m}, \cdots, D_{i,t-1}, D_{i,t}, D_{i,t+1}, \cdots, D_{i,t+q}\}$，虚拟变量 $D_{i,t+\tau}$ 的系数为：

$$
\theta_\tau = ATE_{\tau c} = E(y_{i,t} \mid w^\tau) - E(y_{i,t} \mid w^c) = (Y_\tau - C_\tau) - (Y_{before} - C_{after}) \tag{13.9}
$$

鉴于最终关注的并非各期虚拟变量的系数，而是平均处理效应 ATT，故此，

$$
ATT_{-m} = (Y_{-m} - C_{-m}) - (Y_{before} - C_{after}) = \theta_{-1} - \theta_0
$$

$$
ATT_{-m} = (Y_{-m} - C_{-m}) - (Y_0 - C_0) = \theta_{-m} - \theta_0
$$

$$
\vdots
$$

$$
ATT_{-2} = (Y_{-2} - C_{-2}) - (Y_0 - C_0) = \theta_{-2} - \theta_0
$$

$$
ATT_{-1} = (Y_{-1} - C_{-1}) - (Y_0 - C_0) = \theta_{-1} - \theta_0
$$

$$
ATT_{+1} = (Y_{+1} - C_{+1}) - (Y_0 - C_0) = \theta_{+1} - \theta_0
$$

$$
ATT_{+2} = (Y_{+2} - C_{+2}) - (Y_0 - C_0) = \theta_{+2} - \theta_0
$$

$$
\vdots
$$

$$ATT_{+q} = (Y_{+q} - C_{+q}) - (Y_0 - C_0) = \theta_{+q} - \theta_0 \qquad (13.10)$$

由于政策冲击之前的处理效应为 0，则有 $ATT_{-m} + \cdots + ATT_{-2} + ATT_{-1} = 0$。因此，$(\theta_{-m} - \theta_0) + \cdots + (\theta_{-2} - \theta_0) + (\theta_{-1} - \theta_0) = 0$。那么，$\theta_0 = (\theta_{-m} + \cdots + \theta_{-2} + \theta_{-1})/m$。综上所述，各期的平均处理效应 ATT 等于各期虚拟变量的系数减去处理前各期系数均值。

（二）平行趋势检验

考虑到上述模型需要满足"平行趋势"假设条件。参照格兰杰（Granger，1969）检验因果关系的思路，模型（13.5）中若存在 $D_{i,t}$ 导致 $y_{i,t}$ 这样的因果关系，导联不应共同不同于 0。检查所有超前项系数 $\theta_\tau (\tau = 1, \cdots, q)$ 是否共同等于 0 的测试，间接检验平行趋势假设是否成立。形式上，可以将这样的测试定义为：

$$H0: \theta_{+1} = \theta_{+2}, \cdots = \theta_{+q} = 0 \qquad (13.11)$$

拒绝 $H0$ 会使估计的因果解释无效，而不拒绝 $H0$ 仅是意味着平行趋势保持的必要条件。根据克曼塔（Kmenta，2010）提出的另一种检验平行趋势假设的方法（仍然是必要条件），需删除滞后和超前变量，并使用时间趋势变量 t 及其与 $D_{i,t}$ 的交互。如果交互项的系数在统计上不显著，则可以合理地预期平行趋势假设成立。设定以下潜在结果模型：

$$\begin{cases} y_{0,it} = \mu_0 + \lambda_0 t + \varsigma_i + \delta_t + u_{0,it} \\ y_{1,it} = \mu_1 + \lambda_1 t + \varsigma_i + \delta_t + u_{1,it} \\ y_{it} = y_{0,it} + D_{it}(y_{1,it} - y_{0,it})t \end{cases} \qquad (13.12)$$

再次考虑单个固定效应 ς_i 和时间效应 δ_t，参数 λ_1 和 λ_0 分别是处理和未处理的时间趋势。这样，通过将前两个模型代入第三个模型，我们得到：

$$y_{i,t} = \mu_0 + \lambda_0 t + \gamma x_{i,t} + D_{i,t}(\mu_1 - \mu_0) + D_{i,t} t(\lambda_1 - \lambda_0) + \varsigma_i + \delta_t + \eta_{i,t} \qquad (13.13)$$

等效地，我们可以将前面的模型写成：

$$y_{i,t} = \mu_0 + \lambda_0 + \gamma x_{it} + D_{it}\mu + D_{it} \times t \times \lambda + \varsigma_i + \delta_t + \eta_{i,t} \qquad (13.14)$$

可以通过 $\lambda = (\lambda_1 - \lambda_0)$ 的显著性来检验平行趋势假设。即接受 $H0: \lambda = 0$ 意味着接受平行趋势假设。最后，我们可以通过考虑二次或三次时间趋势来扩展先前的测试。

二、样本数据与变量选取

(一)样本及主要数据

新兴市场国家是本节的研究对象,将《经济学家》在 2006 年列出的 22 个新兴市场国家作为研究样本。在时间跨度的选择上,综合考虑了各个国家开放的时间节点、数据的可获得性及模型的需要之后,确定在 1990 ~ 2019 年。最终构成一个样本量为 22 观测时间为 30 期的非平衡面板数据。

(二)变量选取

DID 模型的核心解释变量为法规开放和事实开放的虚拟变量。法规开放($D1$):是否法规开放,若 i 国在 t 年已实现事实开放,则 $D1_{i,t}$ 取 1,否则取 0,由第三章表 3 - 1 整理所得;事实开放($D2$):是否法规开放,若 i 国在 t 年已实现事实开放,则 $D1_{i,t}$ 取 1,否则取 0。

为使结果更纯粹稳健,选取若干对经济增长有重大影响的因素作为控制变量。根据保罗·罗默(Paul Romer)和罗伯特·卢卡斯(Robert Lucas)为代表的新经济增长理论,资本、劳动、人力资本和技术是增长的内生因素。此外,朗西埃和托内尔等(Rancière et al.)认为还应考虑到贸易开放、政府消费、通货膨胀对社会经济活动具有重大影响,故将它们也引入控制变量。有关变量定义和数据来源如表 13 - 1 所示。

表 13 - 1 多期 DID 模型的变量定义及数据来源

变量	变量说明	来源
被解释变量		
经济增长(*Gdpg*)	GDP 增长率	世界银行(WB)
核心解释变量		
法规开放(*D1*)	若 i 国在 t 年已实现事实开放,则取 1,否则取 0	整理所得
事实开放(*D2*)	若 i 国在 t 年已实现事实开放,则取 1,否则取 0	
国际板发展(*Ibd*)	开放深度、交易规模、市场份额三个指标汇总而成	

续表

变量	变量说明	来源
调节变量		
资本账户自由化（C）	即 Chinn & Ito 指标，该指标基于二进制虚拟变量编纂了 IMF 的外汇安排和外汇限制年度报告中关于跨境金融交易限制列表	KAOPEN
控制变量		
人口增长率（Pg）	人口年增长率	WB
人力资本（Se）	高等教育毛入学率	联合国教科文组织、新加坡统计局
资本（Cap）	资本形成量占 GDP 的百分比	IMF
技术（Pat）	专利申请量加一之后取对数	世界知识产权组织
通货膨胀（Cpi）	消费物价指数	IMF
贸易开放（Trad）	进出口总额占 GDP 的百分比	WB
政府消费（Gov）	政府消费占 GDP 的百分比	WB

（三）描述性统计及变量检验

样本数据的描述性统计如表 13 - 2 所示。考虑到变量的单位不一致且变量之间数值差异大，模型估计的数据都进行了归一化处理。多重共线性检测结果，如表 13 - 2 最后两列所示。变量的方差膨胀系数 VIF 都小于 10，根据海尔（Haire，1995）提出的诊断标准，不会因共线性问题造成误差估计。

表 13 - 2　　　　　　　多期 DID 模型相关变量的描述性统计

变量	Obs	Mean	Std. Dev.	Min	Max	VIF	VIF
Gdpg	656	4.139	3.790	-14.530	15.190		
D1	660	0.450	0.498	0.000	1.000	1.44	
D2	660	0.564	0.496	0.000	1.000		1.28
Pg	660	1.223	0.865	-1.470	5.320	1.61	1.61
Cap	652	24.419	8.195	-1.470	46.660	1.71	1.70

变量	Obs	Mean	Std. Dev.	Min	Max	VIF	VIF
Se	556	37. 336	22. 744	2. 806	104. 278	1. 79	1. 72
Cpi	654	37. 084	337. 650	− 2. 093	7 481. 664	1. 54	1. 54
Gov	640	24. 142	9. 110	9. 711	51. 454	1. 09	1. 1
Trad	653	81. 473	71. 034	15. 162	437. 330	1. 46	1. 47
Pat	615	8. 535	1. 565	4. 644	14. 249	1. 47	1. 46
Mean VIF						1. 51	1. 48

三、实证结果分析

（一）新兴市场国际板开放的经济增长净效应检验

基于式（13.2）对国际板的事实开放和法规开放的经济增长净效应进行了检验，结果如表 13 − 3 所示。分别法规开放（$D1$）和事实开放（$D2$）为核心解释变量均通过平行趋势假设，实证结果可信。加入控制变量后，核心解释变量的系数和 t 值变化不大，说明检验结果具备稳健性。

表 13 − 3　　　　　　　　　国际板的经济增长净效应检验

变量	事实开放		法规开放	
D1	0. 041 ** （ − 2. 08）	0. 040 ** （ − 2. 00）		
D2			0. 009 （ − 0. 57）	0. 015 （ − 0. 90）
Pg		− 0. 124 ** （ − 2. 19）		− 0. 128 ** （ − 2. 24）
Cap		0. 342 *** （ − 8. 09）		0. 351 *** （ − 8. 32）
Se		− 0. 114 *** （ − 2. 82）		− 0. 113 *** （ − 2. 78）

续表

变量	事实开放		法规开放	
Cpi		− 3. 799 *** （ − 3. 85）		− 4. 044 *** （ − 4. 10）
Gov		− 0. 163 *** （ − 3. 92）		− 0. 167 *** （ − 4. 01）
Trad		0. 122 （ − 1. 51）		0. 133 （ − 1. 61）
Pat		− 0. 214 *** （ − 3. 24）		− 0. 187 *** （ − 2. 85）
Constant	0. 640 *** （ − 86. 43）	0. 643 *** （ − 16. 39）	0. 643 *** （ − 80. 74）	0. 634 *** （ − 16. 24）
平行趋势（leads）	passed	passed	passed	passed
平行趋势（time-trend）	passed	passed	passed	passed

注：括号内 t 值，*** p < 1%，** p < 5%，* p < 1%，本章后同。

事实开放（*D*1）的系数为 0. 041，加入控制变量后为 0. 04，均在 5% 显著水平下显著。即国际板的事实开放对东道主经济增长的净效应显著为正。法规开放（*D*2）系数为 0. 009，加入控制变量后为 0. 015，系数依然为正但不再显著。表明法规开放对东道主经济增长净效应为正，但不显著。事实开放与法规开放的经济增长净效应均为正，但前者的值比后者更大，且后者并不显著。表明法规上允许境外公司进入国内市场的举措对东道主的经济增长有一定程度的积极影响，但这种影响并不显著，而只有当境外公司在国内上市，国际板市场真正建立起来后，国际板对东道主经济增长的促进作用才更加显著地表现出来。

（二）稳健性检验

采用更换方法和更换变量的方式进一步验证检验结果的稳健性。首先，在保持原来变量不变的情况下，采用随机效应模型、固定效应模型和双向固定模型进行 OLS 估计，将结果列在表 13 - 4 中。其次，将核心解释变量由

GDP 增长率替换为人均 GDP 增长率，仍采用多期 DID 方法进行估计，结果放在表 13 - 5。

表 13 - 4 更换方法的估计结果

项目	随机效应		固定效应		双向固定效应	
个体效应	No		Yes		Yes	
年度效应	No		No		Yes	
开放情况	事实开放	法规开放	事实开放	法规开放	事实开放	法规开放
$D1$	0.009		0.010		0.006	
$D2$		0.002		0.006		0.023
$adj - R^2$	0.20	0.23	0.22	0.2	0.41	0.42

表 13 - 5 更换变量的估计结果

项目	人均增长	
	未加控制变量	加入控制变量
$D1$	1.436 **	1.079 **
$D2$	0.400	0.286

根据稳健性检验结果，可发现更换方法后显著性明显变差，国际板开放的虚拟变量不在随机和固定效应下的估计结果均不显著，且拟合优度较模型的解释力度偏低。而在不改变估计方向的情况下将被解释变量的代理变量替换为人均 GDP 增长率，显著性情况与之前的相似，说明之前的方法具有稳健性，并且相对一般的面板估计模型的确具有优越性。不管从什么角度检验，估计结果的正负向、变化趋势与之前基本相同，进一步说明上述结论具有稳健性。

四、主要结论

基于 22 个新兴市场国家 1990 ~ 2019 年的数据，从国际板政策开放与事实开放两个视角，选择多期 DID 模型进行估计，并通过更换模型估计方法和更换变量的方式对的估计结果进行了稳健性检验。研究发现：

就 30 年的观测期来看，新兴市场国家允许境外公司在国内市场上市对东道主的经济增长具有微弱的、不显著的正向净效应。与之对应的国际板事实开放，即境外公司在国内市场上市并发生交易，对东道主的经济增长净效应显著为正，并且比政策开放时的效应强度更大。

第五节　国际板与经济增长——基于发展程度的实证

前一节的结果表明，不论是法规开放还是事实开放，新兴市场开放国际板均具有积极的经济增长净效应。但不同国家的国际板市场运行时间长短、发展过程以及发展的程度均存在差异，而不同的发展状态对经济增长的作用大小甚至作用的方向都可能不一样。本节聚焦于事实开放国际板新兴市场，进一步分析国际板市场发展程度与经济增长的关系。为了考察资本账户自由化对国际板开设的影响，增加了资本账户自由化调节变量。

一、研究设计

（一）基于动态非平衡面板的模型构建

面板数据模型按是否含有被解释变量滞后项分为动态面板模型与静态面板模型，由于后者在时间上表现出有记忆性（范剑勇等，2014）。而经济发展本身具有动态性，参照刘帅和滕腾（2021）的做法，对于国际板市场发展程度对经济增长的实证研究采用动态非平衡面板模型，以便兼顾个体和时间两维度，以及样本时间跨度不同与经济活动的动态性问题，模型如下：

$$y_{i,t} = a + \gamma y_{i,t-1} + X_{i,t}\delta + Z'_{i,t}\beta + a_i + \varepsilon_{i,t} \tag{13.15}$$

其中，$i(i=1, \cdots, N)$ 表示个体，$t(t=1, \cdots, T_i)$ 代表时间，不同个体之间的观测时间段存在差异。$y_{i,t-1}$ 为因变量的滞后一期项，$X_{i,j}$ 为解释变量，

$Z'_{i,t}$ 是包含所有控制变量的集合，γ 与 δ 为系数，a_i 为个体效应代表个体异质性，$\varepsilon_{i,t}$ 为模型误差项。

为分析资本账户管制在国际板市场发展与经济增长的影响关系中的调节作用，将衡量资本账户自由化的指标 $C_{i,j}$ 作为调节变量加入模型（13.15）中构成模型（13.16）：

$$y_{i,j} = a + \gamma y_{i,j-1} + (C_{i,j} \times X_{i,j})\delta + Z'_{i,t}\beta + a_i + \varepsilon_{i,j} \tag{13.16}$$

（二）系统 GMM 估计

上述模型中引入了被解释变量滞后项使得解释变量与随机干扰性相关与非平衡面板的天然缺失性而势必存在内生性问题。依据阿雷拉诺和邦德（1991）、阿雷拉诺和博韦尔（1995）的研究，可选择差分广义矩估计（差分GMM）或者系统广义矩估计（系统 GMM）方法来解决动态非平衡面板的内生性问题。不过，在实证研究中应用更广泛的还是系统 GMM，因为差分GMM 在持续性较强的数据中会出现弱变量的问题，而系统 GMM 不会存在这样的问题，并且系统 GMM 还具有利用样本信息更充分、估计量更有效的优势（尹康、洪丽，2020）。系统 GMM 估计方法是布伦德尔和邦德（1998）在阿雷拉诺和博韦尔（1995）的基础上进一步完善构建联立方程来提高参数估计效率的过程。估计原理如下：

首先，建立一个包含差分方程和水平方向的联立方程组。

$$\begin{cases} \Delta Y_{it} = \gamma \Delta Y_{it-1} + \Delta X'_{it}\delta + \Delta \varepsilon_{it}, & t=3, \cdots, T \\ Y_{it} = \gamma Y_{it-1} + X'_{it}\delta + \varepsilon_{it}, & t=3, \cdots, T \end{cases} \tag{13.17}$$

将模型（13.17）改写为向量形式：

$$\begin{cases} \Delta Y_i = \Delta Z_i \delta + \Delta u_i \\ Y_i = Z_i \delta + u_i \end{cases} \tag{13.18}$$

令：

$$\tilde{Y}_t = \begin{pmatrix} \Delta Y_i \\ Y_i \end{pmatrix}, \quad \tilde{Z}_i = \begin{pmatrix} \Delta Z_i \\ Z_i \end{pmatrix}, \quad \tilde{u}_i = \begin{pmatrix} \Delta u_i \\ u_i \end{pmatrix} \tag{13.19}$$

则联立方程可改写为：

$$\tilde{Y}_i = \tilde{Z}_i \delta + \tilde{u}_i \tag{13.20}$$

假定 X_{it} 严格外生，则 ΔX_{it} 也严格外生，因此对工具变量的讨论主要关注

内生变量 $Y_{i,t-1}$ 和 $\Delta Y_{i,t-1}$。综合差分方程和水平方程中随机扰动项的统计特征，工具变量矩阵可设定为：

$$\tilde{w}_i = \begin{pmatrix} w_i & 0 & \cdots & 0 & 0 \\ 0 & \Delta Y_{i2} & \cdots & 0 & X'_{i3} \\ \vdots & \vdots & & \vdots & \vdots \\ 0 & 0 & \cdots & \Delta Y_{i,T-1} & X'_{iT} \end{pmatrix} \tag{13.21}$$

工具变量矩阵 $\tilde{w}_i$ 满足 $E(\tilde{w}'_i \tilde{u}_i) = 0$。对模型（13.20）的随机向量 $\tilde{u}_i$，可求出其方差矩阵：

$$D(\tilde{u}_i) = \begin{pmatrix} \sigma_\varepsilon^2 dd' & \sigma_\varepsilon^2 dd'_1 \\ \sigma_\varepsilon^2 d_1 d' & \sigma_a^2 1_{T-2} 1'_{T-2} + \sigma_\varepsilon^2 I_{T-2} \end{pmatrix} \tag{13.22}$$

其中，1_{T-2} 表示 $T-2$ 维元素全为 1 的列向量，d、d_1 均为 $T-2$ 行 T 列的矩阵。

假定 $\sigma_a^2 = 0$，在此基础上定义权重矩阵 H：

$$H = \begin{pmatrix} dd' & dd'_1 \\ d'_1 d & I_{T-2} \end{pmatrix}_{(2T-4) \times (2T-4)} \tag{13.23}$$

令 $A = I_N \otimes H$，则：

$$\tilde{\delta}_{BB-one} = [\tilde{Z}'\tilde{w}(\tilde{w}'A\tilde{w})^{-1}\tilde{w}'\tilde{Z}]^{-1}\tilde{Z}'\tilde{w}(\tilde{w}'A\tilde{w})^{-1}\tilde{w}'\tilde{Y} \tag{13.24}$$

其中，$\tilde{Z} = (\tilde{Z}'_1, \tilde{Z}'_2, \cdots, \tilde{Z}'_N)'$，$\tilde{w} = (\tilde{w}'_1, \tilde{w}'_2, \cdots, \tilde{w}'_N)'$，$\tilde{Y} = (\tilde{Y}'_1, \tilde{Y}'_2, \cdots, \tilde{Y}'_N)'$。根据第一步估计计算出模型（13.20）的残差，记为 $\tilde{e}_i = \tilde{Y}_i - \tilde{Z}_i \tilde{\delta}_{BB-one}$，定义新的权重矩阵：

$$A^{(2)} = diag(\tilde{e}_1 \tilde{e}'_1, \cdots, \tilde{e}_N \tilde{e}'_N) \tag{13.25}$$

在模型（13.25）基础上，可以得到系统 GMM 估计的 two-step 估计：

$$\tilde{\delta}_{BB-one} = [\tilde{Z}'\tilde{w}(\tilde{w}'A^{(2)}\tilde{w})^{-1}\tilde{w}'\tilde{Z}]^{-1}\tilde{Z}'\tilde{w}(\tilde{w}'A^{(2)}\tilde{w})^{-1}\tilde{w}'\tilde{Y} \tag{13.26}$$

（三）过度识别和序列自相关检验

系统 GMM 估计结果是否可行，需要进行过度识别假设检验与模型的残差序列相关检验来判断（David，2009）。过度识别检验 Hansen 检验假设的原假设设定为：

$H0$：工具变量有效，即所有工具变量都是外生的实际上是检验总体矩条件是否成立：

$$H0：E(z_i\varepsilon_i) = 0$$

Arellano – Bond AR（1）、Arellano – Bond AR（2）的原假设分别为：

$H0$：模型的残差序列不存在一阶序列相关

$H0$：模型的残差序列不存在二阶序列相关

由于模型中存在被解释变量的滞后项，故很难消除一阶序列相关，故不必过多计较 AR(1) 的检验结果，但模型的估计如果是有效的则需要满足不存在二阶序列相关。

二、样 本 与 变 量 选 取

（一）样本及主要数据

为了研究新兴市场国家的国际板市场发展程度对经济增长的影响，将已经开放国际板的 18 个新兴国家作为样本选择的基础，剔除国际板核心数据缺失严重的 2 个国家（捷克、新加坡）之后，其余的 16 个国家作为研究样本。由于这些国家开放的时间节点不尽相同，关于其国际板发展程度的相关数据能观测到的时期不同，且就整体来看已开设市场之间的可观测时期差异较大，若采取插补等方法填补成平衡面板是不科学的，故本节选取 16 个国家 2002 ~ 2019 年的非平衡面板数据。

（二）变量选取

动态非平衡面板模型的核心解释变量为国际板市场的发展程度（Ibd）。借鉴中国金融研究院在《上海国际金融中心建设研究报告》中用境外公司占上市公司的数目占比和交易额占比来测度国际板发展程度，以境外公司数目占比指代开放程度，以交易额加 1 取对数后的数值指代交易规模。作为补充，将国际板的交易总额占股票市场交易总额的百分比指代市场份额。

进一步地，运用主成分分析法（PCA）和熵值法将开放程度、交易规模和市场份额三个维度的指标聚合为一个维度。虽然 PCA 是现行较为成熟的主流聚合指标方法，但近来不少学者发现熵值法可以克服 PCA 对数据的要求较高的局限。图 13 - 2 为两种方法构造指标的对比图，可以发现两者具有相似的分布，但基于熵值法的结果更加平稳，故最终采用熵值法将开放深度、交易规模与市场份额汇总的结果代表国际板发展（*Ibd*），以作为动态非平衡面板模型的核心解释变量。被解释变量和控制变量与前一节相同，只是数据的个体与观测时期不同，有关变量说明及数据来源在此不再赘述。

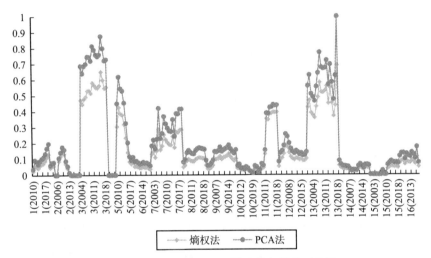

图 13 - 2 熵值法和 PCA 聚合指标效果对比图

注：根据 WFE 数据整理。

（三）描述性统计

样本数据的描述性统计与上节的内容相同，数据无异常，如表 13 - 6 所示。对国际板发展指数（*Ibd*）以外的变量做归一化处理后进行多重共线性检测的结果也在可接受范围（不包含滞后项）。

表 13 - 6 动态非平衡面板模型变量描述性统计

变量	Obs	Mean	Std. Dev.	Min	Max	VIF
Gdpg	211	3. 634	2. 495	− 6. 700	11. 110	—
Ibd	211	0. 217	0. 135	0. 000	0. 646	3. 84

续表

变量	Obs	Mean	Std. Dev.	Min	Max	VIF
Pg	211	1.061	0.649	-0.520	2.270	3.26
Cap	210	22.832	4.528	13.640	35.780	2.73
Se	166	49.818	23.686	16.375	104.278	2.34
Cpi	210	4.375	3.508	-0.874	29.507	1.80
Gov	211	26.033	7.903	12.822	47.028	1.71
Trad	210	73.289	39.841	22.106	210.374	1.58
Pat	211	8.675	1.390	5.704	12.272	1.37
Mean VIF						2.22

三、实证结果分析

（一）国际板市场发展程度对经济增长的影响的检验

基于动态非平衡面板模型（13.15）、模型（13.16），运用系统 GMM 估计方法，对新兴市场国际板市场发展程度与经济增长之间关系进行检验，结果如表 13-7 所示。模型引入滞后项，必然会造成一阶序列相关，假设检验栏中 AR(1) 检验 P 值小于 0.1 恰好印证了这一事实。工具变量 AR(2) 检验 P 值大于 0.1，即不存在二阶序列相关；Hansen 检验 P 值均大于 0.1，工具变量联合有效。即实证结果可信。

表 13-7　　　　　　国际板发展程度与经济增长关系的检验

变量	国际板发展	调节效应
Ibd	0.666 *** (3.06)	
Ibd × C		1.028 ** (2.31)
L. Gdpg	-0.307 *** (-4.61)	-0.324 *** (-4.67)

变量	国际板发展	调节效应
L2. Gdpg	−0.127 (−1.65)	−0.137 (−1.59)
Pg	−0.334 ** (−2.75)	−0.314 * (−2.07)
Cap	0.825 *** (11.36)	0.871 *** (9.04)
Se	−0.397 *** (−3.24)	−0.417 *** (−3.43)
Cpi	−0.272 * (−2.05)	−0.264 * (−2.12)
Gov	−0.260 * (−1.81)	−0.338 * (−2.09)
Trad	0.252 ** (2.27)	0.279 * (1.97)
Pat	−0.628 * (−1.98)	−0.700 ** (−2.24)
AR(1)	0.014	0.014
AR(2)	0.458	0.812
Hansen test	1.000	1.000

国际板市场发展程度（Ibd）的系数为 0.666，在 1% 显著水平下显著，加入调节变量后，国际板发展程度与资本账户自由化的交叉项（Ibd × C）的系数为 1.028，在 5% 显著水平为下显著。系数 0.666 > 0，表明新兴国家国际板市场的发展程度对东道主的经济增长具有显著促进作用。系数 1.028 > 0.666 > 0，说明资本账户自由化对国际板市场的发展程度与经济增长的影响关系具有显著的正向调节效应，并且这种调节作用较为强烈。

（二）稳健性检验

为了增加估计结果的可信度，通过更换估计方法与更换变量的方式进行稳健性检验。首先，在去掉被解释变量滞后项之后，分别在随机效应、固定效应和双向固定效应下进行 OLS 估计，结果如表 13 - 8 所示。其次，将被解释变量由 GDP 增长率替换为人均 GDP 增长率，用原来的方法进行估计。最后，在被解释变量不变的情况下，将核心解释变量国际板市场发展（Ibd）的聚合指标由熵值法替换为 PCA 法，仍用 GMM 方法进行估计，结果如表 13 - 9 所示。

表 13 - 8 不同估计方法的结果

项目	随机效应		固定效应		双向固定效应	
个体效应	No		Yes		Yes	
年度效应	No		No		Yes	
	国际板发展	调节效应	国际板发展	调节效应	国际板发展	调节效应
Ib	- 0.024		0.066 *		0.088 ***	
$Ibd \times C$		- 0.075		0.008		0.045 **
adj - R^2	0.20	0.19	0.40	0.39	0.63	0.63

表 13 - 9 更换变量估计的结果

项目	人均增长	PCA 汇总
Ib	0.053 ***	1.175 **
$Ibd \times C$	0.001 **	0.292 *

根据表 13 - 9 中的检验结果可发现，更换估计方法后拟合优度较模型的解释力度偏低，模型的解释效果和显著性表现为随机效应下最差，单向固定和双向固定效应下较好，并且双向固定效应优于单向固定效应。国际板发展程度和调节效应在解释力度较好的两种条件下估计结果与系统 GMM 估计结果的方向及两者的相对数值保持一致。而在不改变估计方向的情况下将被解释变量的代理变量替换为人均 GDP 增长率，或仅将国际板发展的代理变量的聚合方法变为 PCA 法后，显著性情况基本一致，说明此前的方法具有稳健性，并且相对一般的面板估计模型的确具有优越性。综上所述，说明所得出的结论具有稳健性。

四、主要结论

本节选用熵值法将开放程度、交易规模和市场份额三个的指标汇合成国际板发展指数。采用 16 个开设国际板市场 2002～2019 年间的非平衡面板数据，以国际板发展指数为核心解释变量构建动态非平衡面板模型，并利用系统 GMM 进行估计，进而详细研究新兴市场国家的国际板市场发展对东道主经济增长的影响，并探究资本账户自由化对这种影响的调节作用。研究发现：

（1）在事实开放国际板的新兴市场中，国际板发展程度对东道主经济增长的促进作用正相关。

（2）资本账户自由化有助于提升国际板对东道主经济增长的促进作用。

第六节 国际板对经济增长的促进机制——基于中介效应的检验

一、研究假设

根据本章第三节提出的新兴市场国际板对经济增长的作用机制分析，鉴于难以量化复杂的中间过程机理，为了进一步了解国际板促进经济增长的主要途径，本节从中介效应的视角，基于已经事实开放国际板的新兴市场数据，提出并对以下假设进行实证检验：

H13.1：国际板市场的开放能通过推动金融发展进而促进经济增长（即，国际板→金融发展→经济增长）。

H13.2：国际板市场的开放能通过推动投资进而促进经济增长（即，国际板→投资→经济增长）。

H13.3：国际板市场的开放能通过作用于技术创新而促进经济增长（即，国际板→技术创新→经济增长）。

二、研 究 设 计

(一) 中介效应模型的构建

中介效应模型被广泛应用于影响路径或者作用机制的研究。中介效应模型可分析自变量如何通过中介变量影响或作用于因变量。参考温忠麟等(2004)的做法,构建检验上述三个假设的三组模型。

(1) 国际板、金融发展与经济增长的中介效应模型:

$$Gdpg_{it} = \alpha + c1D_{it} + \varepsilon_{it} \tag{13.27}$$

$$Fd_{it} = \beta + a1D_{it} + \varepsilon_{it} \tag{13.28}$$

$$Gdpg_{it} = \gamma + c1'D_{it} + b1Fd_{it} + \varepsilon_{it} \tag{13.29}$$

其中,i 代表 22 个新兴市场国家,$t(t = 1990, \cdots, 2019)$ 表示时间。解释变量为国际板事实开放 (D_{it}),被解释变量为 GDP 增长率 ($Gdpg$) 是经济增长的指代指标,中介变量为金融市场发展 (FD),中介变量在结构方程中通常又被称为潜变量。α、β、γ 是常数项,ε_{it} 代表时间和个体的随机扰动项,假设 ε_{it} 与解释变量无关且独立同分布。

(2) 国际板、投资与经济增长的中介效应模型:

$$Gdpg_{it} = \alpha + c2D_{it} + \varepsilon_{it} \tag{13.30}$$

$$Inv_{it} = \beta + a2D_{it} + \varepsilon_{it} \tag{13.31}$$

$$Gdpg_{it} = \gamma + c2'D_{it} + b2Inv_{it} + \varepsilon_{it} \tag{13.32}$$

其中,中介变量为投资 (Inv)。

(3) 国际板、技术创新与经济增长:

$$Gdpg_{it} = \alpha + c3D_{it} + \varepsilon_{it} \tag{13.33}$$

$$Tec_{it} = \beta + a3D_{it} + \varepsilon_{it} \tag{13.34}$$

$$Gdpg_{it} = \gamma + c3'D_{it} + b3Tec_{it} + \varepsilon_{it} \tag{13.35}$$

其中,中介变量为技术创新 (Tec)。

(二) 中介模型的估计与检验

利用结构方程模型(SEM)进行中介效应分析的方式已被广泛应用,结构方程模型可以作为一个联立多方程的估计模型,在模型的两边可以包括单项或/和多项变量，并有助于对非常复杂的模型进行适当而完整的中介效应分析，其检验方法主要是逐步检验法、Sobel 检验法和 Bootstrap 法。鉴于基于 Bootstrap 法的结构方程模型对中介效应可以进行更准确的估计，并且统计推断功效更好，故此本节选择该方法对以上假设进行中介效应检验。

三、样本、变量选择与数据描述性统计

（一）样本与变量选择

本节的目的是检验新兴市场国家开放国际板这一行为对经济增长的影响路径，核心解释变量为国际板市场发展（Ibd），选取 22 个新兴国家为样本，观测期为 2002～2019 年的可观测数据。中介变量包括金融发展（Fd）、投资（Inv）和技术创新（Tec）。参照文淑惠和张诣博（2020）的做法以金融市场发展和金融服务可获得指数作为中介变量（潜变量）金融发展的下层指标（观测变量）。根据范剑等（2014）、牛秀敏（2021）的梳理和研究，研发投入占比和新增专利数量常常被用作技术创新的下层指标。变量的说明及来源如表 13–10 所示。

表 13–10　　　　　　　　中介变量定义与来源

中介变量 （潜变量）	底层指标 （观测变量）	变量说明	来源
金融发展 （Fd）	金融市场发展指数（$gyfm$）	金融市场发展指数进行归一化处理	IMF
	金融服务可获得指数（$gyfi$）	对原指数归一化处理	
投资 （Inv）	私人部门信贷占比（$gypsg$）	对原指数归一化处理	万德数据库、WB
	资本流入（$gylnap$）	通过证券流入的资本，将原指标加 1 取对数后归一化处理	IMF 的 BOP 数据库
	资本流出（$gylnlp$）	通过证券流出的资本，将原指标加 1 取对数后归一化处理	
技术创新 （Tec）	研发投入占比（$gyrd$）	研发投入占 GDP 的百分比进行归一化处理	联合国数据库、WB
	新增专利量（$gylnp$）	将原指标加 1 取对数后归一化处理	

（二）数据描述性统计

本节涉及变量的描述性统计内容与前两节相同，统计结果如表 13 – 11 所示。

表 13 – 11　　　　　　　中介效应模型变量的数据描述性统计

变量	Obs	Mean	Std. Dev.	Min	Max
$Gdpg$	211	3.63	2.49	-6.70	11.11
Ibd	211	0.22	0.13	0.00	0.65
fd	211	0.47	0.14	0.21	0.84
fm	211	0.42	0.15	0.18	0.87
lnp	211	8.68	1.39	5.71	12.27
rd	211	0.92	0.93	0.02	4.81
psg	211	67.80	41.00	13.35	160.12
$lnap$	211	21.67	5.28	0.00	26.58
$lnlp$	211	24.34	1.46	21.06	27.07

四、实证结果分析

利用结构方程模型对中介效应的三个假设进行估计，并用 Boostrap 抽样设置为 1500 次，根据置信区间（见表 13 – 12 第四、第五列）是否包含 0 判断直接效应或者中介效应是否成立，结果如表 13 – 12 所示。其中，a 表示解释变量到中介变量的作用效应，表示解释变量通过中介变量对被解释变量发挥的间接效应，即中介效应。如 $Ibd \to Fd(a1)$，表示国际板市场开放对金融发展的直接效应；$Fd \to Gdp(b1)$，表示国际板的开放通过作用与金融发展对经济增长的间接效应。另外，Estimate 为效应值。因为 Boostrap 抽样在一定程度上已经保证了结果的稳健性，故后续不再对中介效应模型进行稳健性检验。

表 13 - 12　　　　　　　　　　　　中介效应的检验结果

Effect	Estimate	S. E.	BC95% 置信区间		p
			下限	上限	
Ibd -> Gdpg(c)	0. 14 ***	0. 07	- 2. 02	- 0. 27	0. 04
Ibd -> Fd(a1)	0. 26 ***	0. 09	0. 09	0. 43	0. 00
Fd -> Gdp(b1)	- 0. 09 **	0. 05	- 0. 18	0. 01	0. 07
Ibd -> Inv(a2)	0. 59 ***	0. 07	0. 44	0. 73	0. 00
Inv -> Gdpg(b2)	0. 23 ***	0. 03	0. 18	0. 28	0. 00
Ibd -> Tec(a3)	0. 44 ***	0. 07	0. 30	0. 59	0. 00
Tec -> Gdpg(b3)	0. 06	0. 09	- 0. 12	0. 23	0. 53
拟合优度	CMIN/DF = 0. 981531 CFI = 1. 000 SRMR = 0. 366 CD = 0. 125				

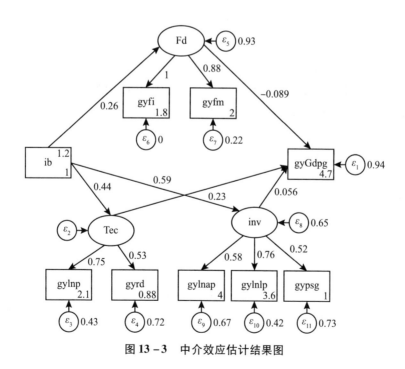

图 13 - 3　中介效应估计结果图

检验结果显示，系数 c 显著，说明经济增长（*Gdpg*）与国际板发展（*Ibd*）之间的关系显著，故可依次检验直接效应和中介效应（即检验系数 a 和 b）。三个假设中仅第二个假设（国际板→技术创新→经济增长）显著成立，其直接效应值为 0.59，中介效应值为 0.23，在 95% 置信度下的偏差校正 Bootstrap 置信区间分别为（0.44，0.73）和（0.03，0.18），均不包含零值，说明国际板市场的开放对投资具有显著的正向促进作用，而投资在国际板与经济增长之间的中介效应显著为正。然而，另外两组假设的间接效应的置信区间均包含零（-0.18，0.01）与（-0.12，0.23），同时，第一组（国际板→金融发展→经济增长）P 值也大于 0.05，第三组（国际板→技术创新→经济增长）P 值大于 0.1，充分说明假设不显著。即新兴市场国际板的开放通过作用于金融发展或技术创新而对经济增长产生促进的效果并不显著。但只从效应值来看，*Ibd -> Fd*（a1）为 0.26 在 0.01 水平下显著，*Ibd -> Tec*（a3）为 0.44 在 0.01 水平下显著，国际板市场的开放对金融发展与技术创新均具有正向作用。但金融发展在国际板与经济增长之间的中介效应值为负：*Inv -> Gdpg*（b2）为 -0.09 在 0.05 水平下显著。在国际板通过技术创新作用与经济增长的中介效应值为正：*Tec -> Gdpg*（b3）0.06 不显著。并且结合前文国际板对经济增长的作用机制分析，投资在国际板与技术创新之间可能存在桥梁作用，那么实证分析中技术创新的中介作用为较为微弱并且不显著，这一结果不排除掺杂着投资的影响。

五、主要结论

本节从理论层面对国际板市场对经济增长影响机制进行了分析，提出了国际板分别通过金融发展、投资和技术创新促进经济增长的三个假设。通过构建中介效应模型，选取合适的下层变量来指代中介变量，运用结构方程模型进行模型估计。实证结果表明：新兴市场国际板的发展能显著促进东道主的金融发展、投资和技术进步，并且对投资的促进作用最强，其次是技术创新，最后是金融发展。但就中介效应而言，国际板通过促进投资对经济增长的中介效应最强。

第七节 综合结论与启示

基于影响机制分析及第四节、第五节、第六节的实证检验结论，本章认为对于拟开设国际板的新兴市场而言，以下结论与启示值得借鉴：

（1）国际板开设的收益大于风险，且风险是可控的。

新兴市场开放国际板的经济增长净效应的实证结果说明从整体来看，开放国际板有助于促进东道主经济增长，开设国际板对新兴市场的长远发展是有利的，开放带来的风险是可控的，主要措施是通过制度设计引导优质境外公司上市，适度从严管理国际游资的进出。

（2）国际板开设不以资本账户自由化为前提，但资本账户自由化有助于提升其发展水平和促进经济增长。

资本账户自由化对于国际板促进经济增长具有积极影响，适当放开资本账户管制，可以加强国际板对经济增长的促进作用。

（3）国际板开设有助于促进投资与技术创新。

国际板通过引入境外优质公司和投资者，能通过金融发展、投资与技术创新等方式促进经济增长，但最显著的仍然是通过扩大投资的方式，其他方面的作用不够显著。

第十四章

新兴市场国际板的经济增长
效应与危机效应

第一节 引 言

新兴市场开设国际板既有促进经济增长的积极效应，也有伴随波动风险传染而来的危机效应。在上一章中，从新兴股票市场开设国际板、开设之后国际板市场的发展程度、影响机制三个视角，对国际板的经济增长效应进行了实证研究，并得出了肯定性的结论。本章进一步基于15个新兴市场开放进程面板数据考察开设国际板对宏观经济的影响，着重分析国际板开设对东道主的经济增长效应和危机效应。预期成果将有助于在借鉴境外交易所国际板的经验和教训，为中国开设国际板提供参考依据。

第二节 文 献 综 述

艾曼和阿代勒（Aymen & Adel，2014）使用13个新兴经济体1986~2008年间数据，比较金融自由化对正常时期和金融危机时期股票市场波动性影响，发现金融自由化不会导致新兴年市场的过度波动，且随着金融自由化对危机概率的影响，波动性逐渐降低。张永升等（2014）选取了31个发达国家和87个发展中国家为研究对象，研究金融开放度对经济增长的影响，认为金融开放是否有利于一个经济体的增长要取决于经济体的初始条件和综合环境，发达国家要比发展中国家更容易享受金融开放带来的正向效应。李波和宋尚恒（2014）认为金融开放有助于改善一国资本配置的有效性，在降低其资本成本的同时提升资本的产出效率。并且随着金融市场功能的强化，金融技术、人才和标准的提升也将促进其全要素生产率的提高，成为新时期经济发展模式改革转型的动力和推力。杨继梅等（2020）对57个国家不同维度金融发展水平对金融开放经济增长效应的异质性影响进行了检验，结果表明：金融市场规模较小时，金融开放对经济增长没有促进作用，但随着金融市场规模的提高，经济增长效应先升后降；金融市场规模越大，金融开放对经济增长的负面效应越弱。朗西埃等（2006）通过金融自由化对经济增长和危机发生率进行了经验分解，研究表明：金融自由化对人均国内生产总值增长有积极影响，但金融自由化也会增加金融危机发生的可能性。金融自由化对经济增长的直接影响远远超过了增加金融危机发生可能性的间接影响，金融自由化对经济增长的影响很大，人均GDP增长率增加了1%左右。张驰等（2019）认为受发达国家的影响，一些发展中国家也开始效仿发达经济体制进行金融改革、放松资本账户，然而随之而来的则是金融危机。格里克和哈奇森（Glick & Hutchison，1999）认为双重危机现象在金融自由化的新兴市场最为常见，并推测新兴市场对国际资本流动的开放，加上金融结构自由化，使他们特别容易受到双重危机的影响。新兴市场货币危机和银行危机之间的联系很大，双重危机现象集中在金融自由化的新兴市场经济体。

证券市场开放作为金融开放的一部分，包括允许国外资本投资本国股票市场和更高层次的允许境外公司在境内上市。亨利（2000）研究了12个新兴国家金融市场自由化前后的变化，结果发现：市场开放的前八个月内，每月实际美元计算的超额收益率为3.3%，这一结果与标准国际资产定价模型的预测相一致，即股票市场自由化可以通过允许国内外代理人分担风险来降低自由化国家的股本成本。萨米等（Samy et al.，2008）研究11个中东、北非国家股票市场自由化对经济增长的影响结果表明，股票市场自由化对经济和投资增长没有影响，而对市场发展的影响在短期内是负面的，从长期看是正面的。吴东和孟宪强（2013）在新古典经济增长分析框架下研究了金砖国家证券市场开放与经济增长之间的关系，结果表明证券市场开放对经济增长具有显著的促进作用，且允许外国投资者投资本国证券市场和允许本国投资者投资境外证券市场均对经济增长有促进作用；金砖国家证券市场开放的经济增长效应在短期和长期同时存在，且短期增长效应要大于长期增长效应。俞莹和易荣华（2020）认为发达国家（地区）经验表明，一个开放高效的股票市场是保证经济持续健康发展的必要条件。近20年来，在制造业转移背景下，美国仍然能够维持经济的平稳发展，与其鼓励境外公司到美国上市、分享世界经济发展成果的政策有关；同期中国香港经济的快速发展也与其鼓励内地公司上市、做强股票市场的政策有关。弗曼和斯蒂格利茨（1998）认为开放会加剧股市的波动性，并更容易受到外部危机的影响，进而增加金融危机风险。贝等（2004）、斯蒂格利茨（2004）认为股票市场波动性上升将扰乱储蓄和投资的有效配置，并可能导致公司推迟投资，较高的不确定性使观望期权更有价值，产生对一般经济福利不利的后果。蒋健蓉和于旭辉（2010）认为设立国际板，允许境外企业在境内上市，一方面可以为外商企业提供规模扩张所需资金，降低外汇汇兑风险，吸引外资流入；另一方面可以降低不断流入的外商投资造成的国际收支压力。徐健（2012）认为国际板给证券市场带来的风险主要包括四个部分：一是国际资本市场风险向国内传递；二是对国内企业融资产生挤出效应；三是IPO获得较高的发行溢价；四是给市场监管带来新的挑战。谢百三和刘美欧（2010）认为国际板的开设等于在资本项目下开辟了一个大口子，给人民币自由流动和国外热钱进入开了一个新渠道，可能会加速人民币的自由兑换，并对中国经济造成严重不利影响。陆岷峰和高攀（2011）认为，一些大市值的境外公司在中国境内上市，募集资金数目庞大，如果中国无法限制资金的流动，将会造成人民币资本项目下的自由兑换，造成人民币短期内快速升值，对中国出口造成不利影响。国际板可能使海外资本集团可以大规模地向中国境内推销海外企业的股权来"回笼美元资金"，从而快速消耗中国的外汇资源，容易引爆中国经济金融危机。

总之，现有文献主要集中在证券市场自由化对宏观经济的影响，对境外公司上市这一证券市场开放最高层次的宏观经济效应和危机效应则关注不够。

第三节 理论假设与研究设计

一、理论假设

金融深化理论认为，金融自由化政策可以促进不发达国家的经济发展，能够有效抑制通胀，有利于增加储蓄和投资，促进经济增长。根据国际资本资产定价理论，证券市场开放后，外国投资者的参与能够提升市场的流动性，分散风险，风险溢价下降，市场的平均资金成本也会下降，能够促使私人投资增加，国民经济高速增长。国际板的开设作为证券市场开放的一部分，也会对经济发挥正向作用。国际板的开设能够增加国内的投资渠道，吸收现阶段国内过剩的流动性。吸引境外优质企业在本国上市，可以改善上市公司结构，提高市场效率和竞争力，加强市场间的联动，不仅对境内资本市场和经济的发展产生积极的影响，而且对提高境内资本市场的国际竞争力以及建设国际金融中心有重要的作用。基于此提出假设 H14.1：

H14.1：国际板的开设会对开设国家经济发展产生积极影响。

实证分析表明，部分新兴国家和地区在进行证券市场开放后，受到了以银行危机和货币危机共生为特征的双重危机影响。在新兴国家和地区，由于货币没有实现完全可自由兑换，资本项目也未开放，证券市场不完善，国际板的开设可能会对其证券市场乃至整个经济带来大的负面冲击。境外公司上市加强了市场之间的互联互通，当国际资本市场发生动荡时，将会起国际证券市场上股票的价格波动，从而带动国际板市场的股价波动，造成国际资本市场动荡向国内传导，加剧国内资本市场动荡。由此提出假设 H14.2：

H14.2：国际板的开设会增加开设国家双重危机发生的概率。

二、研究设计

（一）检验模型

如前所述，国际板的开设不仅会产生增长效应，还会可能引发危机效应，基于朗西埃等（2006）提出的方法，构造增长效应与危机效应检验框架，探究国际板开设对东道主宏观经济的影响，其中增长效应检验模型为：

$$y_{i,t} = \alpha X_{i,t} + \beta \, IB_{i,t} + \gamma I_{i,t}^{crisis} + \varepsilon_{i,t} \qquad (14.1)$$

其中，$y_{i,t}$ 表示经济增长，使用国内生产总值增长率衡量。$X_{i,t}$ 是一组关于经济增长的控制变量，包括人口增长率、政府消费规模、通货膨胀、贸易开放、外国直接投资、工业增加值、初始人均国内生产总值。$IB_{i,t}$ 是国际板开设的虚拟变量，如果国家 i 在 t 时期开设国际板则取值为 1，否则为 0。$I_{i,t}^{crisis}$ 是经历金融危机的虚拟变量，如果国家 i 在 t 期间经历金融危机则取值 1，否则为 0，$\varepsilon_{i,t}$ 是随机误差。

格里克和哈奇森（1999）指出，即使在控制了大量宏观经济变量和金融结构变量以及可能存在的同步性偏差之后，新兴市场货币危机和银行危机之间的同期相关性很强，新兴市场对外开放，加上金融结构的自由化，使这些国家很容易受到双重危机的影响。因此，本章的危机虚拟变量 $I_{i,t}^{crisis}$ 表示为双重危机，即银行危机与货币危机同时发生。

本章的危机效应检验将危机虚拟变量 $I_{i,t}^{crisis}$ 作为一个内生变量，它取决于实现一个无法直接观察的潜变量 W_{it}^*，其表达式为：

$$I_{i,t}^{crisis} = \begin{cases} 1 & if \; W_{it}^* > 0 \\ 0 & 其他 \end{cases} \qquad (14.2)$$

其中，$W_{it}^* = aZ_{i,t-1} + b \, IB_{i,t-1} + \eta_{i,t}$。

假定虚拟变量 $I_{i,t}^{crisis}$ 线性依赖于一组控制变量 $Z_{i,t}$，根据林和梁（Lin & Liang，2019）有关金融自由化与金融危机发生可能性的研究，在回归中使用解释变量的滞后项来减少同步性问题，包括四个控制变量：M2/总准备金比率的滞后项、实际有效汇率高估的滞后项、贸易开放滞后项、通货膨胀滞后项。还包括国际板开设虚拟变量 $IB_{i,t-1}$ 和随机误差项 $\eta_{i,t}$。假设 $\eta_{i,t} \sim N(0, 1)$，危机效应检验模型为：

$$I_{i,t}^{crisis} = \begin{cases} 1 & Pr(W_{it}^* > 0) = \Phi(\hat{a}Z_{i,t} + \hat{b}IB_{i,t}) \\ 0 & Pr(W_{it}^* \leq 0) = 1 - \Phi(\hat{a}Z_{i,t} + \hat{b}IB_{i,t}) \end{cases} \quad (14.3)$$

其中，Φ 为标准正态累积分布函数。危机效应模型的参数使用 Probit 模型进行估计。

参考麦达拉（Maddala，1983）提出的两步过程一致估计方法。假设误差项 $\varepsilon_{i,t}$ 和 $\eta_{i,t}$ 是二元正态分布，但是不独立。第一步获得危机概率的 Probit 估计：

$$Pr(I_{i,t}^{crisis} = 1) = Pr(W_{it}^* > 0) = \Phi(aZ_{i,t} + bIB_{i,t}) \quad (14.4)$$

使用 Probit 估计 $(\hat{a}, \hat{b})$，计算每个观察样本的逆米尔斯比率 Imr。在第二步中，通过模型（14.1）和 Imr 获得增长模型参数 (α, β, γ) 的一致估计。

（二）变量定义、样本及其数据来源

为研究国际板开设对宏观经济变量的影响，需要控制其他变量对经济增长的影响，表 14-1 是变量选取与数据来源的具体说明。

表 14-1　　　　　　　　　　　　变量定义

变量	变量符号	定义	来源
被解释变量	y	国内生产总值增长率	WDI
解释变量	IB	是否有境外公司上市	WDI
	Twin crisis	是否发生银行危机和货币危机	IMF
控制变量	Population	人口增长率	WDI
	Government	政府消费/GDP	WDI
	Inflation	通货膨胀率	WDI
	Industry	工业增加值/GDP	WDI
	lnGDP1980	1980 年各个国家人均 GDP 对数	WDI
	Investment	外国直接投资/GDP	WDI
	Overvaluation	实际有效汇率高估	IMF
	M2/Reserves	广义货币 M2 与总准备金比率	WDI
	Openness	贸易额/GDP	WDI

选取巴西、智利、哥伦比亚、墨西哥、秘鲁、韩国、马来西亚、菲律宾、埃及、希腊、波兰、南非、博茨瓦纳、科威特、加纳共 15 个新兴市场为实证检验样本，这些新兴市场均开设了国际板，境外公司上市占比相对较大，具有较强代表性。表 14 - 2 为截至 2017 年 15 个新兴市场国际板开设情况。

表 14 - 2　　　　　　　　　　新兴市场国际板开设情况

证券交易所名称	所属国家	上市公司总数（家）	境外公司数目（家）	境外公司占比（%）
Botswana Stock Exchange	博茨瓦纳	35	11	31.43
Bolsa de Comercio de Santigo	智利	293	81	27.65
Johannesburg Stock Exchange	南非	366	72	19.67
Bolsa de Valores de Lima	秘鲁	258	40	15.50
Ghana Stock Exchange	加纳	34	5	14.71
Boursa Kuwait	科威特	174	10	5.75
Bolsa Mexicana de Valores	墨西哥	148	7	4.73
Warsaw Stock Exchange	波兰	890	29	3.26
Bolsa de Valores de Colombia	哥伦比亚	69	2	2.89
B3 - Brasil Bolsa Balcão	巴西	343	8	2.33
Athens Stock Exchange	希腊	200	4	2.00
The Egyptian Exchange	埃及	255	3	1.18
Philippine Stock Exchange	菲律宾	267	3	1.12
Bursa Malaysia	马来西亚	904	10	1.11
Korea Exchange	韩国	2 134	20	0.94

注：统计数据截至 2017 年 12 月。
资料来源：WFE, https：//www. world - exchanges. org/。

本章实证数据采用 15 个新兴市场 1980～2017 年的面板数据，这一时期涵盖了大多数新兴国家国际板开设时点，也是金融危机频发的时期。各个国家的宏观经济指标数据来源于世界银行（WDI），境外公司上市数据来源于世界证券交易所联合会（WFE）。银行危机和货币危机数据来源于 IMF 工作报告（2018）。

第四节 实证结果分析

增长效应模型和危机效应模型的检验结果如表 14 - 3 所示。列（1）为概率单位回归模型的估计值，列（2）为增长回归模型的估计值。

表 14 - 3   回归结果

变量	（1） Twin crisis	（2） y
main		
LnM2/Reserves（*lag*）	0.479 (0.377)	
Overvaluation（*lag*）	0.029 * (0.015)	
Inflation（*second lag*）	− 0.001 (0.001)	
Openness（*lag*）	− 0.000 (0.005)	
IB（*lag*）	− 0.956 * (0.547)	
IB		0.975 * (0.455)
Population		0.514 (0.295)
Government		− 0.016 (0.076)
openness		0.005 (0.020)
Inflation		− 0.004 (0.003)

续表

变量	(1) Twin crisis	(2) y
Industry		0.072 (0.044)
lnGDP1980		0.373 *** (0.053)
Twin crisis		−9.127 ** (3.776)
Investment		0.474 *** (0.116)
Imr		0.546 (1.507)
_cons	−2.959 *** (1.110)	−5.277 * (2.887)
N	554	546
R^2		0.430

注：＊、＊＊、＊＊＊分别表示在10%、5%和1%的水平下显著。

主要结果分析如下：

（1）从概率单位模型来看，国际板的开设显著降低了新兴国家双重危机发生的概率，因此，拒绝原假设 H14.2。进一步探究其原因发现，新兴国家证券市场的开放都不是一蹴而就的，是一个分阶段、分步骤的系统工程。样本中的大多数国家并不是在证券市场开放之时就允许境外公司在本国上市，而是先允许境外投资者投资国内证券市场、允许境外投资者在本国发行存托凭证，最终才允许境外公司在本国上市。另外，这些国际板的规模较大的国家是能吸引境外公司来本国上市，其国内市场条件和发展状况比较稳定，爆发双重危机的可能性较小。国际板的开设并不是无条件的，各个国家对于境外公司上市都有一系列的要求和审批，能够进入本国市场的首先是优质企业，实力和风险承担能力较强，这些企业可以通过全球资源配置转移化解风险，推动国内市场的发展，有效降低国内危机发生的概率。

（2）国际板开设对国内经济增长有显著的积极影响。表14-3中列（2）IB变量结果显示，国际板开设能够使新兴国家GDP增长率平均上升0.975个百分点。这与金融深化理论的认知一致，该理论认为金融自由化政策可以促进不发达国家的经济发展，推行金融自由化政策能够有效地抑制通胀，有利于增加储蓄和投资，促进经济增长。国际板的开设作为金融自由化的重要组成部分，为开设国家国内增加了投资渠道，吸收国内过剩的流动性，提高资源配置效率。优质的境外上市公司有利于改善上市公司的结构，提高市场效率和竞争力，有利于经济发展。来自境外的上市公司使本国居民可以构建更多的投资组合，促进投资增长，减少风险冲击，提高投资收益率，增加国民财富，从而促进经济增长。

此外，增长回归模型结果显示［表中列（2）*Twin crisis*变量］，双重危机发生对经济增长有显著的负面影响。

证券市场开放是一个循序渐进的过程，开设国际板是证券市场开放的一个重要部分，许多新兴国家在20世纪80年代已经开始一系列证券市场自由化的改革，允许外国投资者投资本国证券市场、放松外汇管制等，这些改革措施都是渐进的，逐步放松对证券市场的管制。将样本研究的时间区间缩小至1990~2010年，这一时期包含了新兴国家国际板开设前后近十年，更能反映国际板开设对经济发展的短期影响。稳健性分析结果如表14-4所示。

表14-4　　　　　　　　　　　　稳健性检验结果

变量	（1） *Twin crisis*	（2） *y*
main		
ln*M2/Reserves*（*lag*）	4.120 *** （1.321）	
Overvaluation（*lag*）	0.144 ** （0.062）	
Inflation（*second lag*）	−0.003 （0.007）	

续表

变量	(1) Twin crisis	(2) y
Openness（lag）	0.030 (0.022)	
IB（lag）	−3.163 (2.401)	
IB		1.237* (0.455)
Population		−1.249** (0.455)
Government		−0.628*** (0.159)
Openness		−0.010 (0.014)
Inflation		−0.001* (0.001)
Industry		0.183 (0.108)
lnGDP1980		0.133 (0.160)
Twin crisis		−11.448*** (2.754)
Investment		0.233 (0.181)
Imr		0.922 (0.630)
_cons	−15.454*** (4.501)	9.919* (4.773)
N	300	292
R^2		0.673

注：*、**、***分别表示在10%、5%和1%的水平下显著。

结果显示，国际板开设对双重危机没有显著的影响，这与回归估计的实证结果不同，但国际板的开设对经济增长仍有着显著的积极影响，能够使新兴国家 GDP 增长率平均上升 1.237 个百分点。这一结论与上述回归估计实证结果以及其他文献结论一致。贝卡特等（Bekaert et al.，2002，2004）关于证券市场开放与 GDP 增长关系的研究表明，证券市场开放使 GDP 增长率在开放后的 5 年内平均每年增加约 1 个百分点。朗西埃等（2006）关于 60 个国家 1980~2002 年金融自由化的增长效应与危机效应的研究结果表明，金融自由化对经济增长的影响大约是人均 GDP 增长率增加了 1%，并且金融自由化会增加金融危机发生的概率。

综合来看，本章关于国际板开设的经济增长效应的检验进一步验证了上一章的研究结论，并与其他关于金融自由化和证券市场自由化的增长效应研究结论一致。关于国际板的危机效应，根据本章的实证结果拒绝原假设 H14.2，无论是实证结果还是稳健性分析都显示国际板的开设不会增加双重危机发生的概率。正如柯里（Currie，2006）、诺伊（Noy，2004）给出的解释：金融自由化伴随着审慎监管的加强和可靠的内部和外部控制，有助于降低银行危机的可能性。从理论来讲，国际板的开设是一个循序渐进的过程，从允许境外上市公司在境内发行存托凭证到直接允许境内发行股票，不断地放松对境外上市公司境内上市的限制，伴随着国内经济的快速发展，境外上市公司数目也逐渐增多，对经济的冲击较小。从实证角度来讲，政策实施的标志日期、样本的选择和时间的跨度等方面的不同，也会导致实证结果的差异。

第五节 新兴市场国际板开设效应的差异性分析

虽然样本中的新兴市场都开设了国际板，但是各国证券市场发展水平、国内经济状况、国际板的规模等差异较大，国际板开设的进程、监管模式和强度也都存在差异，造成的开设后的效果也应该有所不同。因此，进一步研究各个新兴市场在开设国际板前后宏观经济变化能够深入反映国际板对宏观经济的影响。本节选择国内生产总值、通货膨胀和汇率三个宏观经济指标，对比分析国际板开设前后的宏观经济变化。

图 14 - 1 ~ 图 14 - 3 分别为样本市场国际板开设前后的通货膨胀率、实际有效汇率和 GDP 增长率平均变化图，由于个别国家存在高通胀，对通货膨胀率取对数后绘图能够使结果更直观。数据来源于世界银行（WDI）。

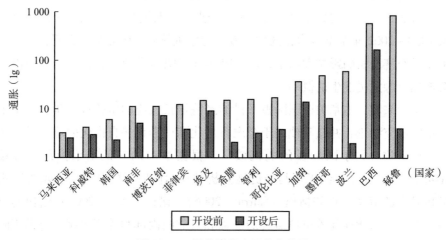

图 14 - 1 通货膨胀率平均变化图

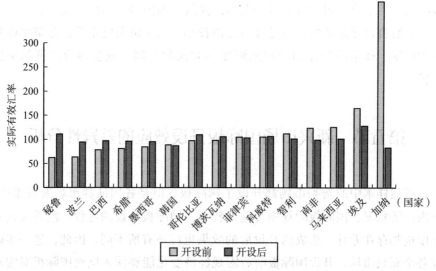

图 14 - 2 实际有效汇率平均变化图

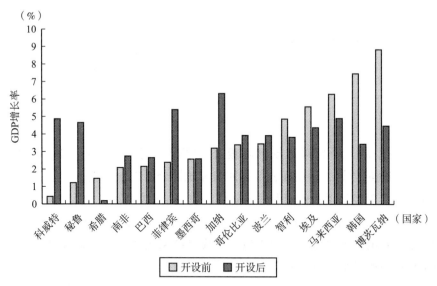

图 14-3 GDP 增长率平均变化图

图 14-1 显示，在国际板开设后，所有样本国家的通胀率都有所下降。一定程度上表明境外公司上市能为本国居民增加投资渠道，促进资源的有效分配，降低本国的通货膨胀率。图 14-2 显示，除了加纳的实际有效汇率在国际板开设后大幅度下降外，其他样本新兴国家的实际有效汇率没有大幅度的变化，变化方向有升有降。进一步分析发现，加纳在 20 世纪 80 年代初，经历了经济国有化和出口促进工业化发展过程，经济发展受挫，经济形势恶化，通货膨胀和实际有效汇率过高。随着一系列的改革发展，通胀率和实际有效汇率逐渐降低，这是导致加纳实际有效汇率在国际板开设前后发生大幅度变化的一个重要原因。图 14-3 显示，国际板开设后并不是所有的国家 GDP 增长率都上升，希腊、智利、埃及、马来西亚、韩国、博茨瓦纳国际板开设后的平均 GDP 增长率下降。希腊在 2008 年之后较长的一段时间内，GDP 呈现出负增长，由于债务危机，经济一度陷入低迷，使得国际板开设后的 GDP 增长率明显低于开设前。从图 14-3 也可以看出，在国际板开设前平均 GDP 增长率较低的国家在国际板开设后 GDP 增长率有明显的提升，但在国际板开设前 GDP 增长率较高的国家在开设后 GDP 增长率却下降。在开设前 GDP 增长率较高的国家，可能由于经济放缓或者国际板开设的规模较小，

国内上市公司较多，境外上市公司数目占总上市公司数目比重较小，所以国际板并未显示出明显的增长效应。

第六节　主要结论

本章选择 15 个新兴市场国际板开设情况进行实证分析，选取 1980 ~ 2017 年期间的数据，运用面板数据回归和统计分析方法，重点考察新兴市场国际板的宏观经济增长效应和危机效应。主要结论如下：

（1）国际板开设对经济发展有显著的积极影响（直接效应），进一步证实了上一章的研究结论。概率单位回归模型结果表明，国际板开设不会增加双重危机发生的概率（间接效应）。

（2）国际板开设降低了东道主通货膨胀水平，汇率没有明显的波动，对宏观经济总体来说没有形成明显的冲击。

（3）国际板开设过程的潜在风险可以通过渐进开放的方式、选择优质境外公司和加强监管来规避可能出现的危机效应。

第十五章

新兴市场国际板的风险传染与媒介角色

第一节 引　言

设立国际板是股票市场对外开放的最高层次，也是各国股票市场顺应全球金融一体化和交易所竞争加剧趋势的必由之路，但开设国际板在带来积极联动效应的同时也面临国际金融风险的传染。据世界交易所联合会（WFE）2018 年年鉴显示，总市值排名前 50 的新兴市场交易所中，除中国上交所和深交所、印度尼西亚和泰国证交所外，均开设有国际板，且绝大多数是在本币尚不能完全自由兑换的情况下实现的。从境外公司占比看，发展极不平衡，仅有智利的圣地亚哥证券交易所（SSE）和南非的约翰内斯堡证券交易所（JSE）占比超过 10%（分别为 28.07% 和 19.72%）。鉴于新兴市场开设国际板的开放效应与风险传染存在认知争议。为了深入探讨新兴市场开设国际板的风险问题，本章选择境外公司占比较大的南非和智利市场，对标英国、美国、成熟市场，通过研究南非和智利国际板开通前后与英国、美国成熟市场之间的动态相关性变化，分析国际板开通的联动效应和风险传染情况，预期成果将为新兴市场开通国际板及其制度设计提供参考依据。

第二节　文　献　综　述

"质量传染"理论认为，来自不同市场境外公司上市对东道主市场造成的影响是不同的，来自成熟市场的优质公司所带来的影响是相对积极的，而来自新兴市场的低质量境外上市公司则可能会导致东道主市场效率降低，出现"质量传染"。乌穆特卢等（2010）通过研究金融自由化的程度是否影响股票收益的总波动率，认为金融自由化程度提高减少了股票收益的波动性。弗曼和斯蒂格利茨（1998）则认为，金融危机的风险会随着开放程度的加剧而加剧，从而导致股票市场的动荡并更容易受到外部危机的影响。金和辛格尔（Kim & Singal，2000）选取了 20 个新兴市场，针对其证券市场开放之前以及之后 10 年的相关数据进行分析。其结论表明，市场波动性在开放后的第一、第二年变化并不明显，但在第四、第五年其市场波动性下降显著。俞莹和易荣华（2020）分别从上市条件、信息披露、监管重点等角度总结智利、南非和印度三个新兴市场开设国际板的制度变迁，结论表明，在新兴市场当中，南非和智利开设国际板相对成功，国际板带来的联动性和风险传染程度与境外公司的来源结构、监管制度以及上市方式密切相关。

在风险传播研究方面，薛瑞（2015）利用 Copula 模型，选取金砖五国证券市场开放风险的传播效应，结论表明，在五个市场中，中国证券市场的开放风险是最具有传播性的，南非市场则最易受到传播。王永巧和刘诗文（2011）利用 SJC Copula 模型来对中国内地股市与美国、英国、日本、中国香港股市的动态相依性进行研究表明，中国内地在开放过程中，与美国、英国、日本的上下尾相依关系一直保持较低水平，与中国香港股市之间的下尾相依性呈现上升趋势。姜蕾（2015）利用 Normal Copula 对金砖五国和美国股票市场的动态相关性进行研究，并分别以 Gumbel Copula、Clayton Copula 来分析上、下尾的动态相关性，其结论表明，随着金砖五国合作机制开始，各国股市之间的相依性水平都有不同程度的增加。

现有文献对新兴市场开设国际板的风险传染与媒介角色的研究比较少，已有结论也是混合的，争议比较大，影响了中国等快速发展的新兴市场开设国际板的决策。

第三节　方法与模型

一、动态相关性的度量

为了研究新兴市场开通国际板之后与成熟市场之间联动性和风险传染的变化情况，应对两者的相关性和尾部相关性进行度量。本章对于相关性的测度利用 Kendall 秩相关系数 τ，根据 Sklar 定理，任一 N 维联合分布可以分解为 N 个边际分布函数和一个 Copula 函数，因此在金融风险度量中，往往采用 Copula 函数来刻画变量之间的联合分布。若设两个市场之间的 Copula 函数为 $C(u, v)$，那么 Kendall 相关系数 τ 的 Copula 表达式为：

$$\tau = 4\int_0^1\int_0^1 C(u, v)\mathrm{d}C(u, v) - 1 \tag{15.1}$$

而为了进一步考察当出现金融危机成熟市场发生极端波动时，新兴市场的风险传染情况，本章选择对两者之间的尾部相关性进行度量，上尾相关系数 τ^U 和 τ^L 的表达式为：

$$\tau^U = \lim_{\alpha' \to 1} -\frac{1 - 2\alpha' + C(\alpha', \alpha')}{1 - \alpha'} \tag{15.2}$$

$$\tau^L = \lim_{\alpha' \to 0} +\frac{C(\alpha', \alpha')}{\alpha'} \tag{15.3}$$

其中，α' 表示置信水平。

二、Copula 模型构建

由于两个市场的联合分布函数由连接它们的 Copula 函数描述，因此，Copula 函数的选择非常重要。根据尼古拉（Necula，2010）的研究，t – Copula 函数适合刻画两组金融收益序列相关特征的函数，相比较而言，t – Copula 结构更加灵活，对于金融时间序列的拟合效果较好，n 维 t – Copula 函数，定义如下：

$$C(u;\ R,\ v) = T_{R,v}(T_v^{-1}(u_1),\ \cdots,\ T_v^{-1}(u_n)) \tag{15.4}$$

其中，T_v^{-1} 为标准 Student – t 分布 T_v 的逆分布，v 为自由度；$T_{R,v}$为 n 维学生 t 分布，R 为相关系数矩阵。

其密度函数如下定义：

$$c(u_1,\ \cdots,\ u_n) = \frac{t_{R.v}(T_v^{-1}(u_1),\ \cdots,\ T_v^{-1}(u_n))}{\prod_{i=1}^{n} t_v(T_v^{-1}(u_i))} \tag{15.5}$$

其中，t_v 和 $t_{R.v}$分别为 T_v 和 $T_{R,v}$的概率密度函数。

金融时间序列的动态相关性具有时变性。根据动态条件相关系数法（DCC）可以将 t – Copula 的相关结构动态化。其相关关系矩阵定义如下：

$$Q_t = (1 - \alpha - \beta)\ \overline{Q} + \alpha\varepsilon'_{t-1} + \beta Q_{t-1} \tag{15.6}$$

$$R_t = Q_t^{-1}Q_tQ_t^{-1} \tag{15.7}$$

其中，Q_t 为 $N \times N$ 维对称正矩阵，$\overline{Q}$ 为 $(T_v^{-1}(u_1),\ \cdots,\ T_v^{-1}(u_n))'$无条件方差协方差矩阵。$\alpha$、$\beta$ 都大于零并且满足 $\alpha + \beta < 1$，R_t 为动态相关系数矩阵。

t – Copula 函数可以用来研究两个市场之间的动态相关性，而无法刻画不对称的尾部相关性，本章从尾部相关性研究视角，分析当新兴市场开通国际板之后，其受到成熟市场极端风险波动的影响是否有所变化。本章参考巴顿（2006）的 SJC Copula 模型刻画不对称的尾部相关性，表达式如下：

$$C_{SJC}(u,\ v;\ \tau^U,\ \tau^L) = \frac{1}{2}[C_{JC}(u,\ v;\ \tau^U,\ \tau^L)$$
$$+ C_{JC}(1 - u,\ 1 - v;\ \tau^U,\ \tau^L) + u + v - 1] \tag{15.8}$$

其中，u，v 分别为随机变量 X，Y 的分布函数，τ^U，τ^L 分别为上尾、下尾相关系数。根据上尾部和下尾部相关系数的时变性来定义 SJC Copula 函数中参数的时变性，以获得与每个时间点给定的上、下尾部相关系数相对应的 Copula 参数的值。其上、下尾相关参数模型为：

$$\tau_t^U = f\left(\omega^U + \beta^U\tau_{t-1}^U + \alpha^U\frac{1}{n}\sum_{j=1}^{n}|u_{t-j} - v_{t-j}|\right) \tag{15.9}$$

$$\tau_t^L = f\left(\omega^L + \beta^L\tau_{t-1}^L + \alpha^L\frac{1}{n}\sum_{j=1}^{n}|u_{t-j} - v_{t-j}|\right) \tag{15.10}$$

其中，$f(x) = \dfrac{1}{(1 + e^{-x})}$ 为 logistics 函数，用于保证尾部相关系数都属于 (0，1) 区间，ω，β，α 均为 SJC Copula 模型参数。

三、模型的参数估计

根据 Copula 建模的要求，需要针对样本的边缘分布选择合适的模型，本章采用 ARMA(p，q) – GARCH(1，1) – t 模型来对金融序列进行预处理，并假设残差服从 Student – t 分布，以此来刻画金融序列的尖峰厚尾的特征，ARMA(p，q) 模型的阶数以 AIC 准则为依据。

$$Y_t = \beta_0 + \beta_1 Y_{t-1} + \cdots + \beta_p Y_{t-p} + \varepsilon_t + \alpha_1 \varepsilon_{t-1} + \cdots + \alpha_q \varepsilon_{t-q}, \ t = 1，2，\cdots，T \tag{15.11}$$

$$\mathrm{var}(\varepsilon_t) = \delta_t^2 \tag{15.12}$$

$$\delta_t^2 = c + a\varepsilon_{t-1}^2 + b\delta_{t-1}^2 \tag{15.13}$$

$$\varepsilon_t = v_t \delta_t \tag{15.14}$$

其中，Y_t 为时间序列，p 和 q 是模型的自回归阶数和移动平均阶数，v_t 为自由度为 v 的标准 t 分布。

结合 Copula 函数特点，多阶段估计方法较适用于 Copula 模型，设边缘分布的参数为 θ_n，Copula 模型的参数集为 θ_c，可分为两步进行：

第一步：对边缘分布的参数 θ_n 进行估计，即：

$$\hat{\theta}_n = \arg \max_{\theta_N \in R^{m_N}} \sum_{t=1}^{r} \ln f_N(x_{Nt}；\theta_N) \tag{15.15}$$

第二步：利用所得的估计量 $\hat{\theta}_n$，代入似然函数中，求出 Copula 参数估计量：

$$\hat{\theta}_c = \arg \max_{\theta_c \in R^{m_c}} \sum_{t=1}^{r} \ln c(F_1(x_{1t}；\hat{\theta}_1)，F_2(x_{2t}；\hat{\theta}_2)，\cdots，F_N(x_{Nt}；\hat{\theta}_N)；\theta_c) \tag{15.16}$$

第四节 实证研究

一、南非、智利市场设立国际板前后的发展情况

智利圣地亚哥证券交易所（SSE）和南非约翰内斯堡证券交易所（JSE）分别于1999年12月和2004年12月开通国际板，两者均是在金融完全自由化和资本项目自由兑换之前实现的，SSE采取存托凭证方式间接上市，JSE则采取直接上市的方式。在境外上市公司中，SSE和JSE均选择了来源于成熟市场（分别为美国和欧洲）、且在本国具有消费者市场绑定的交叉上市公司，JSE还选择了地理相近、经济关联度较大的非洲公司（约占境外公司中的20%）。两个市场开设国际板前后的发展情况如表15-1所示。

表15-1 南非、智利市场设立国际板前后的发展情况

年份	市值（亿美元）		交易总额（亿美元）		交易周转率（%）	
	南非（JSE）	智利（SSE）	南非（JSE）	智利（SSE）	南非（JSE）	智利（SSE）
1997	2 300.4	720.46	420.69	74.28	18.29	10.31
1998	1 685.36	518.66	542.83	42.99	32.21	8.29
1999	2 597.39	682.28	728.19	65.22	28.04	9.56
2000	2 043.01	604.01	705.02	57.64	34.51	9.54
2001	1 474.72	563.1	353.62	40.71	23.98	7.23
2002	1 819.98	498.27	476.86	26.62	26.2	5.34
2003	2 607.48	865.26	490.59	75.63	18.81	8.74
2004	4 425.2	1 169.24	837.68	130.82	18.93	11.19
2005	5 493.1	1 364.93	1 113.13	204.51	20.26	14.98
2006	7 112.32	1 744.19	1 737.4	278.12	24.43	15.95
2007	8 281.85	2 129.1	2 577.25	451.63	31.12	21.21
2008	4 827	1 318.08	2 026.37	288.72	41.98	21.9

续表

年份	市值（亿美元）		交易总额（亿美元）		交易周转率（%）	
	南非（JSE）	智利（SSE）	南非（JSE）	智利（SSE）	南非（JSE）	智利（SSE）
2009	7 990.24	2 307.32	2 175.14	370.34	27.22	16.05
2010	9 250.07	3 417.99	2 772.24	579.25	29.97	16.95
2011	7 890.37	2 702.89	2 258.31	512.67	28.62	18.97
2012	9 077.23	3 133.25	2 268.64	464.92	24.99	14.84
2013	9 428.12	2 651.5	2 322.5	412.27	24.63	15.55
2014	9 339.31	2 332.45	2 456.97	271.31	26.31	11.63
2015	7 359.45	1 903.52	2 339.88	196.75	31.79	10.34
2016	9 513.2	2 124.8	4 024.39	239.73	38.37	11.27
2017	12 300	2 946.76	4 097.17	380.92	25.74	12.89
2018	—	2 507.4	—	435.65	—	17.37
2019	—	2 037.92	—	367.32	—	18.02

注：下划线标注为国际板开通年，2018 年、2019 年南非数据缺失。
资料来源：新浪财经网、美国传统基金会。

表 15-1 显示，相比 SSE，JSE 的市场规模更大、交易活跃程度更高；SSE 和 JSE 国际板开通前后，短期内的市值、交易总额、周转率等主要指标均没有明显的变化，但长期向好；SSE 和 JSE 均是在金融自由度不高的情况下实现国际板开设的，从长期变化趋势看，自 2010 年起，两个市场的市场规模、交易活跃度均得到了快速发展，表明国际板的开设通过双向开放促进了股票市场发展和金融自由化进程。

二、样本数据选取

选取 1997 年 1 月 1 日至 2020 年 12 月 11 日期间的两个新兴市场——南非富时综指（JSE）和 IPSA 智利 40 指数（SSE）作为样本，同时选择两个成熟市场——美国标准普尔 500 指数（S&P 500）和英国富时 100 指数（FTSE）作为比较研究对象。数据时间跨度涵盖 2008 年世界金融危机，旨在研究全球金融危机发生时，开通国际板的国家是否会受到更大的影响。在剔除交易日期不一致的数据后，每个市场分别得到 5 568 组数据，数据来源 Wind 数据库。

三、样本数据特征分析

对各指数进行收益率计算，$r_t = \ln(P_t/P_{t-1}) \times 100$，其中，$r_t$ 为收益率，P_t 为 t 时期股票的收盘价格。表 15 - 2 为 4 个市场收益率的描述性统计。

表 15 - 2　　　　　　　　金融市场收益率描述性统计

金融市场	均值	标准差	偏度	峰度	Jarque - Bera	ADF	Ljung - Box	ARCH - LM
南非	0.033	1.474	- 0.403	219.212	10 845 610	- 17.963	68.422	2 269.800
智利	0.030	1.173	- 0.471	27.110	135 069	- 17.941	65.378	723.300
美国	0.019	1.252	- 0.437	13.594	26 213	- 17.522	48.569	1 618.400
英国	0.001	1.190	- 0.377	10.027	11 589	- 17.687	3.3304	1 238.600

由表 15 - 2 可知，南非市场的收益率均值最高，其标准差也最大，表明南非市场的风险波动较大；四个市场指数收益率的偏度都为负值，表明四个市场的左尾部更长，存在负回报率的可能性更大；在峰度上，四个市场的峰度均大于 10，表明各收益率都具有尖峰厚尾的性质。Jarque - Bera 检验结果说明，四个金融市场的收益率均不服从正态分布。ADF 检验说明四个序列都是平稳序列。通过 Ljung - Box 检验结果可知，在 5% 的显著水平下，拒绝原假设，存在自相关性。ARCH 效应检验表明，四个市场的收益率序列均拒绝原假设，存在异方差性。

四、边缘分布分析结果

鉴于四个市场的收益率均存在自相关和异方差性，本章用 ARMA(p, q) - GARCH(1, 1) - t 模型对其进行过滤，用极大似然估计法进行参数估计，结果如表 15 - 3 所示。

表 15 – 3　　　　ARMA(p, q) – GARCH(1, 1) – t 模型参数估计结果

变量	1	2	3	4
(p, q)	(1, 0)	(4, 0)	(0, 1)	(3, 2)
β_0	0.0687	0.0537	0.0601	0.0302
β_1	0.0497	0.2052	—	– 0.5778
β_2	—	– 0.0362	—	– 0.9608
β_3	—	– 0.0181	—	– 0.0194
β_4		0.0006		
α_1	—	0.0600	– 0.0537	0.5669
α_2	—	0.2279	—	0.9503
c	0.0468	0.7471	0.0265	0.0201
a	0.1402	0.2492	0.1342	0.1079
b	0.8311	0.7382	0.8502	0.8780

注：1 代表南非富时综指，2 代表 IPSA 智利，3 代表标准普尔 500，4 代表富时 100。

　　提取残差标准化后进行概率积分转换，对转换后的序列进行 KS 检验。结果表明，检验得到的 p 值均为 1 不能拒绝原假设，即转换后的序列服从 (0, 1) 均匀分布，说明 ARMA(p, q) – GARCH(1, 1) – t 模型过滤序列自相关、异方差方面效果较好，其中 ARMA(p, q) 模型能够根据不同的序列进行定阶，具有一定的灵活性和适用性，为研究该四个市场进行边缘分布拟合提供了有力的工具。

五、Copula 建模分析

　　为研究新兴市场开通国际板之后其联动性是否发生变化，将南非和智利分别对美国、英国进行配对建模。将上文提取出来的标准化序列利用 DCC – t Copula 进行建模 [式（15.4）~式（15.7）]，参数估计结果如表 15 – 4 所示。

表 15 - 4 DCC - t Copula 模型估计结果

项目	南非 - 美国	南非 - 英国	智利 - 美国	智利 - 英国
v	4. 2062	5. 5741	5. 8096	5. 2832
α	0. 0063	0. 0031	0. 0081	0. 0032
β	0. 9460	0. 9900	0. 7158	0. 9445
AIC	- 1 007. 3193	- 2 522. 9776	- 1 431. 9046	- 1 300. 0680
BIC	- 987. 4449	- 2 503. 1032	- 1 412. 0302	- 1 280. 1936
likelihood	506. 660	1 264. 489	718. 952	653. 034

根据表 15 - 4 中 AIC 和 BIC 的值可以看出，DCC - t Copula 在 4 个模型当中具有较高的样本拟合度。T Copula 的自由度参数 v 代表描述两个市场之间的相关关系的相对表现，很大程度上决定所描述的市场组合的尾部相关性。α、β 两个 DCC 动态演化参数相加均小于 1，保证了矩阵的正定性，而其中南非与美国市场组合的系数要大于其他三个市场组合，说明南非与美国市场之间的相关性动态变化特征更为明显。

将模型拟合之后的相关市场动态相关系数如图 15 - 1 ~ 图 15 - 4 所示。

由图 15 - 1 和图 15 - 2 可知，在 2004 年 12 月之前，南非和美、英两个成熟市场之间的动态相关系数分别维持在 0.46、0.43 左右上下波动，在开通国际板后，动态相关性并没有出现明显上升趋势。与前者的相关系数区间为（0.35，0.64）；与英国市场之间的相关性波动幅度更小，这可能与南非在历史上与英国关联多，两国的经济关联具有较强的稳定性有关。2008 年金融危机前后，南非与两个成熟市场之间的动态相关关系均出现大幅的波动，说明金融危机对南非市场也发生了不可控的变化。同样在 2020 年由于疫情影响和两个市场之间相关性出现大幅度变化，存在风险感染。南非于 2004 年 12 月 6 日开通国际板，自该时间点之后，南非与两个市场间的动态相关性除了一些特殊阶段出现波动外，整体上保持不变。

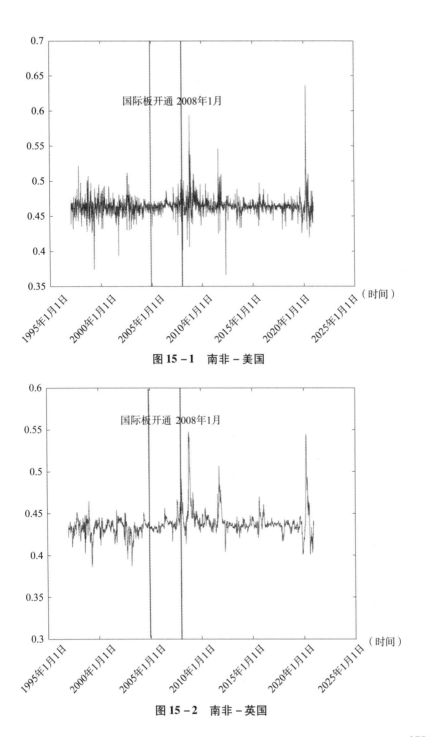

图 15 - 1 南非 - 美国

图 15 - 2 南非 - 英国

　　智利在 1999 年 12 月之前，和美国之间的动态相关性存在下降趋势，而在开通国际板之后，其动态相关性呈现趋势性上升；由图 15 - 3、图 15 - 4 可知，智利在开通国际板之后，和英国之间的动态相关性出现小幅度的上升，总体上要小于和美国市场之间的相关性。智利处于南美洲，在地理位置上和美国更加靠近，和美国之间的经济联动性相对来说更强，因此在开通国际板之后，和美国之间的联动性进一步加强。但是智利和英国、美国在 2008 年金融危机和 2020 年疫情期间动态相关性都有大幅、急剧的上升，存在明显的风险传染现象，这可能与 SSE 采取存托凭证的方式间接上市且均为来源于成熟市场的公司有关。

　　利用 DCC t - Copula 模型能够很好地描述两市场收益率序列的动态相关性，但为更进一步得到南非、智利在开通国际板之后，遭遇极端事件受到风险传染的影响是否有变化，还需对其尾部相关性进行刻画。本章利用 SJC Copula 模型对收益率序列进行建模 ［式 (15.8) ~ 式 (15.10)］，参数估计结果如表 15 - 5 所示。

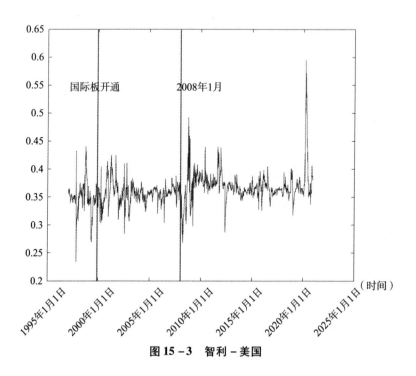

图 15 - 3　智利 - 美国

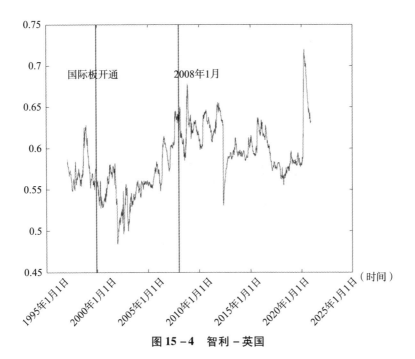

图 15－4　智利－英国

表 15－5　　　　　　　　　　　　SJC Copula 参数估计

参数	南非－美国	南非－英国	智利－美国	智利－英国
ω^U	0.4371	1.5747	－ 0.0649	0.2298
β^U	－ 9.1609	－ 9.5011	－ 3.0082	－ 5.1102
α^U	－ 0.5391	－ 0.4267	0.0694	－ 0.0509
ω^L	0.0866	1.5364	0.6257	0.6146
β^L	－ 0.4078	－ 4.9902	－ 4.9204	－ 4.4403
α^L	0.9734	－ 0.0230	－ 0.8850	－ 0.1735

由表 15－5 可知，除了智利和美国市场外，其他市场组合时变系数中的滞后项系数 β^U 都小于 β^L，说明三个市场组合上下尾相关系数中，上尾相关系数的波动差异程度相对较小。智利和美国两个市场之间的滞后项系数分别为 － 3.0082、－ 4.9204，说明这两个市场之间的风险传导相对来说更为稳定，波动不大。

根据 SJC Copula 的参数估计，得到南非、智利和美国、英国之间的上下尾相关系数，如图 15－5、图 15－6 所示。

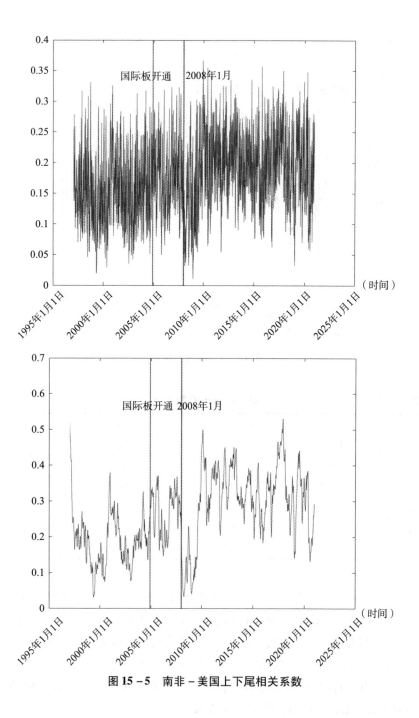

图 15 – 5　南非 – 美国上下尾相关系数

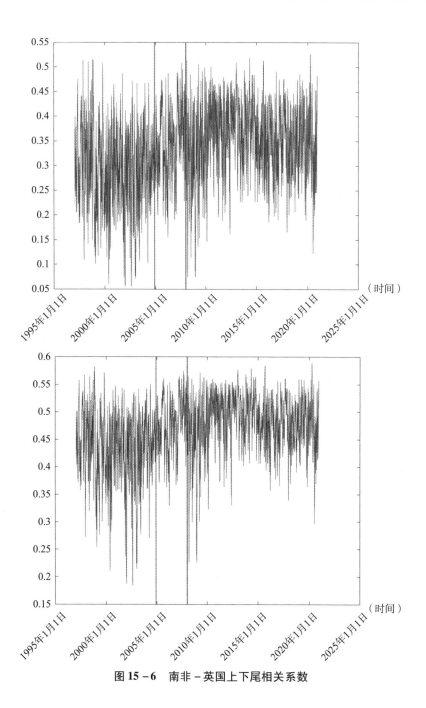

图 15－6 南非－英国上下尾相关系数

由图 15 - 7 可知，南非在开通国际板之后，和美国之间的上下尾相关系数并未出现很明显的变化，围绕 0.20 左右波动，其上尾相关性表现出较强的时变性，而在 2008 年 5 月，其相关系数出现大幅度上升，显然在这期间，两市场在遭遇极端时间时，同涨同跌的概率变大，出现风险传染。在金融危机之后，上下尾相关性分别围绕 0.25 和 0.35 左右波动，较危机之前存在较大幅度的增加。

南非和英国市场之间的上下尾相关系数在 2004 年 12 月之前分别围绕 0.31 和 0.45 左右上下波动，而在开通国际板之后，其相关系数均有明显的上升。在金融危机期间，上下尾相关系数均有所上升，出现风险传染。相比较而言，南非与美国之间的联动性更强，而两个市场的下尾相关系数均大于上尾相关系数，说明南非与英、美之间在市场悲观时，发生同跌的概率更大。

智利和美国之间的上下尾相关系数相较于南非来说更高，说明智利股票市场和美国市场之间的联动性更强，这与 JSE 建立了特定板块直接上市，且其中有地理相近、经济关联度较大的非洲公司有关（约占境外公司中的20%）。由图 15 - 8 可知，智利市场和美国市场之间的下尾相关系数要大于上尾相关系数，表明两市场发生同跌的概率更大。在 1999 年 12 月之前，上下尾相关系数围绕 0.22、0.32 上下波动，而在开通国际板之后，相关系数呈现上升趋势，分别最高达到 0.32、0.41。在 2008 年 1 月左右，上下尾相关系数出现较为明显的上升，同样存在风险传染。

智利市场和英国市场在开通国际板之前，其上下尾相关系数呈下降趋势，最低分别达到 0.06、0.14，说明在此期间，两个市场发生同涨同跌的概率非常低。而在 1999 年 12 月之后，相关系数均出现了明显的上升趋势，其中，上尾相关系数的波动更为明显。在 2008 年 12 月，两个系数在短时间均出现了大幅的上升，最高分别达到了 0.39 和 0.45，存在明显的风险传染关系。

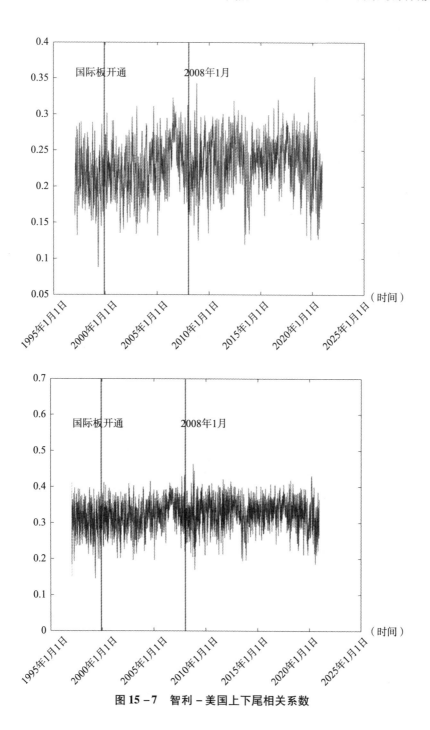

图 15 −7　智利－美国上下尾相关系数

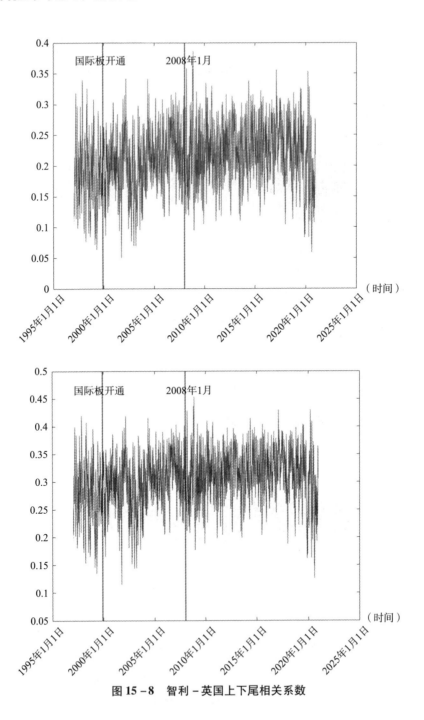

图 15 -8 智利－英国上下尾相关系数

第五节 主要结论

本章分别选取南非富时综指、IPSA 智利 40 指数、美国标准普尔 500 指数、英国富时 100 指数作为这四个国家股票市场的代表指数利用 Copula 模型进行相关关系研究，实证结果表明，在开通国际板之后，智利股票市场和成熟市场之间的动态相关性上升趋势显著，而南非市场并没有出现上升，两者在金融危机期间其相关性均有明显的上升，联动性进一步加强。尾部相关性分析表明，在金融危机期间，智利市场和成熟市场之间存在更为显著的风险传染。

南非和智利两个市场在开通国际板之后，其相关性呈现较大的差异，很大一部分原因在于两个市场的境外上市公司结构上存在区别，相对于智利市场来说，南非市场不但有来自英、美等成熟市场的公司，同样也包含来自周边国家的公司，在结构上更为综合、合理，使得其在开通国际板之后，与成熟市场的联动性没有出现显著的变化，并且对于风险传染也具有更强的抵御能力；由于在智利市场上市的境外公司来源过于单一，主要来自成熟市场，因此，在开通国际板之后，和英国、美国市场的相关性出现明显上升，这与"质量传染"理论相符合。而面对全球性金融危机时，英国、美国等成熟市场往往会成为"危机核心"，导致和成熟市场相关性更高的市场受到更严重的风险溢出影响。

综合来看，新兴市场开设国际板对新兴市场的发展具有明显的促进作用，与成熟市场的联动性得到加强，同时也带来了更明显的风险传染，但其程度与境外公司来源结构、国际板的开设方式与监管制度有关，多元化的来源结构、直接上市方式以及相对严格的监管制度等推进股票市场的双向开放、促进市场发展的同时减轻质量传染，有助于降低与成熟市场的联动性，减轻重大金融风险的传染。

第十六章

关于中国内地证券市场开设国际板的讨论

第一节　问题的提出

国际板是指境外公司股票在境内证券交易所上市并以本币计价交易形成的市场板块。波斯纳（2009）认为，一国股票市场的规模决定该国在国际直接融资领域的地位，如果该国渴望在国际上拥有话语权，那么该国必须拥有一个强大的股票市场。发达国家经验表明，一个开放高效的股票市场是保证经济持续健康发展的必要条件。21世纪以来，在制造业转移背景下，美国仍然能够维持经济的平稳发展，与其鼓励外国公司到美国上市、分享世界经济发展成果的政策有关；同期中国香港经济的快速发展也与其鼓励中国内地公司上市、做强股票市场的政策有关。日本在推出国际板的初期经济高速发展，而90年代开始，伴随着大量外国公司从东京交易所退市，日本陷入了长期的经济低迷[①]。由此提出的问题是国际板给一国（地区）宏观经济发展产生了怎样的影响？

在全球金融开放与竞争日益加剧的背景下，股票市场之间的竞争主要表现为优质上市公司和交易量的争夺。帕加诺等（Pagano et al.，2002）认为，在当今全球化的经济中，国际资本流动变得越来越频繁和重要，许多市场，无论大小，都在竞相吸引外国公司上市。世界证券交易所联合会（WFE）

---

① 1973年日本在经历一系列的金融自由化改革后开始推出国际板，经过短暂的繁荣后，大量外国公司从东交所退市，优质外国公司资源严重流失。

2016 年年鉴显示，在总市值排列前 21 位的证券交易所中，除中国上交所和深交所（分列第 4 和第 6 位）外，均开设有国际板，其中包括印度等金融自由化程度不高的发展中国家（地区），新加坡、中国香港等市场的境外公司上市数量均占全部上市公司数量的 40% 以上，但各国（地区）开设国际板的路径存在较大差异，发达国家（地区）往往是在本币国际化后实现的，而发展中国家（地区）则是在本币尚不能完全自由兑换的情况下进行的。如中国台湾证券交易所 1990 年以存托凭证方式设立国际板，吸引了一大批境外公司上市，大大推动了中国台湾股票市场国际化的进程。但经典理论往往认为存在巨大的资本流出和跨境套利风险。实践效果表明，在合适的监管政策下这种风险是可控的。

在全球股市互联互通和竞争日益加强的背景下，中国 A 股市场与全球股票市场之间缺少联动性被广为诟病，国际化程度低已经成为制约两个交易所竞争力提升的短板。洛（2013）对世界最大的 45 个证券交易所进行排序结果表明，纽约、中国香港、印度等十六家交易所具有上市和交易竞争优势，而中国上交所和深交所的竞争力分列第 43 位和第 44 位。A 股市场早在 2009 年即已经成为总市值位列美国之后的全球第二大股票市场和最大的新兴股票市场。自上交所《2007 年市场质量报告》提出要在境内开设国际板以来，国际板开设一度成为管理层和学术界热议的话题和争议焦点，但对国际板的效应和风险深入理论研究成果的缺乏成为决策的难点，导致 A 股市场开设国际板的议题被搁置。

近年来，A 股市场自身的规范建设进步明显，与中国香港、伦敦等成熟市场之间的互联互通探索取得了初步成功，人民币国际化进程加快，开设国际板的条件日渐成熟。中国人民大学国际货币研究所的《人民币国际化报告》显示，截至 2016 年，人民币国际化量化指标 RII 达到 3.6，与日元的 4.29 和英镑的 4.53 非常接近。2016 年 6 月 21 日发布的中国人民银行 2015 年年报中也提及，研究允许符合条件的优质外国公司在境内发行股票，可考虑推出可转换股票存托凭证（CDR），国际板再度被中国金融监管部门提上了议事日程。

习近平总书记在 2017 年全国金融工作会议指出：金融是国家重要的核心竞争力，要积极稳妥推动金融业对外开放，要推进"一带一路"建设金融创新，搞好相关制度设计。

第二节　理论研究与实践进程

自 2007 年提出在上交所设立国际板以来，国内外许多学者对国际板的设立进行了广泛的讨论研究，主要视角包括建立国际板的利弊及策略、开放时机或条件、来自其他国家国际板的经验启示等。董登新（2010）认为，中国股票市场国际板的推出是大势所趋，在市场低位时期推出国际板，既有利于中国境内投资者能够在低价位时进场，也有利于境内各个市场相互之间的平稳衔接。蒋健蓉和于旭辉（2010）认为，设立国际板是推进中国资本市场国际化的必然步骤，对建设上海国际金融中心有重大意义，目前中国已经基本具备了设立国际板的条件。于思魁（2010）国际板市场的设立必将推进中国资本市场的国际化，增强中国证券市场的国际影响力、辐射力和竞争力。唐应茂（2010）讨论了国际板建设涉及的三方面的理论问题，以及五个具体操作层面的问题。吴晓求（2011）认为，境外公司相比国内公司具有更为完善的公司治理结构，通过适当的准入规则可以限制不规范的境外公司进入国际板，不会出现"圈钱"现象，因此，国际板应该适时推出。皮海洲（2011）认为中国股票市场还很不成熟，目前市场流动性不足，A 股市场又面临扩容压力，推出国际板可能会出现"圈钱"问题。梁万泉（2011）认为直接上市和发行 CDR 两种国际板发行模型各有利弊，国内股票市场起步较晚，运行体系和制度有待完善，应从严审批，多方监管，并且要避免国际板过快过猛推进。韩徐韡（2011）和王东（2013）均认为国际板市场的推出对规范中国资本市场发展，提升资本市场话语权，推进人民币国际化进程有着重要的意义，但后者还提出中国在资本项目、制度监管、法律法规、防范金融风险等方面还存在着一些问题，但国际板市场有序稳健地推出将是大势所趋。贺显南（2012）认为中国股票市场国际板的开设应建立在兼顾中外双方利益的基础之上，并提出第一步允许外企进行交易而不可融资，第二步允许外企发行人民币 A 股股票，最后全面放开外企在国际板市场的发行和上市的三步策略。徐健（2012）认为开设国际板符合中国的经济发展需求，但也会带来新的市场风险：国际资本市场风险向国内传递、对国内企业融资产生挤出效应、获得较高的发行溢价、给市场监管带来新的挑战，但这些风险可以通过相应的措施加以控制。刘进军（2014）在新加坡交易所上市的大部分外国企业仅以此作为融资平台，在对待境外公司境内上市交易的标准方面基本上实现了国民待遇国内外公司上市一视同仁，这样有利于吸引优质境外公司在其境内上市融资，极大提高其证券市场国际竞争力。豪森和坎纳（2014）认为中国搁置国际板的原因主要是：关注中国股票投资个人对外国发行股票的投资，只对境外注册或上市但由中国控制的发行者的股票感兴趣；资本账户下人民币兑换的持续限制。徐传平（2016）从金融体系、经济增长和结构、金融创新与监管以及货币的国际化进程等方面分析资本市场开放所带来的经济效应，可以认为，资本市场的发展与开放在国际金融中心的建设中处于非常重要的战略地位。王都鹏（2017）在结合分析中国经济环境和资本市场变化与全球主要发达经济体国际板建设经验后，认为中国正逐渐具备重启国际板市场建设的条件，但仍需进一步完善资本市场制度建设，细化国际板的发行制度和会计准则。梁玮佳（2020）分析了日韩资本市场开放的经验之后，提出中国在推进国际板的建设时应分阶段、有节奏地逐步开放市场，其次，开放的过程中要与利率市场化和汇率改革协调进行，最后还要提升监管实力，防范开放带来的风险。俞莹和易荣华（2020）通过回顾总结智利、南非和印度三个新兴市场开设国际板的经验，从制度变迁的视角出发，发现上市条件、信息披露与监管规则等制度设计对国际板成功与否至关重要，国际板的开设对东道主宏观经济、市场本身具有积极的影响，建议选择来自经济发展关联度高、地理相近或者具有消费者市场绑定的境外公司；开放初期应以存托凭证方式为宜；国际板开放应与金融环境改革开放协同推进。

中国香港市场作为全球国际金融中心，与国外成熟市场有着紧密的联系，虽然中国内地有大量公司在中国香港上市，但内地与香港存在着明显的市场分割。为了扩大内地资本市场开放进程，2014年在双方的共同努力下开通了两市之间的互联互通机制，多年来的实践表明，在双方适度监管的情况下，"陆港通"取得了巨大的成功。事实上，"陆港通"在一定程度上也可以被视为是中国开设国际板前的试点工作。近年国内外许多学者就"陆港通"对市场的影响、改善资源配置、能否促进创新等方面进行了研究。闫红蕾和赵胜民（2016）发现"沪港通"能够促进 A 股与香港股票市场一体化。高开娟（2017）、刘海飞等（2018）发现，"沪港通"有利于促进资本市场稳定健康地发展，优化资源配置。范等（Fan et al.，2017）发现"沪港通"可降低 A 股溢价程度。唐建新等（2021）也发现，资本市场开放提高了自愿性信息披露的意愿和精度。支晓强等（2021）研究发现沪港通可以作为有效的外部治理机制，促进企业规范自身行为，提高税收征管效率。李昆和周庆鸽（2020）发现"沪港通"能有效降低并购商誉，推动资本市场健康发展。而胡伊和尚（Hui & Chan，2018）发现 AH 股溢价率是由内地市场交易状况决定的。李炜光和柳妍（2020）认为"沪港通"有利于推动区域协同创新进而对经济发展产生积极影响。而王萍和秦志宏（2021）发现"沪港通"通过公司治理和信息渠道抑制企业创新水平。张小婉等（2021）通过滚窗 VAR 方法计算波动溢出指数分析上海、香港和纽约两两市场之间沪港通前后的波动溢出效应，在加强联动性的同时也扩大了风险敞口，市场之间的互联互通是把"双刃剑"。

综合来看，现有研究成果绝大多数对中国内地股票市场开设国际板持积极肯定的态度，认为通过适度的监管制度设计可以有效规避风险，总体上利大于弊，而且在面对美国等西方成熟市场打压中概股及中国金融话语权的情况下，应该加快开设国际板。从新兴市场开设国际板的国际经验看，本币可自由兑换、资本项目开放不是设立国际板的前提条件，就中国金融国际化战略而言，尽早设立国际板是必然选项。然而，也应该注意到，现有文献主要回答了要不要设立的问题，对中国内地股票市场国际板的制度设计和实现路径的相关研究是缺乏的。

从最新的实践情况看，2018 年 3 月 22 日，国务院转发证监会《关于开展创新企业境内发行股票或存托凭证试点的若干意见》（以下简称《意见》），迈出了国际板的第一步，但仅面向境外注册的红筹企业的中国存托凭证（简称 CDR）上市。《意见》明确了 CDR 的上市条件，包括市值标准（市值不低于 200 亿元）、上市年限（境外上市满 3 年）、初始规模（5 000 万份及 5 亿元市值以上）。

《意见》公布后，小米集团于 2018 年 6 月 7 日向中国证监会递交 CDR 发行申请材料，但至 6 月 19 日，小米集团突然中止 CDR 计划。2019 年 6 月 17

日,"沪伦通"正式在上交所和伦交所启动。"沪伦通"包括东、西两个业务方向,东向业务是指伦交所上市公司在上交所挂牌;西向业务是指上交所A股上市公司在伦交所挂牌全球存托凭证(简称GDR)。2022年3月25日,沪深两个交易所分别发布了《与境外证交所互联互通存托凭证上市交易暂行办法》。尽管至今仍无境外公司在A股市场上市,但是,CDR可以承接注册在境外的"中国公司"回归A股,更重要的是,给真正的境外公司来A股上市做好了准备。2022年5月10日,中国证监会副主席王建军在专访中表示:"中国资本市场对外开放稳妥有序、风险可控。证监会将推出更多扩大资本市场开放的务实举措。一是优化拓展境内外资本市场互联互通,拓宽沪港通和深港通的标的范围,拓展和优化沪伦通机制,推动上市公司互联互通存托凭证的发行上市。二是推动实施企业境外上市监管新规,支持各类符合条件的企业到中国香港和美国、欧洲等地境外上市。也欢迎符合条件的境外企业来A股上市。三是丰富跨境投资和风险管理的产品供给,推动境外机构投资者参与交易所债券市场的制度落地,稳步扩大商品和金融期货国际化品种。四是加强开放条件下的监管能力建设,深化与境外监管部门合作,加强与国际投资者沟通,为我国资本市场高水平开放构建良好的、可预期的国际环境。"

至此,互联互通和CDR的不断推进以及证监会领导人的最新表态标志着中国A股市场真正设立国际板日期的临近。

第三节 新兴市场国际板的启示及对A股市场国际板的建议

本章基于全球金融一体化、证券交易所围绕优质上市公司上市资源及交易量竞争加剧的背景,通过多视角、宏观和微观相结合、集成多种定量研究方法,对全球主要股票市场跨境交叉上市的相互影响、新兴市场在全球竞争中的利弊与得失进行了大量的实证研究,得出许多有益的结论,为方兴未艾的全球资本市场一体化及其竞争发展趋势提供了更全面的认知。尤其是对新兴市场参与这一竞争进程的动机、利弊与得失、实践经验与教训进行了系统的总结。

一、新兴市场国际板实践的主要启示

（1）来自新兴市场的境外公司上市对东道主市场和本地市场的双重影响后发现，国际板开设对市场自身的影响是积极的，外部冲击是可控的。相比本地市场对东道主市场的质量传染效应，东道主市场对本地市场的溢出效应更加明显，尽管有时表现为负面影响，尤其是新兴经济体发生重大事件时，本地市场对东道主市场会产生负面冲击，但东道主市场可以通过制度创新减轻这种负面影响（如美国的萨班斯法案）。

（2）境外上市公司回归本地市场（新兴市场）上市对公司也是极其有利的，可以在绑定成熟市场估值支撑的基础上提升公司价值；回归上市对本地市场的负面冲击更小，且有助于改进与成熟市场的联动，加快新兴市场效率的提升。

（3）新兴市场国际板的成功与否，对境外公司的上市条件、信息披露、监管事项等制度设计至关重要，同时需要完善适合境外公司的法律法规，对外汇管理制度的完善，简化支付机制，控制风险，提供简易快捷的资本市场准入方式和流程，从而降低发行人的成本。

（4）国际板的开设并不以金融完全自由化和货币自由兑换为前提条件，已有新兴市场国际板绝大部分是在不具备上述条件下实现的。国际板开设对宏观经济、市场自身的影响是积极的，负面影响是可控的。

（5）境外公司来源地的选择同样是影响国际板成功的重要因素。智利、南非的成功经验表明，来自成熟市场的交叉上市公司有良好的质量背书，与本国市场有消费者市场绑定的公司、地理相近或经济关联度大的公司则具有稳定性好、对本土经济贡献大、外汇冲击小等优点。

（6）国际板的开设要与金融环境改革开放协同推进。根据智利和南非国际板的成功经验，国际板开设需适当放宽资本市场融资的外汇管理及相关金融法律制度，完善审慎监管体系，辅以本币结算或货币互换协议等形式减轻对外汇储备和汇率市场的冲击，同时需尽可能避免以融资汇出为主要目的的境外公司上市，以降低对汇率市场的冲击。此外，要完善市场监管、提升效率，畅通国际资本流入流出渠道。

（7）对于新兴市场国际板而言，存续时间长的大规模公司、科技类公司、与东道主市场具有消费者市场绑定的境外公司以及来自成熟市场的境外公司上市有助于东道主市场的公司估值稳定和效率提升，负面冲击小。

（8）互联互通有助于增强新兴市场的竞争力。沪港通波动溢出效应实证研究表明，沪港通开通后，随着大量境外资金的流入，与境外市场的联系更加紧密，A股市场由波动溢出效应的接受者转变为沪市占据主导地位的双向互动溢出效应，这为A股市场开设国际板提供了颇有参考价值的试点成效。

（9）新兴市场国际板的经济增长效应是积极的。从法规开放、事实开放两个阶段以及开放之后的发展程度与影响机制三个层面的经济增长效应分析显示，国际板通过金融发展、投资及技术创新等路径促进了东道主的经济增长。

（10）国际板开设对经济发展具有显著的积极影响（直接效应）的同时，没有增加双重危机发生的概率（间接效应），东道主通货膨胀水平，汇率没有明显的波动，对宏观经济总体来说没有形成较大的冲击。

（11）交叉上市风险传染路径和媒介角色实证研究表明，重大金融危机期间开放市场之间的风险传染是显著的。新兴市场国际板开设之后与成熟市场之间的外部风险传染与境外上市公司结构有关。智利市场和成熟市场之间存在更为显著的风险传染，但南非市场则不然，这与智利市场境外公司主要来自成熟市场的单一来源，而南非市场不但有来自成熟市场的公司，更有大量来自地理相近的周边国家的公司有关。

二、对中国 A 股市场国际板的政策建议

如前所述，中国A股市场设立国际板是大势所趋，各方面条件已经具备，以下基于本书研究的实证结论与启示，提出有关政策建议。

（1）统一思想，坚定信心，加快开设进程。开设国际板是中国应对西方打压、建设金融强国的需要，中国的市场资本化比率仍然比较低，外汇储备充足，人民币国际化和"一带一路"倡仪实施进程快速发展，中国证监会的市场监管能力和水平显著提升，这些有利因素为国际板开设提供了很好的内外条件。只要监管得当，A股市场开设国际板的溢出效应将大于挤出效应，

不必过分担心"质量传染"等负面影响问题，且随着境外上市公司上市规模扩大，全球第二大规模的 A 股市场的波动外溢程度会扩大，并将加快中国成为国际金融中心的进程。

（2）围绕国际板设立的目标，加快推进金融环境配套改革。尽管国际板的开设并不以金融完全自由化和货币自由兑换为前提条件，但是，金融完全自由化和货币自由兑换对于国际板的成功实践具有重要的支撑作用，尽管中国目前的金融开放日益扩大，人民币的国际地位日益上升，货币互换规模快速扩大，但根据有关国家的经验，国际板开设需适当放宽资本市场的外汇管理及相关金融法律制度，完善审慎的监管体系，辅以本币结算或货币互换协议等形式减轻对外汇储备和汇率市场的冲击。在控制风险的同时，要畅通国际资本流入流出渠道，简化资本市场准入方式和流程等。

（3）制定分步实施战略，有序推进国际板建设。就中国内地证券市场目前阶段的状况而言，国际板的开设不可能一步到位，虽然"陆港通""沪伦通"等互联互通的成功实践已经打下了很好的基础，CDR 有关制度已经先行，但是，截至目前，CDR 仍然没有真正落地。为此，建议实施"两步走"战略，即国际板开设初期应以存托凭证方式（CDR）和境外上市红筹股回归上市为宜，待积累经验且配套金融环境完善后实施严格意义的境外公司直接 IPO 上市，结合中国 A 股市场的具体情况，后期考虑允许在主板或其他板块上市。

（4）坚持适度从严的监管制度设计，有效规避外部金融风险冲击。智利和南非等市场的经验表明，坚持适度从严的监管，可以有效规避外部金融风险冲击。鉴于此，建议中国 A 股市场国际板实施渐进的境外公司上市额度管理、QFII 制度等措施，以便有效控制对市场冲击风险和资金压力。在监管制度方面，对申请上市公司的信息披露应从严要求并进行合规检查，要求披露上市前和交易中真实完整的公司信息及公司发生的重大事件，提交的上市公司财务年度报表需符合国际财务准则。对境外公司上市保荐机构、评级机构等实施更严格的准入制度和动态监管。

（5）优化境外公司上市标的选择，降低来自公司层面的风险。为了尽可能规避"劣质"和"圈钱"境外公司上市风险，应该加强严格意义的境外公司上市标准设计和上市标的审核，除制定较高的财务指标和法人治理标准外，建议优先选择的标的包括：来自成熟市场存续时间长的大型交叉上市公司；与中国地理相近或经济发展关联度大的公司；与中国科技创新战略有关的科技类公司；与中国具有消费者市场绑定的公司；"一带一路"沿线国家的重要优质公司等。理由是来自成熟市场存续时间长的大型交叉上市公司有良好的质量背书，降低质量传染风险；与中国科技创新战略有关的科技类公司则有助于推动国家科技创新，与创新驱动的中国经济发展同步；与中国地理相近或经济发展关联度大的公司、与中国有消费者市场绑定的公司上市则有助于降低外部经济危机的风险冲击；"一带一路"沿线国家的重要优质公司上市则可为国家"一带一路"倡议提供金融支持，并共享其经济发展成果。

参 考 文 献

[1] 蔡彤彤，王世文. 沪市与中国香港、美国股票市场间的联动性——基于"沪港通"实施前后的比较分析 [J]. 财会月刊，2015（14）：115 - 118.

[2] 陈奉先，李娜. 资本账户开放、金融发展与国际资本流动"突然停止"——基于全球 68 个经济体的实证考察 [J]. 经济学家，2020，263（11）：68 - 81.

[3] 陈国进，王景. 我国公司 A + H 交叉上市的溢出效应分析 [J]. 南开管理评论，2007（4）：36 - 42.

[4] 陈国进，许德学，陈娟. 我国股票市场和外汇市场波动溢出效应分析 [J]. 数量经济技术经济研究，2009，26（12）：109 - 119.

[5] 陈蕾，李和荟，王弘祎. 周期性公司估值框架构建 [J]. 经济与管理研究，2016，37（10）：118 - 125.

[6] 陈克兢. 媒体监督、法治水平与上市公司盈余管理 [J]. 管理评论，2017，29（7）：3 - 18.

[7] 陈培如，田存志. 交叉上市、股价信息含量与公司价值——基于面板数据联立方程模型 [J]. 经济与管理研究，2013（11）：40 - 50.

[8] 陈学胜，覃家琦. 交叉上市股票价格发现能力差异及交易信息含量测度 [J]. 中国管理科学，2013，21（2）：9 - 16.

[9] 陈学胜，周爱民. 永久/暂时模型及信息分享模型下交叉上市公司价格发现研究——基于 A + H 股上市公司的实证检验 [J]. 软科学，2009，22（1）：132 - 137.

[10] 陈薪宇，潘小军. 从双边市场角度看证券交易所竞争力的提高——基于上海证券交易所数据的协整检验和格兰特因果检验 [J]. 科学技

术与工程，2012，12（3）：720－723.

［11］陈运森，黄健峤.股票市场开放与企业投资效率——基于"沪港通"的准自然实验［J］.金融研究，2019（8）：151－170.

［12］陈梓元，冯志静.新兴市场国家汇率风险应对策略研究［J］.中国物价，2017（2）：17－19.

［13］戴学来.证券市场开放、发展与经济增长——新兴市场国家证券市场开放效果的初步考察［J］.当代财经，2003，4（2）：56－58，64.

［14］邓宁.金融开放与经济增长的关系研究——基于金融发展视角的经验证据［J］.科学经济社会，2018，36（4）：59－71.

［15］丁志国，赵宣凯，赵晶.国际资本流动对中国股市的影响［J］.中国软科学，2011（11）：152－160.

［16］董登新.国际板推出的现实意义与时机选择——新市场、新机会为投资者提供多样化选择［J］.西部论丛，2010（8）：61－62.

［17］董秀良，曹凤岐.国内外股市波动溢出效应——基于多元GARCH模型的实证研究［J］.数理统计与管理，2009，28（6）：1091－1099.

［18］董秀良，张婷，关云鹏.沪港通制度改善了我国股票市场定价效率吗？［J］.上海财经大学学报，2018，20（4）：78－92.

［19］董秀良，张婷，孙佳辉.中国企业跨境交叉上市改善了公司治理水平吗？——基于分析师预测准确度的实证检验［J］.中国软科学，2016（9）：99－111.

［20］董秀良，张婷，杨巍.境外上市企业回归A股市场首发融资定价研究［J］.中国软科学，2012（7）：134－147.

［21］范剑勇，冯猛，李方文.产业集聚与企业全要素生产率［J］.世界经济，2014，37（5）：51－73.

［22］冯永琦，段晓航."沪港通"对沪港股市联动效应的影响［J］.经济体制改革，2016（2）：143－147.

［23］冯永琦，赵佳楠.中国同发达国家及金砖国家股市联动性比较研究［J］.湖南财政经济学院学报，2020，36（2）：13－23.

［24］付俊文.南非渐进式资本项目开放的实践与启示研究［J］.经济体制改革，2012（2）：149－152.

［25］高芳，傅仁辉. 会计准则改革、股票流动性与权益资本成本——来自中国 A 股上市公司的经验证据［J］. 中国管理科学，2012，20（4）：27－36.

［26］高开娟. 股票市场开放、盈余管理及资本配置效率研究［D］. 武汉：中南财经政法大学，2017.

［27］宫晓莉，熊熊，张维. 我国金融机构系统性风险度量与外溢效应研究［J］. 管理世界，2020（8）：65－82.

［28］谷清水. 国家金融安全和中国证券市场开放［J］. 中国经济问题，2004（1）：63－70.

［29］管悦，冯忠磊. 财务信息披露、市场反应与股票估值——来自 A 股市场的经验证据［J］. 投资研究，2020，39（3）：85－97.

［30］韩徐韡. 关于中国国际板市场推出的利弊因素分析［J］. 商品与质量，2011（S9）：88.

［31］贺显南. 从利益均衡的角度看股市国际板的推进［J］. 国际经贸探索，2010，26（6）：71－75.

［32］季勇，廖慧. 全球金融市场的溢出效应、溢出指数与资本管制［J］. 上海金融，2015（1）：59－64.

［33］蒋健蓉，于旭辉. 设立国际板是中国资本市场国际化的重要一步［J］. 中国金融，2010（13）：51－53.

［34］姜蕾. 金砖五国股票市场间的动态相依特征研究［D］. 济南：山东大学，2015.

［35］姜涛，任荣明，袁象. 关于我国证券市场建设国际板的若干问题探析［J］. 现代管理科学，2010（1）：16－18.

［36］江振华，王聪. 证券市场国际化对中国股市的影响及风险防范［J］. 南方金融，2007（5）：57－59.

［37］寇明婷，杨海珍，汪寿阳. 股票价格与宏观经济联动关系研究——政策预期视角［J］. 管理评论. 2018，30（9）：3－11.

［38］李波，宋尚恒. 渐进金融开放、"倒逼机制"与中国财政改革［J］. 经济体制改革，2014（4）：20－23.

［39］李成，马文涛，王彬. 我国金融市场间溢出效应研究——基于四

元 VAR – GARCH(1，1) – BEKK 模型的分析 ［J］. 数量经济技术经济研究，2010，27（6）：3 – 19.

［40］李和荟. 基于宏观经济视角的金融业上市公司估值研究 ［D］. 北京：首都经济贸易大学，2015.

［41］李昆，周庆鸽. 资本市场开放与并购商誉——基于"沪港通"的实证研究 ［J］. 经济体制改革，2020，222（3）：137 – 143.

［42］李沁洋，许年行. 资本市场对外开放与股价崩盘风险——来自沪港通的证据 ［J］. 管理科学学报，2019，22（8）：108 – 126.

［43］李炜光，柳妍. 区域协同对中国企业创新和经济发展影响及完善路径探讨——以沪港通为例 ［J］. 理论探讨，2020（2）.

［44］连立帅，朱松，陈超. 资本市场开放与股价对企业投资的引导作用：基于沪港通交易制度的经验证据 ［J］. 中国工业经济，2019（3）：100 – 118.

［45］连英祺，高雪，郭凯. 中国金融稳定综合指数框架的构建、测度及适用性检验 ［J］. 统计与决策，2020，36（22）：125 – 129.

［46］梁琪，李政，郝项超. 中国股票市场国际化研究：基于信息溢出的视角 ［J］. 经济研究，2015，50（4）：150 – 164.

［47］梁万泉. 国际板两种发行模式的比较及建议 ［J］. 浙江金融，2011，379（2）：70 – 72.

［48］梁玮佳. 日韩资本市场开放启示 ［J］. 开放导报，2020，210（3）：65 – 71.

［49］林晖. 沪港通实施后对资本项下跨境资金流动的影响 ［J］. 金融发展评论，2015（1）：87 – 90.

［50］林娟，赵海龙. 沪深股市和香港股市的风险溢出效应研究——基于时变 ΔCoVaR 模型的分析 ［J］. 系统工程理论与实践，2020，40（6）：1533 – 1544.

［51］刘程，王仁曾. 资本市场开放与公司治理优化——基于"沪港通"的准自然实验 ［J］. 财会月刊，2020（12）：18 – 26.

［52］刘金全，崔畅. 中国沪深股市收益率和波动性的实证分析 ［J］. 经济学（季刊），2002（3）：885 – 898.

[53] 刘井建，焦怀东，南晓莉．危机冲击背景下股票市场风险联动非线性 [J]．系统工程，2015，33（12）：16－22．

[54] 刘海飞，柏巍，李冬昕，许金涛．沪港通交易制度能提升中国股票市场稳定性吗？——基于复杂网络的视角 [J]．管理科学学报，2018，21（1）：97－110．

[55] 刘静，李彤，简志宏．中国股票市场行业间波动溢出非对称效应研究——基于"好的波动"和"坏的波动"分析 [J]．运筹与管理，2020，29（9）：196－203．

[56] 刘帅，滕腾．地区综合创新水平对经济增长质量的影响与机制研究——基于效率视角和动态面板 GMM 估计的分析 [J]．宏观质量研究，2021，9（5）：16－36．

[57] 刘小雪．印度货币政策的独立性 [J]．中国金融，2017（14）：80－82．

[58] 陆静．金融发展与经济增长关系的理论与实证研究——基于中国省际面板数据的协整分析 [J]．中国管理科学，2012，20（1）：177－184．

[59] 陆岷峰，高攀．国际板市场发展的境内外经验借鉴及策略研究 [J]．天津商业大学学报，2011，31（6）：17－22．

[60] 陆涛．我国证券市场国际化分析 [J]．合作经济与科技，2019（6）：58－59．

[61] 陆雄文．管理学大辞典 [M]．上海：上海辞书出版社，2013．

[62] 罗璐璐．国际板开设的利弊分析——基于投资者保护视角 [J]．时代金融，2014，544（6）：6－7．

[63] 罗宏，陈小运．资本市场对外开放促进公司创新了吗——基于"沪港通"交易制度的经验证据 [J]．当代财经，2020（8）：66－77．

[64] 罗晓芸，易荣华．国际板与经济增长——来自新兴市场国家的证据 [J]．中国管理科学，2021，网络首发 DOI：10.16381/j.cnki.issn1003－207x.2021.1078．

[65] 马蒙蒙，易荣华，俞莹，姚晓阳．不同来源地境外公司上市对目的地市场的估值影响 [J]．金融与经济，2020（12）：4－11．

[66] 马妍妍，俞毛毛，程京京．资本市场开放促进企业创新了

么？——基于陆港通样本的微观证据 [J]. 财经论丛, 2019 (8): 39 - 52.

[67] 牛秀敏. 中国 OFDI、技术创新与"一带一路"沿线国家经济增长研究 [J]. 时代经贸, 2021, 18 (12): 75 - 78.

[68] 欧阳红兵, 刘晓东. 中国金融机构的系统重要性及系统性风险传染机制分析——基于复杂网络的视角 [J]. 中国管理科学, 2015, 23 (10): 30 - 37.

[69] 皮海洲. 为红筹公司回归 A 股市场松绑 [J]. 武汉金融, 2011 (6): 71 - 72.

[70] 钱东平. 金融开放加剧了中国金融系统的风险吗? [J]. 当代金融研究, 2020, 16 (1): 17 - 27.

[71] 乔扬, 戴洛特, 朱宏泉. A + H 交叉上市股票涨跌幅度的溢出效应 [J]. 金融论坛, 2017, 22 (3): 66 - 80.

[72] 覃家琦, 邵新建. 中国交叉上市公司的投资效率与市场价值——绑定假说还是政府干预假说? [J]. 经济学 (季刊), 2016, 15 (3): 1137 - 1176.

[73] 任英华, 赵婉茹, 罗良清. 基于 Copula 函数的股票市场风险溢出网络特征研究 [J]. 统计与信息论坛, 2020, 35 (8): 53 - 63.

[74] 沈红波, 廖冠民, 廖理. 境外上市、投资者监督与盈余质量 [J]. 世界经济, 2009 (3): 72 - 81.

[75] 石凡, 陆正飞, 张然. 引入境外战略投资者是否提升了公司价值——来自 H 股公司的经验证据 [J]. 经济学 (季刊), 2009, 8 (1): 231 - 248.

[76] 苏畅. 印度经济改革以来的通货膨胀变动趋势、成因 [J]. 南亚研究 (季刊), 2017 (1): 43 - 48, 112.

[77] 苏宏波, 胡丽宁. 沪、港股市风险溢出效应研究——基于沪港通实施前后比较分析 [J]. 华北金融, 2019 (8): 12 - 16.

[78] 唐应茂. 国际板建设的理论、制度和操作层面障碍 [J]. 上海金融, 2010, 359 (6): 61 - 64.

[79] 田利辉. 海外上市、制度跃迁和银行绩效——"中银香港"案例分析 [J]. 管理世界, 2006 (2): 110 - 122, 133, 172.

[80] 田素华. 中国证券市场国际比较的实证研究与开放策略 [J]. 经济研究, 2001 (9): 39 – 49.

[81] 王东. 国际板的推出对中国证券市场的影响 [J]. 河北金融, 2013, 432 (8): 18 – 20.

[82] 王都鹏. 中国资本市场扩大开放背景下重启国际板市场建设的政策建议 [J]. 当代经济, 2017, 464 (32): 12 – 13.

[83] 王高望, 赵晓军. 财富效应、金融开放与长期增长 [J]. 经济科学, 2014, 200 (2): 34 – 43.

[84] 王萍, 秦志宏. 资本市场对外开放能促进企业创新吗? ——基于"沪港通"的经验证据 [J]. 财会通讯, 2021, 866 (6): 24 – 28.

[85] 王群勇, 王国忠. 沪市 A、B 股市场间信息传递模式研究 [J]. 现代财经 – 天津财经学院学报, 2005 (6): 25 – 29.

[86] 王仁曾, 林敏依. "深港通"对内地与香港股市间波动溢出效应的增量贡献 [J]. 西北民族大学学报 (哲学社会科学版), 2020 (2): 93 – 100.

[87] 王先宗. 沪港通开通对上证 A 股指数波动的影响 [J]. 中南财经政法大学研究生学报, 2015 (5): 60 – 66.

[88] 王耀东, 冯燕, 周桦. 保险业在金融系统性风险传染路径中起到"媒介"作用吗? ——基于金融市场尾部风险传染路径的实证分析 [J/OL]. 中国管理科学: 1 – 12 [2021 – 03 – 05].

[89] 王永巧, 刘诗文. 基于时变 Copula 的金融开放与风险传染 [J]. 系统工程理论与实践, 2011, 31 (4): 778 – 784.

[90] 文淑惠, 张诣博. 金融发展、FDI 溢出与经济增长效率: 基于"一带一路"沿线国家的实证研究 [J]. 世界经济研究, 2020 (11): 87 – 102, 136 – 137.

[91] 温治强. 浅谈我国证券市场缓行开设国际板的问题探析 [J]. 科技创新与生产力, 2012 (2): 42 – 44.

[92] 温忠麟, 张雷, 侯杰泰, 等. 中介效应检验程序及其应用 [J]. 心理学报, 2004 (5): 614 – 620.

[93] 吴东, 孟宪强. 金砖国家证券市场开放与经济增长 [J]. 上海金

融，2013（1）：82 - 90，118.

[94] 吴翎燕. 基于随机矩阵理论的金融网络"去噪"研究 [D]. 武汉：武汉理工大学，2013.

[95] 吴晓求. 国际板不会成为圈钱板，配套机制需完善 [N]. 经济参考，2011 - 6 - 2.

[96] 谢百三. 证券市场的国际比较：从国际比较看中国证券市场的根本性缺陷及其矫正 [M]. 北京：清华出版社，2003：385 - 421.

[97] 谢百三，刘美欧. 谨慎看待我国 A 股市场开设"国际板"问题——当前我国 A 股市场开设"国际板"面临的一些难题 [J]. 价格理论与实践，2010（1）：66 - 68.

[98] 谢福座. 基于 GARCH - Copula - CoVaR 模型的风险溢出测度研究 [J]. 金融发展研究，2010（12）：12 - 16. DOI：10.19647/j. cnki. 37 - 1462/f. 2010. 12. 003.

[99] 谢获宝，丁龙飞，廖珂. 海外背景董事与债务融资成本——基于董事会咨询和监督职能的中介效应 [J]. 管理评论，2019，31（11）：202 - 211.

[100] 熊正德，文慧，熊一鹏. 我国外汇市场与股票市场间波动溢出效应实证研究——基于小波多分辨的多元 BEKK - GARCH（1，1）模型分析 [J]. 中国管理科学，2015，23（4）：30 - 38.

[101] 徐传平. 论资本市场开放在国际金融中心建设中的作用 [J]. 云南社会科学，2016，210（2）：66 - 70.

[102] 许嘉宁，巩云华. 沪港通的实施对上证 A 股价格波动性的影响分析 [J]. 金融经济，2020（9）：46 - 55.

[103] 徐健. 证券市场国际板的风险控制 [J]. 时代金融，2012（18）：214，237.

[104] 徐晓光，余博文，郑尊信. 内地股市与香港股市融合动态分析——基于沪港通视角 [J]. 证券市场导报，2015（10）：61 - 66.

[105] 薛瑞. 金砖五国体系内新兴证券市场开放风险的传染机制研究 [D]. 济南：山东财经大学，2015.

[106] 闫红蕾，赵胜民. 沪港通能否促进 A 股与香港股票市场一体化

[J]. 中国管理科学，2016，24（11）：1－10.

[107] 杨成长，单豪杰. 证券市场国际化、人民币国际化与国际金融中心建设的影响机制研究 [J]. 上海经济研究，2011（9）：110－120，132.

[108] 杨飞虎，熊家财. 国际金融危机背景下国内外股市波动溢出效应的实证研究 [J]. 当代财经，2011（8）：42－51.

[109] 杨继梅，马洁，齐绍洲. 金融开放对经济增长的门槛效应：基于不同维度金融发展的视角 [J]. 世界经济研究，2020（8）：17－30，135.

[110] 杨红伟，江涛，王励励. 股市相关结构：动态演化过程与稳定性特征——基于随机矩阵理论与偏相关系数矩阵方法对中国2015年股灾的分析 [J]. 商业经济与管理，2018（6）：83－97.

[111] 杨子晖，陈创练. 金融深化条件下的跨境资本流动效应研究 [J]. 金融研究，2015（5）：34－49.

[112] 姚铮，汤彦峰. 商业银行引进境外战略投资者是否提升了公司价值——基于新桥投资收购深发展的案例分析 [J]. 管理世界，2009（S1）：94－102，133.

[113] 易荣华，邵洁浩. 基于 DEA 的中国证券市场竞争力国际比较 [J]. 中国管理科学，2019，27（1）：11－21.

[114] 易荣华，俞莹，潘弘杰. 逆向交叉上市的估值溢价与传递溢出效应——基于 H 股回归上市的实证研究 [J]. 金融论坛，2019，24（6）：62－70.

[115] 尹力博，韦亚，韩复龄. 中国股市异象的时变特征及影响因素研究 [J]. 中国管理科学，2019，27（8）：14－25.

[116] 尹康，洪丽. 系统 GMM 估计方法的比较研究 [J]. 统计与决策，2020（21）：38－42.

[117] 于思魁. 浅论开设国际板的必要性 [J]. 金融经济，2010，335（10）：9－10.

[118] 俞莹，易荣华. 新兴市场"国际板"的规制分析及其启示——以智利、南非和印度为例 [J]. 金融理论与实践，2020，490（5）：88－94.

[119] 俞莹，易荣华. 来自新兴市场的公司上市对目的地市场的影响——以中国香港市场为例 [J]. 中国管理科学，2020，28（2）：37－47.

[120] 袁薇, 王培辉. 中美金融市场信息溢出效应检验 [J]. 金融论坛, 2020, 25 (7): 43 – 52.

[121] 袁显平, 柯大钢. 事件研究方法及其在金融经济研究中的应用 [J]. 统计研究, 2006 (10): 31 – 35.

[122] 曾志坚, 徐迪, 谢赤. 金融危机影响下证券市场联动效应研究 [J]. 管理评论, 2009, 21 (2): 33 – 39, 91.

[123] 张兵, 范致镇, 李心丹. 中美股票市场的联动性研究 [J]. 经济研究, 2010, 45 (11): 141 – 151.

[124] 张驰, 林更, 姚程飞. 资本账户开放与就业波动——基于跨国面板数据的实证研究 [J]. 经济体制改革, 2019 (2): 173 – 180.

[125] 张涤新, 冯萍. 国际金融危机对我国内地与香港股票市场的冲击研究: 以交叉上市公司为视角 [J]. 上海经济研究, 2013, 25 (2): 70 – 85.

[126] 张筱峰, 郭沥阳. 沪深 300 股指期现市场多阶段波动溢出效应研究——基于非对称 BEKK – GARCH 模型 [J]. 现代财经, 2020, 40 (3): 53 – 66.

[127] 张小婉, 易荣华, 俞莹, 王颖. 基于滚窗 VAR 的沪港通波动溢出效应测度 [J]. 中国管理科学, 2021, 网络首发 DOI: 10. 16381/j. cnki. issn1003 – 207x. 2020. 1409: 2021. 5.

[128] 张旭. A 股市场行业市盈率估值变化的实证研究 [D]. 济南: 山东财经大学, 2013.

[129] 张旭, 王宝珠, 孙泽月. "沪港通" 影响上证 A 股股票流动性吗——基于分位数 DID 的准自然实验 [J/OL]. 金融理论与实践, 2020 (10): 86 – 97.

[130] 张永升, 杨伟坤, 荣晨. 金融开放与经济增长: 基于发达国家与发展中国家的实证分析 [J]. 财政研究, 2014 (3): 78 – 80.

[131] 张昭, 李安渝, 秦良娟. 沪港通对沪港股市联动性的影响 [J]. 金融教学与研究, 2014 (6): 59 – 62, 71.

[132] 张宗益, 宋增基. 境外战略投资者持股中国上市银行的效果研究 [J]. 南开管理评论, 2010, 13 (6): 106 – 114.

[133] 赵留彦, 王一鸣. 沪深股市交易量与收益率及其波动的相关性:

来自实证分析的证据 [J]. 经济科学, 2003 (2): 57 - 67.

[134] 赵茂, 杨洋, 刘大鹏. 中国金融市场化指数的度量研究 [J]. 统计与决策, 2019, 35 (10): 149 - 152.

[135] 赵延青. 新兴市场国家资本市场开放的风险评估 [D]. 长春: 吉林大学, 2015.

[136] 支晓强, 王瑶, 侯德帅. 资本市场开放能抑制企业避税吗——基于沪港通的准自然实验 [J]. 经济理论与经济管理, 2021, 41 (2): 70 - 84.

[137] 钟凯, 孙昌玲, 王永妍, 等. 资本市场对外开放与股价异质性波动——来自"沪港通"的经验证据 [J]. 金融研究, 2018 (7): 174 - 192.

[138] 钟覃琳, 陆正飞. 资本市场开放能提高股价信息含量吗? ——基于"沪港通"效应的实证检验 [J]. 管理世界, 2018, 34 (1): 169 - 179.

[139] 周爱民, 韩菲. 股票市场和外汇市场间风险溢出效应研究——基于 GARCH - 时变 Copula - CoVaR 模型的分析 [J]. 国际金融研究, 2017 (11): 54 - 64.

[140] 朱新玲, 黎鹏. 人民币汇率与股票价格的联动效应——基于溢出和动态相关视角 [J]. 金融理论与实践, 2011 (5): 8 - 12.

[141] 邹洋, 张瑞君, 孟庆斌, 侯德帅. 资本市场开放能抑制上市公司违规吗? ——来自"沪港通"的经验证据 [J]. 中国软科学, 2019 (8): 120 - 134.

[142] Abbas G, Bashur U, Wang S. The return and volatility nexus among stock market and macroeconomic fundamentals for China. Physica A: Statistical Mechanics and its Applications, 2019, 526 (2019) 1 - 16.

[143] Abbas G, Hanmmoudeh S, Shahzad S J H, et al. Return and volatility connectedness between stock markets and macroeconomic factors in the G - 7countries [J]. Journal of Systems Science and Systems Engineering, 2019, 28 (1): 1 - 36.

[144] Abed AL - Nasser Abdallah, Wissam Abdallah. Does cross-listing in the US improve investment efficiency? Evidence from UK firms [J]. The Quarterly Review of Economics and Finance, 2019, 72: 215 - 231.

[145] Adler M, Dumas B. International portfolio choice and corporation fi-

nance: a synthesis [J]. The Journal of Finance, 1983, 38 (3): 60 – 62.

[146] Adrian T, Brunnermeier M K. "CoVaR", Federal Reserve Bank of New York Staff Reports, 2008, No. 348.

[147] Adrian T, Brunnermeier M. CoVaR [J]. The American Economic Review, 2016, 106 (7): 1705 – 1741.

[148] Amihud Y. Illiquidity and stock returns: Cross section and time series effects [J]. Journal of Financial Markets, 2002, 5 (1): 31 – 56.

[149] Amira K, Muzere M L. Competition among Stock Exchanges for Equity [J]. Journal of Banking & Finance, 2011, 35 (9): 2355 – 2373.

[150] Aoki K, Benigno G, Kiyotaki N. Adjusting to capital account liberalization [J]. CEP Discussion Paper, 2010, 2, 8087.

[151] Armour J, McCahery J A. After enron: Improving corporate law and modernizing securities regulation in Europe and the US [R]. Amsterdam Center for Law & Economics Working Paper, 2006.

[152] Arayssi M, Dah M, and Jizi M. Women on boards, sustainability reporting and firm performance [J]. Sustainability Accounting, Management and Policy Journal, 2016, 3 (7): 376 – 401.

[153] Arellano M, Bond S. Some tests of specification for panel data: Monte Carlo evidence and an application to employment equations [J]. Review of Economic Studies, 1991, 58 (2): 277 – 297.

[154] Arellano M, Bover O. Another look at the instrumental variable estimation of error-components models [J]. Journal of Econometrics, 1995, 68 (1): 29 – 51.

[155] Arestis P, Caner A. Capital Account Liberalisation and Poverty: How Close Is the Link? [J]. Cambridge Journal of Economics, 2010, 34 (2).

[156] Aymen Ben Rejeb and Adel Boughrara. The relationship between financial liberalization and stock market volatility: the mediating role of financial crises [J]. Journal of Economic Policy Reform, 2014, 17 (1): 46 – 70.

[157] Bae K, Chan K, Ng A. Investibility and return volatility [J]. Journal of Financial Economics, 2004, 71 (2): 239 – 263.

[158] Bae KH, Ozoguz A, Tan HP, Wirjanto T S. Do foreigners facilitate information transmission in emerging markets? [J]. Journal of Financial Economics, 2012, 105 (1): 209 – 227.

[159] Baginski S P, Wahlen J M. Residual Income Risk, Intrinsic Values, and Share Price [J]. The Accounting Reviews, 2003, 77 (1): 327 – 351.

[160] Ballas, Chalevas, Tzovas. Market Reaction to Valuation Adjustments for Financial Instruments: Evidence from Greece [J]. Journal of International Accounting, Auditing and Taxation, 2012, 21 (1): 52 – 61.

[161] Barry C B. Initial public offering underpricing: The issuer's view – A comment [J]. Journal of Finance, 1989, 44 (4): 1099 – 1103.

[162] Bayoumi T, Ohnsorge F. Do in flows or outflows dominate? Global implications of capital account liberalization in China? [J]. IMF Working Paper, 2013: 189.

[163] Beck T, Levine R, Levkov A. Big Bad Banks? the Winners and Losers From Bank Deregulation in the United States [J]. The Journal of Finance, 2010, 65 (5): 1637 – 1667.

[164] Bekaert G, Harvey C R, Lumsdaine R L. Dating the integration of world equity markets [J]. Journal of Financial Economics, 2002, 65 (2): 203 – 247.

[165] Bekaert, G, Harvey, C, Lundblad, R. Does financial liberalization spur growth? [J]. Journal of Financial Economics, 2005, 77: 3 – 56.

[166] Bekaert G, Harvey CR. Time—varying World Market Integration [J]. The Journal of Finance, 1995, 50 (2): 403 – 444.

[167] Bekaert G, Harvey CR. Foreign Speculators and Emerging Equity Markets [J]. The Journal of Finance, 2000, 55 (2): 565 – 613.

[168] Biell L, Mouchette X, Muller A. When does the market feel it? Magnitude, speed and persistence of market reactions to cross-listings [J]. Finance Research Letters, 2020 (34): 1544 – 6123.

[169] Bley J, Saad M. The Effect of Financial Liberalization on Stock-return Volatility in Gcc Markets [J]. Journal of International Financial Markets, Institu-

tions and Money, 2011, 21 (5): 662 −685.

[170] Blundell R, Bond S. Initial conditions and moment restrictions in dynamic panel data models [J]. Journal of Econometrics, 1998, 87 (1): 115 − 143.

[171] Boginski V, Butenko S, Pardalos P M. Statistical analysis of financial networks [J]. Computational Statistics & Data Analysis, 2005, 48 (2): 431 − 443.

[172] Brailsford T J, Faff R W. An evaluation of volatility forecasting techniques [J]. Journal of Banking & Finance, 1996, 20 (3): 419 −438.

[173] Buallay A, Hamdan A, Zureigat, Q. Corporate governance and firm performance: evidence from Saudi Arabia [J]. Australasian Accounting, Business and Finance Journal, 2017, 1 (11): 78.

[174] Busaba Y W, Guo L, Sun ZZ, et al. The dark side of cross-listing: A new perspective from China [J]. Journal of Banking and Finance, 2015, 57: 1 −16.

[175] Cao G X, Zhou L. Asymmetric risk transmission effect of cross-listing stocks between mainland and Hong Kong stock markets based on MF − DCCA method [J]. Physica A: Statistical Mechanics and its Applications, 2019, 526 (C).

[176] Carolyn, Currie. A new theory of financial regulation: Predicting, measuring and preventing financial crises [J]. Journal of Socio − Economics, 2006, 35: 48 −71.

[177] Castro C, Ferrari S. Measuring and testing for the systemically important financial institutions [J]. Journal of Empirical Finance, 2014, 25.

[178] Cerulli G, Ventura M. Estimation of Pre-and Posttreatment Average Treatment Effects with Binary Time-varying Treatment Using Stata [J]. The Stata Journal, 2019, 19 (3): 551 −565.

[179] Cetorelli N, Peristiani S. Firm value and cross-listings: The impact of stock market prestige [R]. Federal Reserve Bank of New York Staff Reports, 2010, 474.

[180] Chan K, Menkveld A J, Yang Z. Information Asymmetry and Asset

Prices: Evidence from the China Foreign Share Discount [J]. Journal of Finance, 2008, 63: 159 – 196.

[181] Chen H, Mai Y, Li S P. Analysis of network clustering behavior of the Chinese stock market [J]. Physica A Statal Mechanics & Its Applications, 2014, 414: 360 – 367.

[182] Chen J, Zhang X, Guan Y. Sweet home? An empirical study on reverse crossing-listing [M]. Rochester: Social Science Electronic Publishing, 2010.

[183] Chen Q, Goldstein I, Jiang W. Price informativeness and investment sensitivity to stock price [J]. The Review of Financial Studies, 2007, 20 (3): 619 – 650.

[184] Cheung Y W, Ng L K. A causality-in-variance test and its application to financial market prices [J]. Journal of Econometrics, 1996, 72 (1): 33 – 48.

[185] Cheun Gordon – W, Lau Rebecca – S. Testing Mediation and Suppression Effects of Latent Variables Bootstrapping with Structural Equation Models [J]. Organizational Research Method, 2007, 11 (2): 296 – 325.

[186] Chia Yee – Ee, Lim Kian – Ping, Gohn Kim – Leng. Liquidity and firm value in an emerging market: Nonlinearity, political connections and corporate ownership [J]. North American Journal of Economics and Finance, Elsevier, 2020, 52 (C).

[187] Choe H, Kho B, Stulz R M. Do Domestic Investors Have an Edge? The Trading Experience of Foreign Investors in Korea [J]. Review of Financial Studies, 2005, 18: 795 – 829.

[188] Coffee J. The future as history: The prospects for global convergence in corporate governance and its implications [J]. Northwestern University Law Review, 1999, 93: 641 – 707.

[189] Coffee J. Racing Towards the Top? The Impact of Cross – Listings and Stock Market Competition on International Corporate Governance [J]. Columbia Law Review, 2002, 102: 1757 – 1831.

[190] Connolly R A. Wang F A. International equity market comov ements.

Economic fundamentals or contagion? [J]. Pacific – Basin Finance Jounal, 2003, 11 (1): 23 –43.

[191] Corwin S, Schultz P. A simple way to estimate Bid – Ask spreads from daily high and low prices [J]. Journal of Finance, 2012, 67 (2): 719 –759.

[192] Cumming D, Humphery – Jenner M, Wu E. Home – Country Governance and Cross – Listing in the US [J]. SSRN Electronic Journal, 2011.

[193] Dang T L, Moshirian F, Wee C K G, et al. Cross-listings and liquidity commonality around the world [J]. Journal of Financial Markets, 2015, 22: 1 –26.

[194] David R. How to Do Xtabond2: An Introduction to Difference and System GMM in Stata [J]. Stata Journal, 2009, 9 (1): 86 –136.

[195] DeLong J, Shleifer B, Summers A L H, Waldmann R J. The Size and Incidence of the Losses from Noise Trading [J]. Journal of Finance, 1989, 44 (3): 681 –696.

[196] Diamond D W, Dybvig P H. Bank Runs, Deposit Insurance, and Liquidity [J]. Journal of Political Economy, 1983, 91 (3): 401 –419.

[197] Diebold F X, Yilmaz K. Equity market spillovers in the Americas [J]. Economía Chilena, 2009, 12 (2): 55 –65.

[198] Diebold F X, Yilmaz K. Better to give than to receive: Predictive directional measurement of volatility spillovers [J]. International Journal of Forecasting, 2012, 28 (1): 57 –66.

[199] Doidge G. Karolyi A, Stulz R M. Why do countries matter so much for corporate governance [J]. Journal of Financial Economics, 2007, 86 (1): 1 –39.

[200] Doidge G. Karolyi A, Stulz R M. Stulz, Has New York become less competitive than London in global markets. Evaluating foreign listing choices over time [J]. Journal of Financial Economics, 2009, 91 (3): 253 –277.

[201] Doidge G, Karolyi A, Stulze R M. Why are foreign firms listed in the U. S. worth more [J]. Journal of Financial Economics, 2004, 71 (2): 205 – 238.

[202] Doidge G, Karolyi A, Stulz R M. Why do foreign firms leave U. S.

equity markets? [J]. The Journal of Finance, 2010, 65: 1507 – 1553.

[203] Domowitz I, Glen J, Madhavan A. Market Segmentation and Stock Prices: Evidence from an Emerging Market [J]. Journal of Finance, 1997, 52: 1059 – 1085.

[204] Durante F, Foscolo E, Jaworski P, et al. A spatial contagion measure for financial time series [J]. Expert Systems with Applications An International Journal, 2014, 41 (8): 4023 – 4034.

[205] Edison H J, Warnock F E. A simple measure of the intensity of capital controls [J]. Journal of Empirical Finance, 2003, 10 (1): 81 – 103.

[206] Embrechts P, McNeil A, Straumann D. Correlation: Pitfalls and Alternatives [J]. Risk Magazine (1999): 69 – 71.

[207] Engle R. Dynamic conditional correlation: A simple class of multivariate generalized autoregressive conditional heteroskedasticity models [J]. Journal of Business and Economic Statistics, 2002, 20 (3): 339 – 350.

[208] Engle R F, Kroner K F. Multivariate simultaneous generalized ARCH [J]. Econometric Theory, 1995, 11 (1): 122 – 150.

[209] Engle R F. Autoregressive Conditional Heteroscedasty with Estimates of the Variance of the United Kingdom [J]. Econometrica, 1982, 50: 987 – 1008.

[210] Engle R F. Dynamic Conditional Correlation: A Simple Class of Multivariate Generalized Autoregressive Conditional Heteroskedasticity Models [J]. Journal of Business & Economic Statistics, 2002, 20 (3): 339 – 350.

[211] Eun C, Sabherwal S. Cross – Border Li stings and Price Discovery: Evidence from US Listed Canadian Stocks [J]. Journal of Finance, 2003, 58: 549 – 574.

[212] Fama E. Efficient capital markets: Ⅱ [J]. Journal of Finance, 1991, 46 (5): 1575 – 1617.

[213] Fama E. Efficient capital Markets [J]. Journal of Finance, 1991, 46: 1575 – 1617.

[214] Fang, V. W, M. Maffett, and B. Zhang, Foreign Institutional Ownership and the Global Convergence of Financial Reporting Practices [J]. Journal of

Accounting Research, 2015, 53: 593 – 631.

[215] Feng, Y, Duan, X, The effect of Shanghai – Hong Kong stock connect to the linkage between Shanghai and Hong Kong stock market [J]. Reform Econ Syst, 2016, 2, 143 – 147.

[216] Fernandes N, Ferreira M. Does international cross-listing improve the information environment [J]. Journal of Financial Economics, 2008, 88 (2): 216 – 244.

[217] Fernandes N, Giannetti M. On the fortunes of stock exchanges and their reversals: Evidence from foreign listings [J]. Journal of Financial Intermediation, 2014, 23 (2): 157 – 176.

[218] Ferreira M A, Matos P. The Colors of Investors' Money: The Role of Institutional Investors Around the World [J]. Journal of Financial Economics, 2008, 88: 499 – 533.

[219] Forbes K J, Rigobon R. No contag ion, only interdependence. measuring stock market comovements [J]. The Journal of Finance, 2002, 57 (5): 2223 – 2261.

[220] Francis X. Diebold, Kamil Yilmaz. Measuring Financial Asset Return and Volatility Spillovers, with Application to Global Equity Markets [J]. The Economic Journal, 2009, 119 (534): 158 – 171.

[221] Francis X. Diebold, Kamil Yilmaz. Better to give than to receive: Predictive directional measurement of volatility spillovers [J]. The Economic Journal, 2012, 28 (1): 57 – 66.

[222] Fry C L, Lee I, Choi J J. The valuation effects of overseas listings: The case of the Tokyo stock exchange [J]. Review of Quantitative Finance and Accounting, 1994, 4 (1): 79 – 88.

[223] Furman J, Stiglitz J E, Bosworth B P, et al. Economic crises: evidence and insights from east Asia [J]. Brookings Papers on Economic Activity, 1998, 19 (2): 1 – 135.

[224] Furman J, Stiglitz J E. Economic crises: evidence and insights from East Asia [J]. Brookings Papers on Economic Activity, 1998: 1 – 114.

［225］Furman J, Stiglitz J E, Bosworth B P, Radelet S. Economic Crises: Evidence and Insights from East Asia ［J］. Brookings Papers on Economic Activity, 1998, 19 (2): 1 – 135.

［226］Graham J R, Harvey C R. The theory and practice of corporate finance: Evidence from the field ［J］. Journal of Financial Economics, 2001, 60 (2 – 3): 187.

［227］Green C J, Bai Y. The euro: Did the markets cheer or jeer? ［J］. Journal of Policy Modeling, 2008, 30 (3): 431 – 446.

［228］Gul, F. A, J. Kim, and A. A. Qiu, Ownership Concentration, Foreign Shareholding, Audit Quality, and Stock Price Synchronicity: Evidence from China ［J］. Journal of Financial Economics, 2010, 95: 425 – 442.

［229］Bekaert G, Harvey C R, Lundblad C. Does financial liberalization spur growth? ［J］. Journal of Financial Economics, 2004, 77 (1): 1 – 61.

［230］Glick R, Hutchison M. Banking and Currency Crises: How Common Are Twins? ［J］. Working Papers 012000, Hong Kong Institute for Monetary Research, 2000.

［231］Galindo A J, Micco A, Ordonez G. Financial Liberalization: Does It Pay to Join the Party? ［J］. Economía Journal, The Latin American and Caribbean Economic Association – LACEA, vol. 0 (Fall 2002), pages 231 – 262, August.

［232］Gamra S B, Plihon D. Who Benefits from Financial Liberalization? Evidence from Advanced and Emerging Market Economies ［J］. Macroeconomics and Finance in Emerging Market Economies, 2010, 3 (1): 53 – 74.

［233］Granger CWJ. Investigating Causal Relations by Econometric Models and Cross – Spectral Methods ［J］. Journal of the Econometric Society, 37 (3): 424 – 438.

［234］Gupta N, Yuan K. On the Growth Effect of Stock Market Liberalizations ［J］. The Review of Financial Studies, 2009, 22 (11): 4715 – 4752.

［235］Giacomini E, Hordle, Wolfgang, Spokoiny V. Inhomogeneous Dependence Modeling with Time – Varying Copulae ［J］. Journal of Business & Economic Statistics, 2009, 27 (2): 224 – 234.

[236] Hamao Y, Masulis R W, Ng V. Correlations in price changes and volatility across international stock market [J]. Review of Financial Studies, 1990, 3 (2): 281 – 307.

[237] Hasbrouck J. Trading costs and returns for U. S. equities: Estimating effective costs from daily data [J]. The Journal of Finance, 2009, 64 (3): 1445 – 1477.

[238] Henry P. Stock market liberalization, economic reform, and emerging market equity prices [J]. Journal of Finance, 2000, 55 (2): 529 – 529.

[239] Hargins K. International Cross-listing and Stock Market Development in Emerging Economies [J]. International Review of Economics and Finance, 2000, 9: 101 – 122.

[240] Harri Ramcharran. An empirical analysis of the determinants of the P/E ratio in emerging markets [J]. Emerging Markets Review, 2002, 3 (2): 165 – 178.

[241] Han Kim E, Singal V. Stock market openings: Experience of emerging economies [J]. The Journal of Business, 2000, 73 (1): 25 – 66.

[242] Hair J. Multivariate Data Analysis with Readings [M]. Prentice Hall, 1995.

[243] Hamao Y, Masulis R W, Ng V. Correlations in Price Changes and Volatility across International Stock Markets [J]. The Review of Financial Studies, 1990, 3 (2): 281 – 307.

[244] Henry PB. Stock market liberalization, economic reform, and emerging market equity prices [J]. Journal of Finance, 2000, 55, 529 – 564.

[245] Henry PB. Do Stock Market Liberalizations Cause Investment Booms? [J]. Journal of Financial Economics, 2000, 58 (1): 301 – 334.

[246] Howson N C, Khanna V S. Reverse cross-listings—The coming race to list in emerging markets and an enhanced understanding of classical bonding [J]. Cornell International Law Journal, 2014, 47 (3): 607 – 629.

[247] Hui EC, Chan KKK. Does the Shanghai-hong Kong Stock Connect Significantly Affect the Ah Premium of the Stocks? [J]. Physica A: Statistical Me-

chanics and Its Applications, 2018, 492: 207 – 214.

[248] Imen Ghadhab, Hellara S. Cross-listing and value creation [J]. Journal of Multinational Financial Management, 2016, 37 – 38 (dec.): 1 – 11.

[249] Ioannou I, Serafeim G. The Consequences of Mandatory Corporate Sustainability Reporting: Evidence from Four Countries [J]. Harvard Business School Working Papers, 2017, 11 – 110: 1 – 34.

[250] Janakiramanan S, Lamba A. An empirical examination of linkages between Pacific – Basin stock markets [J]. Journal of International Financial Markets, Institution and Money, 1998, 8 (2): 155 – 173.

[251] John Y, Lee C T, Tikoo S. The Degree of Internationalization and the Stock Market Valuation of Earnings [J]. Advances in International Accounting, 2006, 19 (1): 201 – 219.

[252] Kaminsky GL, Reinhart CM. The Twin Crises: the Causes of Banking and Balance-of-payments Problems [J]. American Economic Review, 1999, 89 (3): 473 – 500.

[253] Karen K, Lewis, Why do stocks and consumption imply such different gains from international risk sharing? [J]. Journal of International Economics, 2000, 52 (1): 1 – 35.

[254] Karolyi G A. A multivariate GARCH model of international transmissions of stock returns and volatility: The case of the United States and Canada [J]. Journal of Business and Economic Statistics, 1995, 13 (1): 11 – 25.

[255] Karolyi G A. The role of American depository receipts in the development of emerging equity markets [J]. Review of Economics and Statistics, 2004, 86 (3): 670 – 690.

[256] Karolyi G, Andrew. The world of cross-listings and cross-listings of world: Challenging conventional wisdom [J]. Review of Finance, 2006, 10: 99 – 152.

[257] Kim B H, Kim H, Lee B S. Spillover effects of the US financial crisis on financial markets in emerging Asian countries [J]. International Review of Economics & Finance, 2015, 39: 192 – 210.

[258] Kim EH, Singal V. The Fear of Globalizing Capital Markets [J]. Emerging Markets Review, 2000 (1): 183 – 189.

[259] Kim O. The global recognition strategy of blue chips of the Russian and common wealth of independent states (CIS) markets [J]. Journal of Contemporary Accounting & Economics, 2013, 9: 151 – 169.

[260] Kim O, Pinnuck M. Competition among exchanges through simplified disclosure requir-ements: Competitive advantage or race to the bottom? Evidence from the American and global depositary receipts [R]. Working Paper, 2012.

[261] King MA, Wadhwani S, Transmission of volatility between stock markets [J]. Review of Financial Studies, 1990, 3 (1): 5 – 33.

[262] Kmenta J. Mostly Harmless Econometrics: An Empiricist's Companion [J]. Business Economics, 2010, 45 (1): 75 – 77.

[263] Kodres L, Pritsker M. A rational expectations model of financial contagion [J]. Journal of Finance, 2002, 57 (2): 769 – 799.

[264] Kot H, Tam L. What factors influence the reverse cross-listing decision? [R]. Working Paper, 2011.

[265] Kose MA, Prasad ES, Terrones ME. Does Openness to International Financial Flows Raise Productivity Growth? [J]. Journal of International Money and Finance, 2009, 28 (4): 1 – 43.

[266] Kose MA, Prasad E, Rogoff K. Handbook of Development Economics [M]. Elsevier, 2010: 4283 – 4359.

[267] Kosuke A, Gianluca B, Nobuhiro K. Adjusting to Capital Account Liberalization [J]. CEPR Discussion Papers, 2006.

[268] Koutmos G. Asymmetric volatility transmission in international stock markets [J]. Journal of International Money and Finance, 1995, 14 (6): 747 – 762.

[269] Lei Z, Lu H. Foreign ownership and stock price synchronicity: Evidence from the Shanghai – Hong Kong stock connect [J]. Ssrn Electronic Journal, 2016.

[270] Levine R, Schmukler S L. Internationalization and stock market liquid-

ity [J]. Review of Finance, 2006, 10 (1): 153 – 187.

[271] Levine R, Schmukler S L. Migration, spillovers, and trade diversion: The impact of internationalization on domestic stock market activity [J]. Journal of Banking & Finance, 2007, 31 (6): 1595 – 1612.

[272] Lewis K. Why do stocks and consumption imply such different gains from international risk sharing? [J]. Journal of International Economics, 2000, 52: 1 – 52.

[273] Li S, Li T Z, Mittoo U, et al. ADR valuation and listing of foreign firms in U. S. equity markets [J]. Journal of International Financial Markets, Institutions and Money, 2019 (58): 284 – 298.

[274] Li Y M, Yan D Y, Greco J. Market Segmentation and Price Differentials between A Shares and H Shares in the Chinese Stock Markets [J]. Journal of Multinational Financial Management, 2006 (3): 232 – 248.

[275] Lin W, Engle R F, Ito T. Do bulls and bears move across borders? International transmission of stock returns and volatility [J]. The Review of Financial Studies, 1994, 7 (3): 507 – 538.

[276] Lin W S. Modeling volatility linkages between Shanghai and Hong Kong stock markets before and after the connect program [J]. Economic Modelling, 2017, 67: 346 – 354.

[277] Ling S, McAleer M. Asymptotic theory for a vector ARMA – GARCH model [J]. Econometric Theory, 2003, 19 (2): 280 – 310.

[278] Litvak K. Sarbanes – Oxley and the Cross – Listing Premium [J]. Michigan Law Review, 2007, 105: 1857 – 1898.

[279] Liu Wang. Stock Market Valuation, Foreign Investment, and Cross – Country Arbitrage [J]. Global Finance Journal, 2019, 40: 74 – 84.

[280] Lo S F. Which stock exchanges are more attractive? The competition analysis of listing and trading performance [J]. Economic Modelling, 2013, 30 (1): 501 – 509.

[281] Love E G, Kraatz M S. Failed stakeholder exchanges and corporate reputation: the case of earnings misses [J]. Academy of Management Journal,

2017, 60（3）: 880 – 903.

［282］ Li D, Nguyen QN, Pham PK, Wei SX. Large Foreign Ownership and Firm-level Stock Return Volatility in Emerging Markets ［J］. Journal of Financial and Quantitative Analysis, 2011, 46: 1127 – 1155.

［283］ Lin PC, Liang CYC. Pei Chien Lin, Claire Y. C. Liang. Assessing the Growth Effect of Financial Liberalization in the Presence of Financial Crises: A Case Study of Tiger Cub Economies ［J］. The Developing Economies, 2019, 57（2）: 159 – 193.

［284］ Link W. Modeling volatility linkages between Shanghai and Hong Kong stock markets before and after the connect program ［J］. Economic Modelling, 2018, 67: 346 – 354.

［285］ Maddala, G S. Limited – Dependent and Qualitative Variables in Econometrics ［M］. Cambridge England Cambridge University Press, 1986.

［286］ Mei J, Scheinkman J, Xiong W. Speculative trading and stock prices: Ananalysis of Chinese A – B share premia ［J］. Social Science Electronic Publishing, 2004, 10（2）: 225 – 255.

［287］ Melvin M, Valero M. The dark side of international cross-listing: Effects on rival firms at home ［J］. European Financial Management, 2009, 15（1）: 66 – 91.

［288］ Melvin M, Valero T M. The Effects of International Cross – Listing on Rival Firms ［J］. Social Science Electronic Publishing, 2003, Working Paper.

［289］ Miller V, Errunza D P. Market segmentation and the cost of capital in international equity markets ［J］. The Journal of Financial and Quantitative Analysis, 2000, 35（4）: 577 – 600.

［290］ Marco Pagano, Otto Randl, Ailsa A Röell, Josef Zechner, What makes stock exchanges succeed? Evidence from cross-listing decisions ［J］. European Economic Review, 2001: 770 – 782.

［291］ Mcqueen G, Roley V V. Stock prices, news, and business conditions ［J］. Review of Financial Studies, 1993, 6（3）: 683 – 707.

［292］ Miyakoshi T. Spillovers of stock return volatility to Asian equity markets from Japan and the US. J. Int. Financ. Mark. , Inst. Money, 2003, 13 (4): 383 – 399.

[293] Morck R, Yeung B, Yu W. The Information Content of Stock Markets: Why Do Emerging Markets Have Synchronous Stock Price Movements? [J]. Journal of Financial Economics, 2000, 58 (1): 215 – 260.

[294] Necula C. Modeling the Dependence Structure of Stock Index Returns using a Copula Function Approach [J]. Romanian Journal of Economic Forcasting, 2010, 13 (3): 93 – 106.

[295] Ng A. Volatility spillover effects from Japan and the US to the Pacific – Basin [J]. Journal of International Money and Finance, 2000, 19 (2): 207 – 233.

[296] Nicola C, Stavros P. Firm Value and Cross Listings: The Impact of Stock Market Prestige [J]. Journal of Risk and Financial Management, 2015, 8 (1): 150 – 180.

[297] Nishimura Y, Tsutsui Y, Hirayama K. Do international investors cause stock market spillovers? Comparing responses of cross-listed stocks between accessible and inaccessible markets [J]. Economic Modelling, 2018, 69: 237 – 248.

[298] Noy I. Financial liberalization, prudential supervision, and the onset of banking crises [J]. Emerging Markets Review, 2004, 5 (3): 341 – 359.

[299] Nuno G. F. Market Liberalization at the Firm Level: Spillovers from ADRs and Implications for Local Markets. IESE Business School Working Paper, 2005.

[300] Okpara J O. Corporate governance in a developing economy: barriers, issues, and implications for firms [J]. Corporate Governance: The International Journal of Business in Society, 2011, 2 (11): 184 – 199.

[301] Omar A, Esqueda. Controlling shareholders and market timing: Evidence from cross-listing events [J]. International Review of Financial Analysis, 2017, 49: 12 – 23.

[302] Othman A R. Sustainability Practices and Corporate Financial Perform-

ance: A Study Based on the Top Global Corporations [J]. Journal of Business Ethics, 2012, 108 (1): 61 –79.

[303] Ogawa H, Sato, et al. Who gains from capital market integration? Tax competition between unionized and non-unionized countries [J]. Canadian journal of economics, 2016, 49 (1): 76 –110.

[304] Orlowski L T. Capital Markets Integration and Economic Growth in the European Union [J]. Journal of Policy Modeling, 2020, 42 (4): 893 –902.

[305] Oh D H, Patton A J. Time-varying systemic risk: Evidence from a dynamic copula model of CDS spreads [J]. Journal of Business & Economic Statistics, 2013, 36 (2): 181 –195.

[306] Pagano M, Randl O, Roell A A, et al. What makes stock exchanges succeed? Evidence from cross-listing decisions [J]. European Economic Review, 2001, 45 (4): 770 –782.

[307] Pagan A R, Schwert G W. Alternative Models for Conditional Stock Market Volatility [J]. Journal of Econometrics, 1990, 45 (1 –2): 267 –290.

[308] Parkinson M. The extreme value method for estimating the variance of the rate of return [J]. The Journal of Business, 1980, 53 (1): 61 –65.

[309] Patton A J. Modelling Time – Varying Exchange Rate Dependence Using the Conditional Copula [J]. Social Science Electronic Publishing, 2001.

[310] Patton A J. Modeling Asymmetric Exchange Rate Dependence [J]. International Economic Review, 2006, 47 (2): 527 –556.

[311] Patwary E U, Le J Y, Nobi A, et al. Changes of hierarchical network in local and world stock market [J]. Journal of the Korean Physical Society, 2017, 71 (7): 444 –451.

[312] Paul, Masson. Contagion: macroeconomic models with multiple equilibria [J]. Journal of International Money and Finance, 1999.

[313] Perry S. Correlations and volatility spillovers between oil prices and the stock prices of clean energy and technology companies [J]. Energy Economics, 2012, 34 (1): 248 –255.

[314] Pesaran M, Shin Y. Generalized impulse response analysis in linear

multivariate models [J]. Economics Letters, 1998, 58 (1): 17 - 29.

[315] Philippe A, John - Van R, Luigi Z. Innovation and Institutional Ownership [J]. American Economic Review, 2013, 103 (27): 277 - 304.

[316] Posner E. Making rules for global finance: Transatlantic regulatory cooperation at the turn of the millennium [J]. International Organization, 2009, 63 (4): 665 - 699.

[317] Prasad N, Grant A, Kim S J. Time varying volatility indices and their determinants: Evidence from developed and emerging stock markets [J]. International Review of Financial Analysis, 2018, 60: 115 - 126.

[318] Purnanandam A K, Swaminathan B. Are IPOs really underpriced [J]. The Review of Financial Studies, 2004, 17: 811 - 848.

[319] Roosenboom P, Van Dijk M A. The market reaction to cross-listings: does the destination market matter [J]. Journal of Banking and Finance, 2009, 33 (10): 1898 - 1908.

[320] Romain Ranciere and Aaron Tornell and Frank Westermann. Decomposing the effects of financial liberalization: Crises vs. growth [J]. Journal of Banking and Finance, 2006, 30 (12): 3331 - 3348.

[321] Ranciere R, Tornell A. Financial Liberalization, Debt Mismatch, Allocative Efficiency, and Growth [J]. American Economic Journal Macroeconomics, 2016, 8 (2): 1 - 44.

[322] Ranciere R, Tornell A, Westermann F. Decomposing the Effects of Financial Liberalization: Crises Vs. Growth [J]. Journal of Banking & Finance, 2006, 30 (12): 3331 - 3348.

[323] Richard B, Bond S. Initial Conditions and Moment Restrictions in Dynamic Panel Data Models [J]. Journal of Econometrics, 1998, 87 (1): 115 - 143.

[324] Romano R. Empowering Investors: A Market Approach to Securities Regulation [J]. Yale Law Journal, 1998, 107 (8): 2359 - 2430.

[325] Samarakoon L P. Stock market interdependence, contagion, and the U. S. financial crisis: The case of emerging and frontier market [J]. Journal of In-

ternational Financial market, Institutions & Money, 2011, 21 (5): 724 – 742.

[326] Samy B N, Samir G, Mohammed O. Does stock market liberalization spur financial and economic development in the MENA region? [J]. Journal of Comparative Economics, 2007, 36 (4): 673 – 693.

[327] Santos T, Scheinkman J. Competition among exchanges [J]. Quarterly Journal of Economics, 2011, 116 (3): 1027 – 1061.

[328] Santosh K, Andrew M, Suman N, et al. Corporate governance reform and risk-taking: Evidence from a quasi-natural experiment in an emerging market [J]. Journal of Corporate Finance, 2020, Elsevier, 61 (C).

[329] Sarkissian S, Schill M J. Are there permanent valuation gains to overseas listing [J]. Review of Financial Studies, 2009, 22 (1): 372 – 412.

[330] Sarkissian S, Schill M J. Cross listing waves and the search for value gains [J]. Journal of Financial and Quantitative Analysis, 2016, 51 (1): 259 – 306.

[331] Schoenmaker D. Contagion Risk in Banking. 1996.

[332] Serletis A, Azad N F. Emerging Market Volatility Spillovers [J]. The American Economist, 2020, 65 (1): 78 – 87.

[333] Sheppard K, Engle R F. Theoretical and empirical properties of dynamic conditional correlation multivariate GARCH [R]. NEBR Working Paper, 2001.

[334] Shi Y, Kim M J B. Do countries matter for voluntary disclosure? Evidence from cross-listed firms in the US [J]. Journal of International Business Studies, 2012, 43 (2): 143 – 165.

[335] Shim E S. International Transmission of Stock Market Movements [J]. The Journal of Financial and Quantitative Analysis, 1989, 24 (2): 241 – 256.

[336] Shleifer A, Vishny R W. Lang shareholders and corporate control [J]. Journal of Political Economy, 1986, 94: 461 – 488.

[337] Siegel J. Can foreign firms bond themselves effectively by renting U. S. securities laws [J]. Journal of Financial Economics, 2005, 75: 319 – 359.

[338] Singgih W, Sidney J. Capital market consequences of cultural influ-

ences on earnings: The case of cross-listed firms in the U. S. stock market [J]. International Review of Financial Analysis, 2018, 57: 134 – 147.

[339] Sklar A. Fonctions de repartition à n dimensions et leurs marges [J]. Publication de l'Institut de Statistique l'Universite Paris, 1959, 8: 229 – 231.

[340] Solnik B H. An equilibrium model of the intemational capital market [J]. Joumal of Economic Theory, 1974, 8 (4): 500 – 524.

[341] Soydemir G. International Transmission Mechanism of Stock Market Movements: Evidence from Emerging Equity [J]. Journal of Forecasting, 2000, 19: 149 – 176.

[342] Stiglitz J E. Capital-market liberalization, globalization, and the IMF [J]. Oxford Review of Economic Policy, 2004, 20 (1): 57 – 71.

[343] Stiglitz, J. Capital Market Liberaliza-tion, Economic Growth and Instability [J]. World Development, 2000, 28 (6): 1075 – 1086.

[344] Stulz R M. Globalization, corporate finance, and the cost of capital [J]. Journal of Applied Corporate limonene, 1999, 12 (3): 8 – 25.

[345] Stulz R. A model of international asset pricing [J]. Journal of Financial Economics, 1981, 9 (4): 383 – 406.

[346] Sun Q, Wilson H S, Zhang X. How cross-listings from an emerging economy affect the host market [J]. Journal of Banking & Finance, 2013, 37 (7): 2229 – 2245.

[347] Umutlu M, Akdeniz L, Altay – Salih A. The degree of financial liberalization and aggregated stock-return volatility in emerging Markets [J]. Journal of Banking and Finance, 2010, 34 (3): 509 – 521.

[348] Vázquez O H Z, Jiménez J G M. The implicit impact of cross-listing on stock prices: A market microstructure perspective – The case of Latin American markets [J]. Contaduríay Administración, 2016, 61 (2): 283 – 297.

[349] Wang J, Zhou H. Competition of trading volume among markets: Evidence from stocks with multiple cross-listing destinations [J]. Journal of Multinational Financial Management, 2015, 31: 23 – 62.

[350] Wang L. Stock Market Valuation, Foreign Investment, and Cross –

Country Arbitrage [J]. Global Finance Journal, 2018.

[351] Wang Q, Chong TT. Co-integrated Or Not? After the Shanghai-hong Kong and Shenzhen-hong Kong Stock Connection Schemes [J]. Economics Letters, 2018, 163: 167 – 171.

[352] Wang S S, Rui O M, Firth M. Return and volatility behavior of dual-ly-traded stocks: the case of Hong Kong [J]. Journal of International Money and Finance, 2002, 21 (2): 265 – 293.

[353] Wang W. Liberalization of Taiwan's Securities Markets: The Case of Cross – Taiwan – Strait Listings [J]. Banking and Financial Law Review, 2011, 26 (2): 259.

[354] Welch I. Seasoned offerings, imitation cost, and the underpricing of initial public offerings [J]. Journal of Finance, 1989, 44: 421 – 449.

[355] Yang R, Zhang X. Shanghai – Hong Kong stock connect program's impact on the volatility spillover of Mainland and Hong Kong Stock market: based on high-frequency data of CSI 300 and HSI. Finance [J]. Economic, 2015, 6: 49 – 59.

[356] Yan – ki Ho R. The Hong Kong securities markets: Review and prospects [J]. Asia – Pacific Financial Markets, 1998, 5 (1): 29 – 44.

[357] Yi R H, Chang Y W, Xing W, et al. Comparing relative valuation efficiency between two stock markets [J]. The Quarterly Review of Economics and Finance, 2019, 72: 159 – 167.

[358] You L Y, Janet D, Steve Wen – Jen Lin. Do multiple foreign listings create value for firms? [J]. The Quarterly Review of Economics and Finance, 2018, 69: 134 – 143.

[359] Zemel, Michelle. The Information Content of Loan Growth in Banks [J]. Quarterly Journal of Finance (QJF), 2018, 8 (02): 1850004.

[360] Zhang X, King T H D. The decision to list abroad: The case of ADRs and foreign IPOs by Chinese companies [J]. Journal of Multinational Financial Management, 2010, 20: 71 – 92.

[361] Zhou X Y, Zhang W J, Zhang J. Volatility spillovers between the Chinese and world equity markets [J]. Pacific – Basin Finance Journal, 2012, 20

（2）：247 – 270.

　　［362］Zolotoy L，Melenberg B. It Takes Two to Tango：International Transfer of Pricing Information between Cross – Listed Securities ［J］. SSRN Electronic Journal，2007.